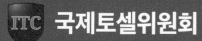
국제토셀위원회

TOSEL
유형분석집

HIGH JUNIOR

Section II.
Reading & Writing

KB158184

1

영어를 시작하는 단계

2

영어의 밑바탕을
다지는 단계

3

영어의 도약단계

TOSEL

TOSEL

TOSEL

TOSEL

TOSEL
Cocoon

유치원생

TOSEL
Pre Starter

초등 1,2학년

TOSEL
Starter

초등 3,4학년

TOSEL
Basic

초등 5,6학년

TOSEL

TOSEL
Junior

중학생

TOSEL

TOSEL
High Junior

고등학생

TOSEL

TOSEL
Advanced

대학생, 직장인

About TOSEL ® ——— 토셀에 관하여

TOSEL은 각급 학교 교과과정과 연령별 인지단계를 고려하여 단계별 난이도와 문항으로
영어 숙달 정도를 측정하는 영어 사용자 중심의 맞춤식 영어능력인증 시험제도입니다.
평가유형에 따른 개인별 장점과 단점을 파악하고, 개인별 영어학습 방향을 제시하는 성적분석자료를 제공하여
영어능력 종합검진 서비스를 제공함으로써 영어 사용자인 소비자와
영어능력 평가를 토대로 영어교육을 담당하는 교사 및 기관 인사관리자인 공급자를
모두 만족시키는 영어능력인증 평가입니다.

TOSEL은 인지적-학문적 언어 사용의 유창성 (Cognitive-Academic Language Proficiency, CALP)과
기본적-개인적 의사소통능력 (Basic Interpersonal Communication Skill, BICS)을
엄밀히 구분하여 수험자의 언어능력을 가장 친밀하게 평가하는 시험입니다.

대상

유아, 초, 중, 고등학생, 대학생 및 직장인 등 성인

목적

한국의 영어교과과정을 고려하여 한국인의 영어구사능력증진에 적합하도록 개발

용도

실질적인 영어구사능력 평가 + 입학전형 및 인재선발 등에 활용 / 직무역량별 인재 배치

연혁

2002.02	국제토셀위원회 창설 (수능출제위원역임 전국대학 영어전공교수진 중심)
2004.09	TOSEL 고려대학교 국제어학원 공동인증시험 실시
2006.04	EBS 한국교육방송공사 주관기관 참여
2006.05	민족사관고등학교 입학전형에 반영
2008.12	고려대학교 편입학시험 TOSEL 유형으로 대체
2009.01	서울시 공무원 근무평정에 TOSEL 점수 가산점 부여
2009.01	전국 대부분 외고, 자사고 입학전형에 TOSEL 반영
	(한영외국어고등학교, 한일고등학교, 고양외국어고등학교, 과천외국어고등학교, 김포외국어고등학교,
	명지외국어고등학교, 부산국제외국어고등학교, 부일외국어 고등학교, 성남외국어고등학교, 인천외국어고등학교,
	전북외국어고등학교, 대전외국어고등학교, 청주외국어고등학교, 강원외국어고등학교, 전남외국어고등학교)
2009.12	청심국제중·고등학교 입학전형 TOSEL 반영
2009.12	한국외국어교육학회, 팬코리아영어교육학회, 한국음성학회, 한국응용언어학회 TOSEL 인증
2010.03	고려대학교, TOSEL 출제기관 및 공동 인증기관으로 참여
2010.07	경찰청 공무원 임용 TOSEL 성적 가산점 부여
2014.04	전국 200개 초등학교 단체 응시 실시
2017.03	중앙일보 주관기관 참여
2018.11	관공서, 대기업 등 100여 개 기관에서 TOSEL 반영

About TOSEL® ———— 토셀에 관하여

What's TOSEL?

"Test of Skills in the English Language"

TOSEL은 비영어권 국가의 영어 사용자를 대상으로 영어구사능력을 측정하여
그 결과를 공식 인증하는 영어능력인증 시험제도입니다.

영어 사용자 중심의 맞춤식 영어능력 인증 시험제도

맞춤식 평가

**획일적인 평가에서
세분화된 평가로의 전환**

TOSEL은 응시자의 연령별
인지단계에 따라 별도의 문항과 난이도를
적용하여 평가함으로써 평가의
목적과 용도에 적합한 평가 시스템을
구축하였습니다.

공정성과 신뢰성 확보

국제토셀위원회의 역할

TOSEL은 대학입학 수학능력시험
출제위원 교수들이 중심이 된
국제토셀위원회가 출제하여
사회적 공정성과 신뢰성을 확보한
평가제도입니다.

수입대체 효과

외화유출 차단 및 국위선양

TOSEL은 해외시험응시로 인한 외화의
유출을 막는 수입대체의 효과를 기대할 수
있습니다. TOSEL의 문항과 시험제도는
비영어권 국가에 수출하여 국위선양에
기여할 수 있습니다.

Why TOSEL® ———— 왜 토셀인가

01 학교 시험 폐지

중학교 이하 중간, 기말고사 폐지로 인해 객관적인 영어 평가 제도의 부재가 우려됩니다. 그러나 전국 단위로 연간 4번 시행되는 TOSEL 정기시험을 통해 학생들은 정확한 역량과 체계적인 학습 방향을 공백 없이 진단받고, 꾸준히 영어학습 동기부여를 받을 수 있습니다.

02 연령별/단계별 대비로 영어학습 점검

TOSEL은 응시자의 연령별 인지단계 및 영어 학습 단계에 따라 총 7단계로 구성되었습니다. 각 단계에 알맞은 문항유형과 난이도를 적용해 모든 연령 및 학습 과정에 맞추어 가장 효율적으로 영어실력을 평가할 수 있도록 개발된 영어시험입니다.

03 학교내신성적 향상

TOSEL은 학년별 교과과정과 연계하여 학교에서 배우는 내용을 복습하고 평가할 수 있도록 문항 및 주제를 구성하여 내신영어 향상을 위한 최적의 솔루션을 제공합니다.

04 수능대비 직결

유아, 초, 중등시절 어렵지 않고 즐겁게 학습해 온 영어이지만, 수능시험준비를 위해 접하는 영어의 문항 및 유형 난이도에 주춤하게 됩니다. 이를 대비하기 위해 TOSEL은 유아부터 성인까지 점진적인 학습을 통해 수능대비를 자연적으로 해나갈 수 있습니다.

05 진학과 취업에 대비한 필수 스펙관리

개인별 '학업성취기록부' 발급을 통해 영어학업성취이력을 꾸준히 기록한 영어학습 포트폴리오를 제공하여 영어학습 이력을 관리할 수 있습니다.

06 자기소개서에 토셀 기재

개별적인 진로 적성 Report를 제공하여 진로를 파악하고 자기소개서 작성시 적극적으로 활용할 수 있는 객관적인 자료를 제공합니다.

07 영어학습 동기부여

시험실시 후 응시자 모두에게 수여되는 인증서는 영어학습에 대한 자신감과 성취감을 고취시키고 동기를 부여합니다.

08 미래형 인재 진로지능진단

문항의 주제 및 상황을 각 교과 능력과 상호 연관하여 정량적으로 진단하는 분석 자료를 통해 학생 개인에 대한 이해도를 향상하고 진로 선택에 유용한 자료를 제공합니다.

09 명예의 전당, 우수협력기관 지정

성적우수자, 우수교육기관은 'TOSEL 명예의 전당'에 등재되고, 각 시/도별, 레벨 별 만점자 및 최고득점자를 선정하여 명예의 전당에 등재합니다.

Evaluation ——————— 평가

평가의 기본원칙

TOSEL은 PBT(PAPER BASED TEST)를 통하여 간접평가와 직접평가를 모두 시행합니다.

TOSEL은 언어의 네 가지 요소인 읽기, 듣기, 말하기, 쓰기 영역을 모두 평가합니다.

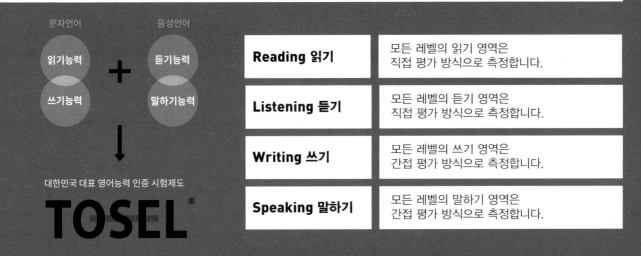

문자언어
음성언어

읽기능력 + 듣기능력
쓰기능력   말하기능력

↓

대한민국 대표 영어능력 인증 시험제도

TOSEL®

Reading 읽기	모든 레벨의 읽기 영역은 직접 평가 방식으로 측정합니다.
Listening 듣기	모든 레벨의 듣기 영역은 직접 평가 방식으로 측정합니다.
Writing 쓰기	모든 레벨의 쓰기 영역은 간접 평가 방식으로 측정합니다.
Speaking 말하기	모든 레벨의 말하기 영역은 간접 평가 방식으로 측정합니다.

TOSEL은 연령별 인지단계를 고려하여 **아래와 같이 7단계로 나누어 평가합니다.**

단계	레벨	대상
1 단계	TOSEL® COCOON	5~7세의 미취학 아동
2 단계	TOSEL® Pre-STARTER	초등학교 1~2학년
3 단계	TOSEL® STARTER	초등학교 3~4학년
4 단계	TOSEL® BASIC	초등학교 5~6학년
5 단계	TOSEL® JUNIOR	중학생
6 단계	TOSEL® HIGH JUNIOR	고등학생
7 단계	TOSEL® ADVANCED	대학생 및 성인

TOSEL® 특전 학업성취기록부 등재 및 명예의 전당

'학업성취기록부'에 토셀 인증등급 기재

| 개인별 '**학업성취기록부**' 평생 발급 | 진학과 취업을 대비한 **필수 스펙관리** |

'토셀 명예의 전당' 등재

특별시, 광역시, 도 별 1등 공개 (7개시 9개도 **1등 공개**)

예시: 제 55회 TOSEL 정기시험 명예의 전당

서울 1등

PreStarter	**김진 ***	(2008년 4월생)
Starter	**이규 ***	(2006년 2월생)
Basic	**유하 ***	(2005년 4월생)
Junior	**신지 ***	(2003년 1월생)
High Junior	**박상 ***	(2003년 3월생)
Intermediate	**김민 ***	(2000년 11월생)

부산 1등

PreStarter	**김민 ***	(2008년 9월생)
Starter	**이하 ***	(2007년 5월생)
Basic	**최지 ***	(2005년 5월생)
Junior	**박도 ***	(2005년 9월생)
High Junior	**강시 ***	(2004년 6월생)
Intermediate	**김준 ***	(2001년 5월생)

대구 1등

PreStarter	**유도 ***	(2007년 11월생)
Starter	**김규 ***	(2007년 6월생)
Basic	**박민 ***	(2005년 10월생)
Junior	**신서 ***	(2003년 4월생)
High Junior	**김하 ***	(2004년 2월생)
Intermediate	**최유 ***	(2001년 3월생)

경기도 1등

PreStarter	**김은 ***	(2008년 12월생)
Starter	**서지 ***	(2006년 4월생)
Basic	**김하 ***	(2006년 7월생)
Junior	**박다 ***	(2005년 5월생)
High Junior	**오연 ***	(2003년 7월생)
Intermediate	**이희 ***	(2000년 6월생)

강원도 1등

PreStarter	**박혜 ***	(2007년 4월생)
Starter	**최은 ***	(2006년 7월생)
Basic	**김은 ***	(2006년 2월생)
Junior	**고나 ***	(2004년 5월생)
High Junior	**가은 ***	(2003년 7월생)
Intermediate	**조해 ***	(2001년 11월생)

충청북도 1등

PreStarter	**장현 ***	(2008년 1월생)
Starter	**임서 ***	(2005년 12월생)
Basic	**김한 ***	(2006년 12월생)
Junior	**최진 ***	(2003년 3월생)
High Junior	**김예 ***	(2003년 2월생)
Intermediate	**박소 ***	(2000년 3월생)

TOSEL®

성적표 및 인증서

미래형 인재 진로적성지능 진단

십 수년간 전국단위 정기시험으로 축적된 빅데이터를 교육공학적으로 분석 · 활용하여 산출한 개인별 성적자료

- 정확한 영어능력진단
- 응시지역, 동일학년, 전국에서의 학생의 위치
- 개인별 교과과정, 영어단어 숙지정도 진단
- 강점, 취약점, 오답문항 분석결과 제시

인증서

대한민국 초,중,고등학생의 영어숙달능력 평가 결과 공식인증

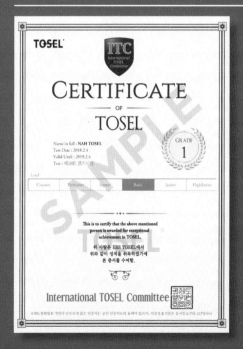

고려대학교 인증획득 (2010. 03)

팬코리아영어교육학회 인증획득 (2009. 10)

한국응용언어학회 인증획득 (2009. 11)

한국외국어교육학회 인증획득 (2009. 12)

한국음성학회 인증획득 (2009. 12)

New High Junior

새롭게 개편된 New High Junior, 어떤 시험인가요?

New High Junior 시험은 중고등학교의 학습자가 **일상에서 흔히 접할만한 소재**와
실생활에서 쓰이는 어휘, 표현을 녹여내 TOSEL High Junior 에 대비하는 것만으로도
진정한 **실용영어능력 향상**이 될 수 있도록 고안되었습니다.
New High Junior의 비전은 중고등학생들의 영어 교육의 질을 높이고
영어 학습 방향을 바로 잡아주는 데에 있습니다.

일상과 동떨어지고 지루한 주제	내신 영어, 수능 영어, TOEIC, TOEFL, ... 이것 따로 저것 따로 공부하는 시험 영어
실용적이고 흥미로운 주제 (학습동기 향상)	종합적인 영어 능력 평가 시스템 (올바른 학습 방향 설정)

영역별 구성 설명

유형	영역별 구성	문항수	문항 내용	시험시간	배점
Section I. Listening and Speaking	Part 1. Listen and Recognize	6	대화를 듣고 세 사진 중 내용과 가장 관련이 있는 것 선택하기	25분	50
	Part 2. Listen and Respond	10	발화나 대화를 듣고 다음에 이어서 말할 내용 선택하기		
	Part 3. Short Conversations	10	대화를 듣고 내용에 대한 질문에 답하기		
	Part 4. Talks	4	담화를 듣고 내용에 대한 질문에 답하기		
Section II. Reading and Writing	Part 5. Picture Description	6	사진을 보고 사진을 묘사하는 데 가장 알맞은 단어나 어구 선택하기	35분	50
	Part 6. Sentence Completion	10	불완전한 문장을 읽고, 문법 지식을 활용하여 상황에 맞게 문장을 완성하기		
	Part 7. Practical Reading Comprehension	13	실용문과 자료를 읽고 질문에 답하기		
	Part 8. General Reading Comprehension	6	다양한 글을 읽고 세부 내용에 대한 질문, 글의 주제 등 글의 종합적 이해에 관한 질문에 답하고 요약문 완성하기		
Total	8 Parts	65	말하기, 듣기, 읽기, 쓰기 평가	60분	100

New High Junior

What? 무엇이 바뀌었나요?

실용 영어 측면 강조

실용문(Part 7)의 비중을 기존 시험보다 훨씬 높여 문자 메시지, 이메일, 광고문, 공지문, 일정 등 여러 가지 실용문이 다채롭게 출제됩니다. 전체적인 어휘 수준도 **실용성에 초점을** 두어 **평이한 수준**이며, 실생활에서 자주 쓰이더라도 공부를 깊게 하지 않으면 모르는 어휘가 많기 때문에 그 부분에서 **변별력을 갖춘** 시험입니다.

생생한 실물 사진 활용

Part 1(짧은 대화)과 Part 5(어휘) 에서는 기존 시험에서는 볼 수 없었던 **실물 사진**이 등장합니다. 이는 해당 **영어 표현**과 **관련 사진**을 함께 접목하여 공부할 수 있는 환경을 제공하기 때문에 **실용적인 어휘 학습에 최적화된 평가** 시스템이라 할 수 있습니다.

수능유형 연습 문제

Part 8의 요약문 및 장문 독해 문항은 수능을 대비하는 학생을 위해 **수능유형과 동일한 문항 유형**으로 구성되었습니다. 또한 교육부가 제시하는 고등학교 영어교육과정 필수 영어단어 3,000개의 수준 내에서 출제하고 있어, 수능을 대비하는 학생들은 일년에 4회 전국적으로 실시되는 **TOSEL을 통해 실전 연습**을 할 수 있습니다.

Why? 왜 바뀌었나요?

01

점점 국제적인 노출이 많아지는 우리 아이들. 달달 외우기만 하는 내신 영어와 난이도와 점수 가르기에만 급급한 실용성 없는 영어 시험으로는 국제화 시대 영어 환경에 대비하기 어렵습니다. TOSEL New High Junior는 실제 영어 실력에 별 도움이 되지 않는 획일적인 영어 시험을 지양하고, 학습자가 **국제적 인재**로서 거듭나도록 **영어 실력 향상에 실질적인 도움이 되는 실용적인 시험**을 만들고자 하였습니다.

02

교과과정이 개편되고, **수능 영어 시험**이 **절대평가**로 전환되면서 영어 시험의 난이도가 다소 낮아지고 있습니다. 이런 실정에 발맞춰 어렵지 않으면서도 **보다 더 정확히 영어 능력을 측정해줄 수 있는 중고등 수준의 영어 시험**이 절실해졌습니다. TOSEL New High Junior는 1) **부담스럽지 않고**, 2) **실용적**이고, 3) **변별력**도 있으며, 4) 실제 영어 능력만큼 성과가 나오는 **정직한 시험**이 되고자 탄생했습니다.

03

대학생 및 성인을 대상으로 하는 TOSEL Advanced는 관공서, 대기업 등 100여 개 기관에서 반영하고 있습니다. TOSEL New High Junior는 이 성인시험과 동일한 유형으로 구성되었지만 문항 난이도, 문항수, 시험 시간 등을 조절하여 TOSEL Advanced보다 한 단계 쉬운 레벨로서, New High Junior 공부를 통해 취업 및 대학편입학, 대학원 진학 등에 필요한 시험인 TOSEL Advanced까지 자연스럽게 이어질 수 있도록 고안된 시험입니다.

About this book

본 교재는 개편된 New High Junior 시험을 구성별로 차례차례 소개하는 **지침서**이며,
학습자들이 시험 유형을 **부담 없이** 숙지하고 습득하도록 교재를 다음과 같이 깔끔하게 구성했습니다.

책 구조 한 눈에 보기

Study Plan

4주 Plan: 단기 집중 공략
8주 Plan: 기초부터 실전까지
　　　　　단계별로 정복

Overview

각 파트 시험 소개 및
학습 전략

Example

예제와
자세한 풀이 방법 설명

Pattern Practice

실전보다 약간 쉽거나
축약된 형태의 문제로
TOSEL 시험 맛보기

Practice Test

실제 시험과 동일한
형태와 수준의 문제로
실전 연습하기

Actual Test

책의 마지막 부분에 수록된
1회분 실전 모의고사로
실제 시험을 경험하고
최종 마무리하기

쉬어가기

가벼운 읽기 자료

Appendix

TOSEL 시험에 나오는
어휘, 표현 분야별 정리

정답과 해설

Practice Test와 Actual Test 속
문제의 포인트를 잡는
명쾌한 해설

About this book

1 파트 구성 정보

TOSEL New High Junior 시험의 읽기와 쓰기 Section은 각각 총 4개의 파트로 나뉘어 있습니다. 각 파트별 단원이 시작하기 전에 각각 어떤 문항이 출제되는지, 어떤 종류의 유형이 있는지, 총 몇 개의 문항으로 구성되는지 등 **파트별 문항 구성 정보**를 한눈에 알아보기 쉽게 정리하였습니다.

2 토셀쌤의 친절한 학습 조언

각 파트는 세부 유형으로 나누어 학습합니다. 본격적인 유형 학습에 들어가기에 앞서 영어 학습의 든든한 조력자 **토셀쌤**이 **각 파트별 알짜 학습 전략**을 친절하게 알려줍니다. 문항을 풀 때 **문항 접근 방식 및 풀이 전략, 유형별 학습 방법** 등 토셀쌤의 친절한 조언을 참고하여 심도 있고 수준 높은 영어 학습을 하기 바랍니다.

About this book

 3 ## 3단계 유형 학습

각 파트는 세부 유형으로 구분됩니다. 각 유형 학습은 세 단계로 나뉘어 학습하도록 구성하였습니다. 1단계부터
3단계까지 차근차근 학습하다 보면 자연스레 유형을 습득할 수 있도록 구성하였습니다. 세 단계는 다음과 같습니다.

Step 1. Example

유형을 처음 익히는 단계이며, 유형마다 **대표 예시 문항 하나**가 제시됩니다.
'토셀쌤의 시범 풀이'가 제공되어 질문을 읽는 순간부터 정답을 고르고
나서까지 문제 풀이의 모범 과정을 알려줍니다. 학습자는 시범 풀이를 보면서
'토셀쌤의 친절한 조언'에서 다뤄졌던 내용이 실제 문제 풀이에 어떻게 적용될
수 있는지 확인할 수 있고, 이를 통해 향후 **문제 풀이에 필요한 능력**을 확실히
다질 수 있습니다.

Step 2. Pattern Practice

유형과 친해지는 중간 단계이며, 각 유형마다 **두 문항** 정도가 출제됩니다.
문항 바로 다음에 해석과 해설을 꼼꼼히 수록하여 학생들이 문제를 푼 뒤 바로
확인할 수 있도록 하였습니다. 1단계인 Example을 공부하고 바로 3단계인
Practice Test를 학습하면 무리가 될 수 있으므로 그 중간에서 다시 한번 **부담
없이 유형을 숙지할 수 있도록** 구성한 사다리 같은 단계입니다.

Step 3. Practice Test

유형을 완벽히 습득하는 마지막 단계이며, 각 유형마다 **네 문항** 정도가 수록돼
있습니다. 해석과 해설은 본문에 제공되지 않으며, 별책인 정답 및 해설지에서
따로 제공됩니다. 학생들이 **스스로 실제 문항을 풀어 보며 유형을 완전히
숙지**하도록 하는 단계입니다.

About **this book**

4 Actual Test 1회

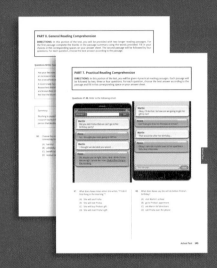

TOSEL New High Junior
실전문제 1회분이 수록돼 있습니다.
학습자는 모든 유형의 학습이 끝나면
실전 문제를 풀어 보며
실전 감각을 익힐 수 있습니다.

5 쉬어가기

Part 7과 Part 8에서 각 유형 학습이 끝나고 등장하는
쉬어가기 공간으로 가볍게 읽을 수 있는 읽기 자료를
수록하였습니다. 영어 표현의 유래, 사회, 문화, 예술, 과학,
기술 등 다양한 주제를 다루는 글을 읽으며 상식도 쌓고 영어
표현도 덤으로 학습하며 머리를 식히기 바랍니다.

6 Appendix & Answers

Appendix(별책)에는 **파트별 어휘**와 **추가 문법
사항 (Part 6)**이 수록돼 있어 복습에 활용할 수
있습니다. 또한 각 유형 **Practice Test** 단계에서
출제된 문항과 **Actual Test** 문항의 해석과
해설이 수록돼 있어 문제 풀이 후 자신의 학습
결과를 확인하고 복습할 수 있습니다.

Weekly Study Plan

4-WEEK Plan 단기간 안에 점수가 필요한 학습자를 위한 플랜

	Day 1	Day 2	Day 3	Day 4	Day 5
Week 1	Part5 유형1-2 Part6 유형1 월 일	Part6 유형2-4 월 일	Part6 유형5-7 월 일	Part6 유형8-10 월 일	Review 월 일
Week 2	Part6 유형11-13 월 일	Part6 유형14 Part7 유형1 월 일	Part7 유형2 월 일	Part7 유형3 월 일	Review 월 일
Week 3	Part7 유형4 월 일	Part7 유형5 월 일	Part7 유형6 월 일	Part8 유형1 월 일	Review 월 일
Week 4	Part8 유형2 월 일	Part8 유형3 월 일	Part8 유형4 월 일	Part8 유형5 월 일	Final Test 월 일

Weekly Study Plan

8-WEEK Plan   기초부터 실전까지 차근차근 정복하여 TOSEL 점수를 내고 싶은 학습자를 위한 플랜

	Day 1	Day 2	Day 3	Day 4	Day 5
Week 1	Part5 유형1 월 일	Part5 유형2 월 일	Part6 유형1-2 월 일	Part6 유형3-4 월 일	Review 월 일
Week 2	Part6 유형5-6 월 일	Part6 유형7-8 월 일	Part6 유형9-10 월 일	Part6 유형11-12 월 일	Review 월 일
Week 3	Part6 유형13-14 월 일	Part7 유형1 월 일	Part7 유형1 월 일	Part7 유형2 월 일	Review 월 일
Week 4	Part7 유형2 월 일	Part7 유형3 월 일	Part7 유형3 월 일	Part7 유형4 월 일	Review 월 일
Week 5	Part7 유형4 월 일	Part7 유형5 월 일	Part7 유형5 월 일	Part7 유형6 월 일	Review 월 일
Week 6	Part7 유형6 월 일	Part8 유형1 월 일	Part8 유형1 월 일	Part8 유형2 월 일	Review 월 일
Week 7	Part8 유형2 월 일	Part8 유형3 월 일	Part8 유형3 월 일	Part8 유형4 월 일	Review 월 일
Week 8	Part8 유형4 월 일	Part8 유형5 월 일	Part8 유형5 월 일	Review 월 일	Final Test 월 일

Table of Contents

Section II. Reading & Writing

Part ⑤

Picture Description

Part 5 Picture Description

Part 5 시험 구성

유형		문항수
1	혼동하기 쉬운 표현-연어 (Collocations)	골고루 출제됨
2	관용어 및 관용어구 (Idioms)	
	총 2개 유형	총 6문항

① 31-36번까지 총 6문항으로 구성된다.

② 빈칸이 뚫린 문장이 제시되고, 각각 4개의 선택지에서 빈칸에 가장 적합한 어휘 / 표현을 고르는 문항이다.

③ 주어진 문장이나 대화문의 이해를 돕기 위해 관련된 사진이나 이미지가 함께 제시된다.

Part 5 사진 유형

연어

ex I'll go take the trash out. Will you <u>do the dishes</u>?

관용 표현

ex This equation is not that hard to solve. It's actually <u>a piece of cake</u>.

토셀쌤의 친절한 Part 5 조언

1   단어와 표현은 덩어리째 학습하기

어휘와 표현을 하나씩 따로 외우지 말고, 어떤 상황에서 어떻게 쓰였는지 문맥과 문장을 살펴보며 '묶어서' 파악하는 게 중요합니다. 예를 들어, 'I'm already familiar with the recipe.'라는 문장을 보고 'familiar'(익숙한)라는 개별 단어에만 초점을 두지 말고 주변으로 시야를 넓혀 '(be) familiar with'(~와 익숙하다)라는 표현으로 덩어리째 묶어서 기억하려 해보세요. ''familiar''란 단어는 전치사 'with'와 쓰일 수 같이 있구나.'라고 깨닫게 되면 이 표현은 여러분의 머릿속에서 오래오래 기억될 것입니다. 어휘를 덩어리째 학습하는 습관은 자주 함께 쓰이는 단어들의 결합을 뜻하는 연어(collocations) 관계를 파악하는 데도 큰 도움이 됩니다.

2   어휘 학습에 부담 갖지 않기

'아직도 모르는 영어 표현이 너무 많아!'라고 스트레스를 받기보다는, 낯설고 생소한 표현이 나올 때마다 차근차근 정리하고 곱씹어가며 나날이 어휘력을 발전시키겠다는 마음가짐이 중요합니다. 덧붙이자면, TOSEL High Junior Part 5에서는 실생활에서 정말 자주 쓰이는 표현들이 출제됩니다. 따라서, 먼저 'take, get, have, give' 등 아주 기본적이면서 다른 단어와 다양하게 어울려서 쓰이는 구동사를 정리하거나, 중학교 수준의 영어 교과서나 영어책에서 등장하는 표현들을 따로 정리해두는 것도 큰 도움이 되겠습니다.

1. Collocations

'모자를 _____.'라는 문장이 있습니다. 빈칸에 '쓰다, 입다, 끼다' 중 무엇이 들어가야 할까요? '쓰다'가 훨씬 자연스럽게 느껴집니다. 이렇게 '모자'와 '쓰다'처럼 서로 함께 자주 쓰이는 단어들을 바로 **연어(Collocations)**라고 합니다. 연어는 우리말뿐만 아니라 영어에서도 자주 볼 수 있습니다. 평소 영어 표현을 덩어리째 학습하는 습관이 좋은 이유 중 하나가 바로 이 연어 관계를 좀 더 자연스럽게 습득할 수 있기 때문입니다.

학습 전략	'take, get, have, look, give' 등 **기본 동사가 들어간 구동사 표현**이 자주 출제됩니다. 예를 들어, 'take off'는 '(옷을) 벗다, (비행기가) 뜨다'라는 의미이지만, 'take out'은 '~을 가지고 나가다'를 나타냅니다. **어떤 단어와 함께 어떤 상황에서 쓰이는지**에 따라 뜻이 달라지는 만큼, 평소 **영어 표현을 주변의 단어와 묶어서 공부**하려고 노력하기 바랍니다.

STEP 1 ≫ Example

Q.

The mall is really _____ with weekend shoppers.

(A) crashed
(B) crowded
(C) comfortable
(D) complicated

Q. 쇼핑몰이 주말 쇼핑객들로 정말 붐빈다.

(A) 추락한
(B) 붐비는
(C) 편안한
(D) 복잡한

토셀쌤의 시범 풀이

쇼핑몰이 주말 쇼핑객으로 북적이고 있습니다. 선택지 중에 'crowded' (붐비는)란 단어가 눈에 띕니다. 이 단어는 덩어리째로 'be crowded with'(~로 붐비는)라는 표현으로 쓰일 수 있습니다. 따라서 정답은 (B)입니다.

오답 선택지를 살피며 마무리합시다.

(A): 'crash'는 기본적으로 '충돌하다, 부딪치다'라는 뜻을 가진 단어입니다. 쇼핑몰과 주말 쇼핑객이 서로 충돌한다고 말하는 건 어색하므로 오답입니다.

(C): 'be comfortable with'는 '~에 대해 편하다, 걱정이 없다'를 뜻하는 표현입니다. 문장에서 어울리지 않는 표현으로 오답입니다.

(D): 거리에 사람이 많을 때 우리말로는 흔히 '거리가 복잡하다'라고 말합니다. 여기서 '복잡하다'라고 했을 때 쉽게 떠올릴 수 있는 'complicated'를 이용한 오답입니다. 'complicate'는 '(상황을 더 복잡하게 만들어서) 어렵게 하다', '(질병을) 악화시키다'라는 뜻을 가진 단어로, 여기에 사용하기엔 어색한 단어입니다.

[어휘] crash 충돌하다; 폭락하다; 고장 나다 | crowded 붐비는, 복잡한 | comfortable 편안한, 쾌적한 | complicated 어려워진, 복잡해진, (병이) 악화된

정답: (B)

STEP 2 ≫ Pattern Practice

1.

_____ the bed is always the first thing I do after I get up in the morning.

(A) Laying
(B) Pulling
(C) Having
(D) Making

---

1. 잠자리 정리는 내가 아침에 일어나서 항상 제일 먼저 하는 것이다.

(A) 놓는 것
(B) 당기는 것
(C) 가지는 것
(D) 만드는 것

[풀이] 사진의 남자처럼 아침에 일어나서 가장 먼저 이부자리를 정돈하고 있습니다. '잠잔 곳을 정리하다'라는 뜻을 나타내는 영어 표현은 동사 'make'와 명사 'bed'가 함께 쓰인 'make the bed'입니다. 그러므로 (D)가 정답입니다.

[어휘] make one's bed 잠자리를 정돈하다, 이불을 개다 | lay (바닥 등에) 놓다, 두다, 깔다 정답: (D)

2.

Remember, you need to give a full _____ of how you get your results.

(A) factor
(B) project
(C) witness
(D) account

---

2. 기억하세요, 여러분이 어떻게 결과물을 얻어냈는지 상세하게 설명해야 합니다.

(A) 요인
(B) 기획
(C) 목격자
(D) 설명

[풀이] 동사 'give' (주다)와 명사구 'an account of' (~의 관한 설명)가 서로 함께 쓰여 'give an account of' (~를 설명하다)라는 표현을 완성합니다. (실험) 결과를 어떻게 얻었는지 '설명'하라고 할 수 있으므로 (D)가 정답입니다. 여기서 'full'은 'account'를 꾸며주는 말로 'give a full account'는 '~을 상세하게 설명하다'라는 뜻이 되겠습니다.

[어휘] give an account of 설명을 하다, ~의 이야기를 하다 | factor 요인, 인자 | account 설명, 기술, 해석; 계좌 정답: (D)

1.

Michel is _____ a birthday party this Saturday. Will you come?

(A) making
(B) inviting
(C) chatting
(D) throwing

2.

I really want to get _____ of this old TV.

(A) rid
(B) junk
(C) dump
(D) remove

3.

Whenver I book a hotel room, I _____ a reservation through my smartphone.

(A) do
(B) call
(C) take
(D) make

4.

You like this book, too? I think we have a lot in _____.

(A) eye
(B) taste
(C) sense
(D) common

2. Idioms 관용어 및 관용어구

분명 아는 단어들로만 이루어져 있는데, 뜻을 정확히 몰라 의아했던 표현이 있었을 것입니다. 예를 들어 'a piece of cake'라는 표현은, 각각의 단어의 뜻만 보면 '케이크 한 조각'이라는 뜻이지요. 그런데 여기서 이 표현이 '아주 쉬운 일, 식은 죽 먹기'를 의미할 수 있다는 걸 바로 추측해내기는 쉽지 않습니다. 이처럼 **개별 단어의 의미만으로는 파악하기 어려운 특별한 의미를 지니는 표현을 관용 표현**이라고 합니다.

- **관용 표현의 예:** big mouth 입이 가벼운 사람, 떠들기 좋아하는 사람
  call it a day (일과를) 끝내다, 마치다
  pull someone's leg ~를 놀리다

학습 전략	시험에는 **실생활에서 자주 쓰이는 관용 표현**이 주로 출제됩니다. 관용 표현 역시 문맥 속에서 덩어리째 외우기를 권장합니다.

STEP 1 》 Example

Q.

I'm not a(n) _____. It's really hard to get up in the morning.

(A) night owl
(B) early bird
(C) cash cow
(D) teddy bear

Q. 난 아침형 인간이 아니야. 아침에 일어나는 게 너무 힘들어.

(A) 저녁형 인간
(B) 아침형 인간
(C) 고수익 상품
(D) 곰돌이 인형

토셀쌤의 시범 풀이

아침에 일어나기 힘든 사람은 '아침형 인간'이 아닐 것입니다. 그렇다면 아침에 일찍 일어나 일상을 일찍 시작하는 사람을 뜻하는 '아침형 인간'은 영어로 무엇이라 할까요? 바로 'early bird'입니다. '일찍 일어나는 새'라는 기본 의미에서 더 나아가 '아침형 인간'을 뜻하게 된 표현입니다.

오답 선택지를 살펴봅시다.

(A): 'early bird'와 상반되는 뜻의 관용 표현입니다. 'night owl'은 '밤 올빼미'라는 기본 의미에서 확장돼 저녁과 밤에 활발히 활동하는 '저녁형, 야행성 인간'을 뜻하므로 문장과는 어울리지 않아 오답입니다.

(C): 'cash cow'는 'cash' (돈, 자금)와 'cow' (소)라는 단어가 결합해 '꾸준히 수익을 주는 상품'을 뜻하는 관용 표현이 되었습니다. 우유 농장에서 젖소가 꾸준히 우유를 공급하는 것에서 유래한 표현입니다. 내용과 무관하므로 오답입니다.

개별 단어의 기본 의미를 넘어서 특별한 의미를 가지는 표현이 바로 관용 표현이라는 것, 이제 아시겠죠?

[어휘] night owl 야행성 인간, 올빼미 같은 사람 | early bird 아침형 인간, 일찍 일어나는 사람 | cash cow (사업체의) 꾸준한 수익 상품 | teddy bear 테디베어, (봉제) 곰 인형

정답: (B)

1.

Before we start working, let's _____ by going around and saying our names.

(A) melt the wax

(B) warm the air

(C) break the ice

(D) smooth the stone

---

1. 일을 시작하기 전에, 어색함을 없앨 겸 돌아가면서 자기 이름을 말합시다.

(A) 밀랍을 녹이다

(B) 공기를 데우다

(C) 어색함을 없애다

(D) 돌을 매끈하게 하다

[풀이] 서로 돌아가며 통성명을 하는 것은 보통 처음 만난 사람들끼리 어색함을 없애기 위해 하는 행동입니다. (C)의 'break the ice'는 '얼음을 깨다'라는 기본 의미에서 확장돼 '서먹서먹한 분위기, 어색함을 깨다'라는 뜻을 나타내게 된 관용 표현입니다. 꽁꽁 언 얼음을 깨뜨리는 행위를 사람들 간의 어색함을 깨뜨리는 행위에 연결한 관용 표현입니다. 따라서 (C)가 정답입니다.

[어휘] melt 녹다, 녹이다 | wax 밀랍, 왁스 | warm 따뜻하게 하다, 데우다 | break the ice 어색한[서먹서먹한] 분위기를 깨다 | smooth 매끈하게 하다, 반듯하게 펴다   정답: (C)

2.

I'm sorry, but can I get a _____ on today's lunch meeting? Something urgent came up.

(A) rain coat

(B) rain peak

(C) rain check

(D) rain schedule

---

2. 미안한데 오늘 점심 약속 다음으로 미룰 수 있을까? 급한 일이 생겨서.

(A) 비 옷

(B) 비 봉우리

(C) 우천 교환권

(D) 우천 일정

[풀이] 급한 일이 생겼다는 말로 보아 오늘 점심 약속을 다음으로 미룰 수 없는지 묻고 있는 문장입니다. 'Can I get a rain check on ~?'이란 표현은 제안이나 초대를 정중히 거절하거나 약속을 미룰 때 자주 쓰이는 표현으로 (C)가 정답입니다.

'rain check'은 본래 1870년경부터 미국의 야구 경기장에서 날씨가 좋지 않아 경기가 미뤄졌을 때 나중에 쓸 수 있도록 나눠주는 우천 교환권을 뜻했습니다. 그런데 'rain check'이 야구 경기장에서는 물론 일상에서도 습관적으로 쓰이면서 무언가를 다음에 하겠다고 미루거나 거절할 때 사용하는 관용 표현으로 자리 잡게 된 것입니다.

[어휘] rain check 우천 교환권 (경기·공연 등이 비가 와서 취소될 경우 나중에 쓸 수 있도록 주는 티켓) | Can I get a rain check (on ~)? (~을) 다음으로 미루면 안 될까?, 다음에 (~을) 할 수 있을까요? | urgent 긴급한, 시급한 | peak 꼭대기, 절정, 정점   정답: (C)

1.

The cars are _____ on the highway.

(A) tail to tail
(B) rear to rear
(C) head to head
(D) bumper to bumper

2.

Why _____? Did you get a bad grade on your final exam?

(A) the long face
(B) the wrong face
(C) the long mouth
(D) the wrong mouth

3.

This color is not my _____. Let's try another dress.

(A) cup of tea
(B) cup of milk
(C) glass of tea
(D) glass of milk

4.

This laptop will need to be repaired _____. It won't last forever.

(A) earlier or later
(B) sooner or later
(C) faster or slower
(D) quicker or slower

Memo

Memo

Part 6

Sentence Completion

Part 6

Sentence Completion

Part 6 시험 구성

유형		문항수
1	명사와 대명사 (Nouns / Pronouns)	각 문법 유형에서 문제가 골고루 출제됨
2	형용사와 부사 (Adjectives / Adverbs)	
3	비교급과 최상급 (Comparatives / Superlatives)	
4	전치사 (Prepositions)	
5	수동태와 능동태 (Passive / active)	
6	동사의 시제 (Verb Tenses)	
7	부정사 (Infinitives)	
8	동명사 (Gerunds)	
9	분사 (Participles)	
10	접속사 (Conjunctions)	
11	관계대명사와 관계부사 (Relative Pronouns & Relative Adverbs)	
12	조건절 (Conditionals)	
13	문장의 구조 - 주어와 동사 (Subjects and Verbs)	
14	문장의 구조 - 목적어, 보어, 수식어 (Objects, Complements, Modifiers)	
	총 14개 유형	총 10문항

① 37-46번까지 총 10문항으로 구성된다.

② 빈칸이 뚫린 문장이 제시되고, 각각 4개의 선택지에서 빈칸에 문법적으로 가장 적합한 단어나 표현을 고르는 문항이다.

③ 관용표현이나 어휘를 고르는 문제 등은 제외되고 순수한 문법 사항만을 묻는 문항만 출제된다.

토셀쌤의 친절한 Part 6 조언

1   기본적인 문법에만 집중하기

문법 문항은 까다롭다는 인식이 팽배합니다. 간혹 너무 세세한 부분까지 파고들려 하기 때문인데요. 하지만 너무 자세한 문법 사항까지 집착하다 보면 오히려 실생활에서 영어를 구사하고 사용하는 데 해가 될 수도 있습니다. 따라서 실용영어에 초점을 맞추는 TOSEL은 한국의 중학교 정규 교과과정에서 배우는 수준의 기본적이고 대표적인 문법 사항만을 다루고 있습니다. 그렇기 때문에 본 책에 수록된 기본 문법 사항과 예문을 가볍게 훑는다는 마음가짐으로만 학습하여도 Part 6를 준비하는 데 충분합니다.

2   실제 영어 문장 속에서 문법 이해하기

주어, 동사, to부정사, 분사, 관계부사, ... 등 조금 낯설고 생소한 '문법 용어'들 때문에 문법이 어렵게 느껴질 수도 있습니다. 하지만 문법 용어는 서로 다른 문법 개념을 정확하고 명쾌하게 설명하기 위해 만들어진 용어이지, 그 자체를 암기하려고 매달릴 필요는 없습니다. 그 대신 실제 영어 문장을 통해 문법 사항이 영어 모국어 화자들 사이에서 어떻게 쓰이는지 살펴보며 '영어의 표현과 구조'를 자연스럽게 습득하는 것이 좋습니다. 예를 들어, enjoy라는 동사를 봅시다. 동사 enjoy의 문법 사항을 살펴보면, enjoy는 동명사를 목적어로 갖는 동사입니다. 여기서 바람직한 문법 공부 방향은 '동명사를 목적어로 갖는 동사'라는 문법 용어에 집착하는 것보다 'I enjoy studying.' 등과 같은 실제 문장 속에서 해당 문법 개념을 확인하며 문법 사항을 자신의 지식으로 체득하는 것입니다.

3   Appendix 적극 활용하기

학습 편의를 위해 별도의 Appendix 책이 본 교재와 함께 제공됩니다. Appendix에는 Part 6의 문법 사항을 더 자세히 정리한 내용이 수록되어 있습니다. 내용이 쉬우므로 혼자서도 Part 6에 충분히 대비할 수 있습니다.

1. Nouns / Pronouns

01   명사의 개념과 형태

사람/동물/사물/추상적인 개념을 지칭하는 모든 이름을 **명사**로 분류한다.

①	가산 명사	사람, 동물, 사물을 가리키는 일반적인 명사 (teacher, animal, table, ...)
		• **단수 명사** 앞에는 **관사 a(an)**가 붙는다. (a chair, an elephant, a minute, ...)
		• 대부분의 **복수 명사** 뒤에는 **-s나 -es**가 붙는다. (chairs, elephants, minutes, ...)
		⇒ 복수 명사의 변형 규칙은 Appendix 6-1(p.3)을 확인하세요.
②	불가산 명사	고유한 이름, 눈에 보이지 않는 개념, 물질 명사 (Mary, New York, love, milk, advice, ...)
		⇒ 자주 쓰이는 불가산 명사는 Appendix 6-2(p.3)를 확인하세요.
③	명사를 만드는 접미사 (ness, tion/sion, ity, ...)	happy(형) 기쁜 → happiness(명) 기쁨
		meditate(동) 명상하다 → meditation(명) 명상
		curious(형) 호기심이 많은 → curiosity(명) 호기심
		⇒ 자세한 접미사 변형 규칙은 Appendix 6-3(p.3)을 확인하세요.

02   대명사의 개념과 종류

대명사란 사람이나 사물의 이름을 대신 나타내는 말로, 명사를 통하지 않고 대상을 직접 가리키는 역할을 한다.

①	인칭대명사	I, it, her, theirs 등과 같이 **인칭을 지칭**하는 말로, 종류에는 **주격, 소유격, 목적격 인칭대명사**와 **소유대명사(소유격+명사)**가 있다.
		<u>She</u> didn't bring <u>her</u> umbrella, so <u>we</u> shared <u>mine</u>. 그녀가 우산을 안 가져와서, 내 것을 같이 썼다.
		<u>His</u> father taught <u>him</u> how to tie a shoelace. 그의 아버지는 그에게 신발 끈 묶는 법을 가르쳐주었다.
②	지시대명사	특정한 사람, 사물, 장소 등을 지시하는 대명사로, 지시대명사 **this(이것/이 사람), that(저것/ 저 사람), these(이것들/이 사람들), those(저것들/저 사람들)**를 사용한다. 또한 '이~' 또는 '저~' 라는 의미의 **지시형용사**로 사용되기도 한다.
		<u>This</u> is my favorite spot in <u>this</u> classroom. 여기가 이 교실에서 내가 가장 좋아하는 자리야.
		지시대명사 지시형용사
③	부정대명사	정해지지 않은 **불특정한 명사**를 대신하는 말
		I have two pets. <u>One</u> is a puppy, and <u>the other</u> is a guinea pig.
		나는 애완동물이 두 마리 있다. 하나는 강아지이고, 나머지 하나는 기니피그이다.
④	재귀대명사	'-self'의 형태를 보이는 대명사로, 주로 **주어 자기 자신**을 가리킬 때 쓰인다.
		The dog barked at <u>itself</u> in the mirror. 그 개는 거울의 자신을 향해 짖었다.

⇒ 대명사의 더 자세한 설명은 Appendix 6-4(p.4)을 확인하세요.

03   명사 자리

명사는 문장에서 **주어, 목적어, 보어** 자리에 들어갈 수 있다.

①	주어 자리	Ducks are actually smart animals. 오리는 사실 영리한 동물이다.
②	목적어 자리	The wise man gave advice to the foolish man. 현명한 자가 어리석은 자에게 충고했다.
		타동사 give의 목적어
③	보어 자리	What I enjoy doing these days is crochet. 근래 들어 내가 즐겨 하는 것은 코바느질이다.
		주격 보어

STEP 1 ≫ **Example**

Q. All of my _____ got so angry at Mr. Wright for playing very loud music after 10 PM.

(A) neighbor
(B) neighbors
(C) neighbor's
(D) neighboring

Q. 내 이웃들 모두 오후 10시 이후에 너무 시끄러운 음악을 틀어 놓는 Wright씨에게 매우 화가 났다.

(A) 이웃
(B) 이웃들
(C) 이웃의
(D) 이웃하는

토셀쌤의 시범 풀이

'all'은 '모두'라는 뜻을 나타내는 대명사입니다. 'all'은 의미 자체가 복수 개념이기 때문에 가산 명사를 'all'과 함께 쓸 때는 반드시 복수형을 사용해야 합니다. 따라서 (B)가 정답입니다. 정답:(B)

STEP 2 ≫ **Pattern Practice**

1. Hector hopes that his parents will give _____ a new set of blocks for his birthday.

(A) he
(B) his
(C) him
(D) he's

1. Hector는 부모님이 생일 선물로 그에게 새 블록 세트를 주시길 바란다.

(A) 그는
(B) 그의
(C) 그를
(D) 그는 ~이다

[풀이] 'give+간접 목적어+직접 목적어' 형태의 절이므로, 빈칸에는 목적격 인칭대명사가 나와야 합니다. 따라서 (C)가 정답입니다. 정답: (C)

2. We were shocked to learn Ryo could speak _____ so well after only 3 months.

(A) Spain
(B) Spainish
(C) Spainish's
(D) Spainishes

2. 우리는 Ryo가 겨우 3개월 만에 스페인어를 할 수 있었다는 사실을 알고 깜짝 놀랐다.

(A) 스페인
(B) 스페인어
(C) 잘못된 표현
(D) 잘못된 표현

[풀이] 'speak+언어를 나타내는 단수 명사'의 형태를 통해 '~ 언어를 말하다, 구사하다'라는 뜻을 나타낼 수 있으므로 (B)가 정답입니다.

[어휘] shocked 충격 받은, 어안이 벙벙한 정답: (B)

STEP 3 ≫ **Practice Test** 정답과 해설 p.23

1. Are you coming with _____ to Yogurtspoon? The yogurt there is really creamy.

(A) we
(B) us
(C) our
(D) ours

2. Batteries must be removed from any devices packed in _____.

(A) baggage
(B) baggages
(C) a baggage
(D) some baggages

3. I saw you yesterday at Redlands Mall. You and your mother seemed to be enjoying _____.

(A) you
(B) your
(C) yourself
(D) yourselves

4. How about buying some cupcakes for the pajama party? The pink _____ look great.

(A) it
(B) one
(C) ones
(D) some

2. Adjectives / Adverbs

01 형용사의 개념과 형태

명사의 성질이나 상태를 수식해준다.

① **형태**
-ic, -y, -able, -ous, -al, -ful, -less, -an/ese, 명사+ly

ex) dramatic 극적인 | portable 휴대할 수 있는 | attractive 매력적인 | natural 자연스러운 | wonderful 훌륭한

This delicious pie is made by an artificial intelligence robot cook.
이 맛있는 파이는 인공지능 로봇 요리사에 의해 만들어졌다.

⇒ 더 자세한 형용사 접미사는 Appendix 6-3(p.3)을 확인하세요.

② **수량 형용사**
many, much, every, several, most, some, ...

How much sugar do you take every day? 하루에 설탕을 얼마나 섭취합니까?

Some local schools are going to close by the end of the year.
일부 지역 학교들은 연말쯤에 폐교할 예정이다.

02 형용사 자리

명사의 바로 앞이나 뒤 또는 보어 자리에 위치한다.

① **명사 앞이나 뒤**
He was wearing traditional clothing. 그는 전통 의상을 입고 있었다.
traditional이 clothing 수식

② **보어**
Our mission to get a free ticket is complete. 무료 티켓을 얻으려는 우리의 임무는 완료됐다.
complete가 Our mission 수식

03 부사의 개념과 형태

부사는 주로 시간, 장소, 정도, 방법 등의 의미를 나타내며, 명사를 제외한 다른 요소들 즉, **동사, 형용사, 부사 또는 문장 전체**를 수식한다.

① **형태**
- 형용사+ly: differently 다르게 | successfully 성공적으로 | probably 아마도
- 형용사와 같은 형태: hard 열심히 | late 늦게 | early 일찍 | enough 충분히 | fast 빠르게
- 기타: very 매우 | soon 곧 | quite 꽤 | just 막/단지 | already 벌써 | yet 아직 | still 여전히

I'm pretty sure the box is big enough to contain all these Christmas light bulbs.
나는 상자가 이 크리스마스 전구를 모두 담을 수 있을 만큼 충분히 클 거라고 제법 확신한다.

I've already looked at the guidelines thoroughly. 나는 지침사항을 이미 면밀히 살펴보았다.

⇒ 더 자세한 부사의 종류는 Appendix 6-5(p.5)를 확인하세요.

04 부사 자리

명사를 제외한 다른 요소들, 즉 동사, 형용사, 부사 또는 문장 전체를 수식한다.

Martha finally made it to Iceland at the age of 60. Martha는 60살에 마침내 아이슬란드에 도착했다.
동사 수식

Painfully hungry, he begged for a loaf of bread. 극도로 배가 고파서 그는 빵 한 덩어리를 구걸했다.
형용사 수식

Moreover, prices have increased slightly every year. 더욱이, 가격은 매년 조금씩 올랐다.
문장 전체 수식   준동사 수식

05 헷갈리는 부사

전형적인 부사 형태가 아니거나 형용사 같은 형태의 부사가 있으므로 주의해야 한다.

Kangaroos can jump [high / ~~highly~~]. 캥거루는 높게 점프할 수 있다.
high (형)높은 (부)높게   highly (부)매우

⇒ 헷갈리는 부사 종류는 Appendix 6-6(p.5)을 확인하세요.

STEP 1 >> Example

Q. The algebra quiz given by Mr. Rodriguez today was _____ easy.

(A) surprise
(B) surprised
(C) surprising
(D) surprisingly

Q. 오늘 Rodriguez 선생님이 내주신 대수학 퀴즈는 놀라울 정도로 쉬웠다.

(A) 놀라게 하다
(B) 놀란
(C) 놀라운
(D) 놀랄 만큼

토셀쌤의 시범 풀이

'The algebra quiz given by Mr. Rodriguez today'가 주어 부분, 'was'가 동사, 'easy'가 주격 보어로 문장의 필수 성분은 모두 충족된 것을 알 수 있습니다. 따라서 빈칸에는 형용사 'easy'를 수식할 수 있는 품사가 와야 합니다. 부사는 형용사를 수식할 수 있으므로 (D)가 정답입니다.

[어휘] algebra 대수학

정답:(D)

STEP 2 >> Pattern Practice

1. I tell my friend Darlene all my problems. We have a very _____ relationship.

(A) close
(B) closed
(C) closely
(D) closest

1. 나는 내 친구 Darlene에게 내 모든 문제 거리를 말한다. 우리는 아주 친밀한 사이이다.
(A) 친밀한
(B) 닫힌
(C) 친밀하게
(D) 가장 친밀한

[풀이] 명사 'relationship'을 꾸며줄 수 있는 품사가 와야 하고, 문맥상 '친밀한 관계'라는 뜻이 어울리므로 (A)가 정답입니다. (D)의 경우, 'closest'는 최상급 형태로 관사 'a'나 부사 'very'가 쓰이면 어색하므로 오답입니다. 정답: (A)

2. Ozan was _____ proud of his new craftsman violin from Serbia.

(A) exceeded
(B) exceeding
(C) exceedingly
(D) exceedance

2. Ozan은 그의 새 Serbia산 장인 바이올린을 굉장히 자랑스러워했다.
(A) 초과한
(B) 굉장한
(C) 굉장히
(D) 초과

[풀이] 주격 보어인 형용사 'proud'를 꾸며줄 수 있는 품사가 와야하므로, 부사인 (C)가 정답입니다.

[어휘] exceed 초과하다, 넘어서다 | craftsman 장인, 숙련공

정답: (C)

STEP 3 >> Practice Test

정답과 해설 p.23

1. Keeping the proper temperature at home during summer is both more _____ and more important when there are newborns in the house.

(A) difficult
(B) difficulty
(C) difficultly
(D) difficulties

2. Amy arrived at the airport _____, but ended up catching her flight to London.

(A) late
(B) later
(C) lately
(D) latest

3. He looked _____ in his first speech, but I'm sure he was feeling very nervous.

(A) calm
(B) calmly
(C) calms
(D) calmness

4. I am waiting for a summer deal; _____, I won't buy this PC game.

(A) instead
(B) likewise
(C) otherwise
(D) moreover

3. Comparatives / Superlatives

01 형태

	원급	비교급	최상급
1음절 단어	cute 귀여운	cuter 더 귀여운	the cutest 가장 귀여운
3음절 이상의 단어	difficult 어려운	more difficult 더 어려운	the most difficult 가장 어려운

⇒ 더 자세한 원급/비교급/최상급 형태 변형은 Appendix 6-7(p.5)을 확인하세요.

① 원급비교
- **as + 형용사/부사 원급 + as: ~만큼 ~한 (동등 비교)**
Future smartphones can be <u>as</u> <u>thin</u> <u>as</u> a sheet of paper.
미래의 스마트폰은 종이 한 장만큼 얇아질 수 있다.

cf. not so[as] 형용사/부사 원급 as: '~만큼 ~하지 않은'
The assistant designer was <u>not as</u> <u>skillful</u> <u>as</u> his supervisor.
보조 디자이너는 그의 상사만큼 숙련되지는 않았다.

② 비교급
- **비교급 + than: ~보다 더 ~한 (우등 비교)**
Can cheetahs run <u>faster</u> <u>than</u> an automobile? 치타가 자동차보다 빨리 달릴 수 있을까?
- **less 원급 than: ~보다 덜 ~한 (열등 비교)**
This book's explanation of dinosaur bones is <u>less clear</u> <u>than</u> that of my 6-year-old brother.
이 책의 공룡 뼈에 관한 설명은 내 6살짜리 남동생의 설명보다 명확하지 않다.

③ 최상급
the 최상급 (of/in 명사 or that 절): ~에서 가장 ~한
- **최상급 in + 장소**
This street is <u>the most crowded and noisiest</u> place <u>in the city</u>.
이 거리는 도시에서 가장 북적거리고 시끄러운 장소이다.
- **최상급 of + 기간**
Shaking hands with dolphins at the aquarium was <u>the best moment</u> <u>of her childhood</u>.
수족관에서 돌고래와 악수를 한 것은 그녀의 어린 시절 가장 최고의 순간이었다.
- **최상급 that 절**
That was <u>the deadliest disease</u> (that) the world had ever witnessed.
그것은 세계가 목격한 가장 치명적인 질병이었다.

cf. the least 형용사/부사 원급: '가장 ~하지 않은'

02 강조 표현

① **비교급: much, even, a lot, (by) far, still: '훨씬'** 이라는 의미로, **비교급 강조**를 위해 사용

Your handwriting is <u>far</u> <u>better than</u> mine. 네 글씨체가 내 글씨체보다 훨씬 낫다.

② **최상급: much, by far, quiet, the very: '단연코'** 라는 의미로, **최상급 강조**를 위해 사용

Rock climbing is <u>by far</u> <u>the most challenging sport</u> I've ever done.
암벽 등반은 단연코 지금까지 내가 했던 가장 도전적인 스포츠이다.

03 비교급 & 최상급 관용표현

the + 비교급 + (주어+동사), the + 비교급 + (주어+동사): ~할수록 더 ~하다
<u>The happier</u> people become, <u>the more colorful</u> their clothes will be.
사람들이 더 행복해질수록, 그들의 옷도 색이 더 다채로워질 것이다.

STEP 1 ≫ Example

Q. My ice cream does not _____ yours. Yours has more strawberries.

(A) taste fruitier as
(B) fruity a taste as
(C) taste as fruity as
(D) taste as fruitier than

Q. 내 아이스크림은 네 것만큼 과일 맛이 강하지 않아. 네 것에 딸기가 더 많아.

(A) 어색한 표현
(B) 어색한 표현
(C) ~만큼 과일 맛이 강하다
(D) 어색한 표현

토셀쌤의 시범 풀이

원급비교 표현은 'as+원급+as'의 형태입니다. 'taste'는 주격 보어로 형용사를 취하는 동사이므로 'taste+as+원급 형용사+as'의 형태를 갖는 (C)가 정답입니다.

정답:(C)

STEP 2 ≫ Pattern Practice

1. The more you sit, _____ you are to suffer from back pain later in life.

(A) the like
(B) the likely
(C) the likelier
(D) the likeliest

2. This show is ridiculous. The overly dramatic scenes are _____ real life.

(A) like none
(B) nothing like
(C) anything like
(D) like whatever

1. 더 많이 앉을수록, 후년에 요통에 시달릴 가능성이 더 높다.

(A) 비슷한 것들
(B) the + likely
(C) the + likely 비교급
(D) the + likely 최상급

[풀이] 'the 비교급+S+V, the 비교급+S+V' 구문을 사용한 것으로 (C)가 정답입니다.

정답: (C)

2. 이 공연은 말도 안 돼. 지나치게 극적인 장면들은 실생활과 전혀 달라.

(A) 어색한 표현
(B) 전혀 ~같지 않은
(C) ~같은
(D) 어색한 표현

[풀이] '전혀 ~같지 않은'이라는 뜻의 'nothing like ~'라는 표현을 사용한 것이므로 (B)가 정답입니다. (C)의 경우, 문맥상 'ridiculous'와 자연스럽게 이어지지 않으므로 오답입니다.

정답: (B)

STEP 3 ≫ Practice Test

정답과 해설 p.24

1. My nose is big, but not _____ my brother's nose.

(A) big than
(B) small than
(C) as big as
(D) as big than

2. This book is _____ interesting than I expected it would be! I love it.

(A) far
(B) not as
(C) far more
(D) more than

3. With all the improvements he made, Muhammed's room looks _____.

(A) never better
(B) best than ever
(C) never the best
(D) better than ever

4. Out of all the bicycles I've looked at, this one is the _____ expensive option.

(A) lest
(B) least
(C) lesser
(D) lessen

4. Prepositions

명사나 대명사 앞에 놓여 **전치사 + (대)명사**의 한 덩어리로 사용, **수식어 역할**을 한다.
⇒ 각 전치사의 예문들은 Appendix 6-8(p.6)을 확인하세요.

01 시간 전치사

at+시각 | on+날짜/요일 | in+달/년도
for+시간 길이 | during+기간 (~동안)
by+시간 동작의 완료 (~까지) | until+시간 동작의 지속 (~까지=till)
since+과거를 나타내는 어구 (~이래로) | from+시작하는 시점 (~부터)
within (~이내에) | in ([미래 시제와 쓰였을 때] ~후에/~만에 [시간의 경과를 나타냄])

The train to Paris leaves at 7 o'clock. Paris행 기차는 7시에 떠난다.
She kept forgetting her lines during the rehearsal. 그녀는 리허설하는 동안 대사를 자꾸 까먹었다.

02 장소/방향 전치사

in ([큰 장소 안] 에) | at ([특정 지점] 에) | on ([표면 위] 에)
by/next/beside (~옆에) | in front of (~앞에) | in back of/behind (~뒤에)
along (~을 따라서) | across (가로질러) | through (~을 통과하여) | around (주위에/돌아)
over ([표면에서 떨어져서] 위에) | under ([표면에서 떨어져서] 아래에) | below (~보다 아래에/밑에) | past (~을 지나쳐서)
between (개별적인 개체들 사이에) **vs.** among (집합적 개념(무리)들 중에)

Please put disposable coffee cups in the red bin. 일회용 커피 컵은 빨간색 통에 넣어 주세요.
He was collecting leaves in the garden of the castle. 그는 성의 정원에서 나뭇잎을 모으고 있었다.
Can a person swim across the Pacific Ocean? 사람이 태평양을 수영해서 건널 수 있을까?
I found some old pictures under the bed. 침대 밑에서 낡은 사진 몇 장을 찾았다.

cf. 'home'은 전치사가 없어도 '집에, 집으로' 등의 뜻을 갖는 부사로도 쓰인다. 오히려 'home'과 전치사를 같이 쓰면 어색한 경우도 있으니 주의한다.
I'm [home / at home]. 나는 집에 있어.
She finally went [home / to home] after five hours of overtime. 그녀는 5시간 초과 근무 후에야 마침내 집에 왔다.

03 기타 전치사

about / regarding / concerning / as to (~에 관하여)
with (~와 함께) **vs.** without (~이 없이)
like (~처럼/같은) **vs.** unlike (~와 같지 않게)
beyond (~이상으로, ~을 넘어서) | by (~에 의해/~함으로써) | as (~로[서], ~처럼)
against (~에 반하여) | following (~후에/잇따라) | throughout (~도처에/전역에/내내)
including (~을 포함하여) | except (~을 제외하고)

because of / due to / owing to / thanks to / on account of (~때문에)

despite / in spite of (~에도 불구하고)

I like all fruit except pineapples. 나는 파인애플을 제외하고 모든 과일을 좋아한다.
Despite our efforts, we couldn't beat the world record. 우리의 노력에도 불구하고, 세계 기록을 깰 수는 없었다.

STEP 1 ≫ Example

Q. I have to finish this project _____ tomorrow. If I don't, I'll get a C+.

(A) by
(B) to
(C) at
(D) until

Q. 나는 내일까지 이 과제를 끝내야 한다. 그렇지 않으면, 나는 C+를 받을 것이다.

(A) ~까지
(B) ~로
(C) ~에서
(D) ~까지

토셀쌤의 시범 풀이

빈칸에는 뒤의 명사 'tomorrow'를 받아줄 수 있는 전치사가 올 수 있으며, 문맥상 '~까지'를 뜻하는 전치사 'by'가 오는 것이 자연스럽습니다. 따라서 (A)가 정답입니다.

(D): 전치사 'until'은 언급된 시간까지의 전체 기간을 의미하는 것으로 마감기한과 같이 어느 한 지점을 표현하기에는 적절하지 않기 때문에 오답입니다.

정답:(A)

STEP 2 ≫ Pattern Practice

1. My mom has spent the entire day _____ the phone.

(A) in
(B) on
(C) to
(D) up

1. 우리 엄마는 온종일 전화 통화를 하며 시간을 보내셨다.

(A) ~안에
(B) ~ (위)에
(C) ~로
(D) ~ 위로

[풀이] 'on the phone'는 '전화를 하고 있는'이라는 뜻의 영어 표현입니다. 따라서 (B)가 정답입니다. 정답: (B)

2. The students stayed in traditional tents _____ their stay in Mongolia.

(A) at
(B) upon
(C) while
(D) during

2. 학생들이 몽골에 머무는 동안 그들은 전통 천막에서 지냈다.

(A) ~에서
(B) ~위에
(C) ~하는 동안
(D) ~동안

[풀이] 명사 'stay'를 받아줄 수 있는 전치사이면서, 문맥상 자연스러운 (D)가 정답입니다. (C)는 뒤에 완전한 절이 필요한 접속사이기 때문에 오답입니다. 정답: (D)

STEP 3 ≫ Practice Test

정답과 해설 p.24

1. What are the main ingredients _____ this stew?

(A) at
(B) in
(C) on
(D) down

2. Chandra didn't go anywhere last weekend. She just stayed ____ home.

(A) on
(B) to
(C) in
(D) at

3. To maintain quality, some foods, _____ potatoes, honey, and bread should not be kept in the fridge.

(A) following
(B) including
(C) regarding
(D) concerning

4. Try your best, ____ your own sense of pride if for no other reason.

(A) at
(B) to
(C) for
(D) with

5. Passive / Active

01 능동태와 수동태의 차이

- **능동태**: 동작 (동사)을 **행하는 주체가 주어**인 문장으로 (주어가 ~을 하다/했다/하고 있다/할 것이다)로 해석
- **수동태**: 동작 (동사)을 **당하는 대상이 주어**인 문장으로 (주어가 ~되다/되었다/되고 있다/될 것이다)로 해석

능동태의 문장을 수동태로 바꾸어 쓸 때 능동태의 목적어가 → 수동태의 주어가 된다.

능동태: My dog opened the window. 우리 강아지가 창문을 열었다.
　　　　　주어　　동사　　　목적어

수동태: The window was opened by my dog. 창문은 우리 강아지에 의해 열렸다.
　　　　　주어　　　동사

cf. 능동태의 주어는 수동태에서 주로 'by+행위자'가 되지만, 그다지 중요하지 않을 경우에는 주로 생략한다.
　　ex) The painting was restored completely a few years later (by someone). 그 그림은 몇 년 후에 완벽히 복원되었다.

02 수동태의 형식과 시제

수동태는 기본적으로 **be + p.p.** (be동사 + 과거분사) 형태를 취한다. ⇒ 수동태의 종류, 시제, 형식은 Appendix 6-9(p.7)를 확인하세요.

① **단순형 수동태**　　The plant is watered by the gardener. 그 식물은 정원사에 의해 물을 공급받는다.

② **진행형 수동태**　　The plant is being watered by the gardener. 그 식물은 정원사에 의해 물을 공급받고 있다.

③ **완료형 수동태**　　The plant has been watered by the gardener. 그 식물은 정원사에 의해 물을 공급받았다.

03 감정동사의 능동태와 수동태

감정 동사를 쓸 때 **주어가 감정을 느끼면 수동태**, **감정을 유발하는 주체이면 능동태**를 사용한다.
⇒ 감정동사의 종류는 Appendix 6-10(p.8)을 확인하세요.

① **능동**　　　The noisy machine irritates me. 시끄러운 기계가 나를 거슬리게 한다.

② **수동**　　　I am irritated by the noisy machine. 나는 시끄러운 기계 때문에 거슬린다.

04 1형식과 2형식의 태, 4형식과 5형식의 수동태

① **1, 2형식 문장의 태**: 자동사이므로 목적어를 갖지 않고, 수동태로 사용될 수 없다.

- **1형식**: The grasshopper [works / is worked] too little. 베짱이는 일을 거의 하지 않는다.
- **2형식**: New York [became / was become] the center of American musicals. 뉴욕은 미국 뮤지컬의 중심이 되었다.

② **4형식 문장의 태**: [주어+동사+간접목적어+직접목적어] 형태로 목적어를 2개 갖기 때문에, **2개의 수동태 문장으로 전환이 가능**하다.

Mr. Park / gave / the students / exciting science facts. Park 선생님은 학생들에게 신나는 과학 사실들을 알려 주었다.
　주어　　동사　　간접목적어　　　　직접목적어

- **간접목적어 주어**: The students / were given / exciting science facts / by Mr. Park.
　　　　　　　　　　학생들은 Park 선생님으로부터 신나는 과학 사실들을 건네 들었다.
- **직접목적어 주어**: Exciting science facts / were given / to the students / by Mr. Park.
　　　　　　　　　　신나는 과학 사실들이 Park 선생님에 의해 학생들에게 주어 졌다.

③ **5형식 문장의 태**: [주어+동사+목적어+목적보어 (형용사/명사/to부정사/원형부정사/분사)] 형태로 능동태가 수동태로 전환될 때, **목적어가 주어자리로 나오면서 목적보어는 동사 뒤에 그대로 남는다.**

- **5형식 능동태 문장**: They / named / the project / Ultra Sweeper. 그들은 프로젝트를 Ultra Sweeper라고 명명했다.
　　　　　　　　　　　주어　동사　　목적어　　　　보어
- **5형식 수동태 문장**: The project / was named / Ultra Sweeper / by them.
　　　　　　　　　　　주어　　　　동사　　　　보어
　　　　　　　　　　프로젝트는 그들에 의해 Ultra Sweeper라고 명명됐다.

⇒ 1, 2, 4, 5형식 문장의 태 관련 자세한 설명은 Appendix 6-11(p.8)을 확인하세요.

STEP 1 ≫ Example

Q. If you keep running every day, you will _____ stronger.

(A) get
(B) be get
(C) gotten
(D) be gotten

Q. 만약 네가 매일 꾸준히 달린다면, 너는 더 튼튼해질 것이다.

(A) 되다
(B) 어색한 표현
(C) get의 과거분사형
(D) 받아진

토셀쌤의 시범 풀이

빈칸 앞에 조동사 'will'이 있으므로 동사원형이 나와야 하고, 뒤에 나오는 형용사 'stronger'을 받아줄 수 있는 동사가 나와야 합니다. 동사 'get'은 형용사와 함께 쓰여 '(어떤 상태가) 되다'라는 의미로 쓰일 수 있으므로 능동태의 (A)가 정답입니다.   정답: (A)

STEP 2 ≫ Pattern Practice

1. My grandma's breathing problems _____ by too much exercise.

(A) cause
(B) causing
(C) were caused
(D) were to be caused

1. 할머니의 호흡 장애는 과도한 운동으로 인해 생겼다.
(A) ~을 야기하다
(B) ~을 야기하는
(C) 야기됐다
(D) 야기될 예정이었다

[풀이] 동사 'cause'에 대한 목적어가 없는 것으로 보아 수동태가 쓰여야 함을 알 수 있습니다. 그런데 주어가 'problems'로 복수이므로 복수형 동사를 쓴 (C)가 정답입니다. (D)의 경우, 문맥상 자연스럽지 않으므로 오답입니다.   정답: (C)

2. The lights are off. I guess the store _____ on weekends. Let's come back Monday.

(A) closed
(B) is closed
(C) was close
(D) will be close

2. 불이 꺼져있어. 내 생각엔 주말에는 가게가 영업을 안하는 것 같아. 월요일에 다시 오자.
(A) 닫았다
(B) 닫힌다
(C) 가깝다
(D) 가까울 것이다

[풀이] 'the store'는 사물이므로 동사 'close'의 형태는 수동형이어야 합니다. 문장의 전체 시제가 현재이므로 be동사 현재형 수동태를 사용한 (B)가 정답입니다.   정답: (B)

STEP 3 ≫ Practice Test

정답과 해설 p.25

1. The subway commuters took alternative routes while the new platform _____.

(A) built
(B) had built
(C) was being built
(D) had been building

2. I'm sure I can return these boots. _____, and the tag is still on them.

(A) They're not to wear
(B) They've not weared
(C) They're never wearing
(D) They've never been worn

3. I _____ the end-of-semester report through the school web portal.

(A) submits
(B) submitted
(C) to be submit
(D) was submitted

4. Even though the hikers wore thick clothes, the many layers _____ them from the cold.

(A) barely protected
(B) were barely protected
(C) haven't barely protected
(D) could be barely protected

6. Verb Tenses

시제란 동사의 시간을 구분하는 표현으로, 크게 **단순시제/진행시제/완료시제**로 나뉜다.
⇒ 동사의 시제 관련 표는 Appendix 6-12(p.9)를 확인하세요.

01 단순 시제

① **현재 시제[동사원형/동사원형(e)s] '~이다/하다/한다':**
현재의 행동, 습관, 상태, 반복되는 일상, 현재의 사실, 불변의 진리를 나타낼 때 사용

Prisha takes pictures of animals out in nature. Prisha는 야생에 있는 동물의 사진을 **찍는다.**

② **과거 시제[동사원형(e)d 또는 불규칙과거] '~했다/~이었다':** 과거의 행동, 습관, 상태, 과거의 사실을 나타낼 때 사용

Prisha took pictures of animals out in nature. Prisha는 야생에 있는 동물의 사진을 **찍었다.**

③ **미래 시제[will+동사원형/be going to 동사원형] '~할/일 것이다':**
앞으로 일어날 일에 대한 예상, 추측, 계획, 의지 등을 나타낼 때 사용

Prisha will take pictures of animals out in nature. Prisha는 야생에 있는 동물의 사진을 **찍을 것이다.**

02 진행 시제

① **현재진행[am/is/are+ing] '~하고 있다':** 현재 진행되고 있는 동작을 나타낼 때 사용

They are fixing the elevator now, so I have to take stairs. 지금 엘리베이터를 **수리하고 있는 중이니,** 계단을 이용해야 한다.

cf. 현재 진행형으로 가까운 미래를 나타낼 수도 있다
ex) What are you doing this Friday? 이번 금요일에 뭐 할 거야?

② **과거진행[was/were+ing] '~하고 있었다':** 과거에 진행되고 있던 동작을 나타낼 때 사용

I was taking care of her two cats while she was away.
그녀가 나가 있었던 동안 내가 그녀의 고양이 두 마리를 **돌보고 있었다.**

③ **미래 진행[will be + -ing] '~하고 있을 것이다':** 특정한 미래 시점에 진행되고 있을 동작을 나타낼 때 사용

Jessica will be surfing at the beach around noon. 정오쯤에 Jessica는 해변에서 **서핑 하고 있을 것이다.**

03 완료 시제

① **현재 완료 [has/have p.p.] '(막) ~했다, ~해오고 있다, ~해본 적 있다':**
특정 과거 시점에 시작된 행동/상태가 현재까지 계속되거나, 막 완료되어 현재에 영향을 미칠 때,
또는 과거부터 현재까지 경험의 유무를 나타낼 때 사용

Mr. Wang has been learning Hebrew for more than 5 years. Wang씨는 5년 넘게 히브리어를 **공부하고 있다.**

cf. 현재완료는 과거를 나타내는 부사(어구) 또는 의문사 when과 함께 사용할 수 없다.
ex) I [have dyed / dyed] my hair blonde last summer. 나는 지난여름에 머리를 금발로 **염색했다.**
When [has she returned / did she return] the books? 그녀는 언제 책들을 **반납했나요?**

② **과거 완료 [had p.p.] '(막) ~했었다, ~해오고 있었다, ~해본 적 있었다':** 특정 과거시점보다 더 과거에 있었던 일을 나타낼 때 사용

Before he joined the army, he had been a poor magician. 그가 입대하기 전에, 그는 가난한 마술사**였다.**

③ **미래 완료 [will have p.p.] '~할 것이다, ~해오고 있을 것이다':**
특정 미래시점 이전부터 발생한 동작/상태가 그 시점에 완료되어 있을 것을 나타낼 때 사용

I will have already written more than a dozen books by the age of 40.
40세가 될 때 나는 이미 12권 이상의 책을 **집필했을 것이다.**

cf. 미래완료는 '미래를 나타내는 어구', 'by+미래시점', 'by the time 주어+현재 동사'와 함께 주로 쓰인다.

STEP 1 » Example

Q. Around a thousand alumni, students, and faculty
_____ the 50th anniversary yesterday.

(A) participate in
(B) participated in
(C) will participate in
(D) have participated in

Q. 어제 50주년 기념식에는 약 1,000명의 졸업생, 학생,
교수단이 참석했다.

(A) 참여한다
(B) 참여했다
(C) 참여할 것이다
(D) 참여해 왔다

토셀쌤의 시범 풀이

문장의 끝에 'yesterday'라는 과거 시점을 나타내는 표현이 나왔으므로, 동사의 시제는 과거 시제여야 합니다. 따라서 (B)가 정답입니다. (D)의
경우, 과거 완료형은 'yesterday'와 같이 특정 과거 시점을 나타내는 어구와 쓰이기에 어색하므로 오답입니다.

[어휘] alumni (복수형) 교우, 졸업생 faculty 교수단

정답:(B)

STEP 2 » Pattern Practice

1. It _____ a better day than I thought it would be.
The fog is clearing.

(A) is became
(B) has become
(C) was become
(D) will became

1. 내 생각보다 날이 더 좋아졌어. 안개가 걷히고 있어.

(A) 어색한 표현
(B) 됐다
(C) 어색한 표현
(D) 어색한 표현

[풀이] 안개가 걷히면서 이전에 생각했던 것보다 날씨가 좋아졌다는
것을 나타내야 하므로 현재완료시제를 사용한 (B)가
정답입니다. 동사 'become'은 수동태로 쓰이지 않는다는
점에 유의합니다. 　　　　　　　　　정답: (B)

2. Rex was a mean dog. Before, the Robinsons
_____ great pets, but Rex changed that.

(A) only have
(B) had only had
(C) may only own
(D) have never owned

2. Rex는 사나운 개였어. 전에 Robinson네는 훌륭한 애완동물만
있었는데, Rex가 그걸 바꿨어.

(A) ~만 가지다
(B) ~만 가졌었다
(C) ~만 가지고 있을 것이다
(D) 한번도 가져본 적이 없다

[풀이] 'Rex was a mean dog.'에서 과거시제가 사용되었는데, 그
다음 문장에서 'Before'이라며 앞에 나온 특정 과거 시점보다
이전의 사건을 말하고 있으므로 과거완료시제를 사용한
(B)가 정답입니다. 　　　　　　　　정답: (B)

STEP 3 » Practice Test

정답과 해설 p.25

1. Mom has decided that we _____ at that new
Indian restaurant later tonight.

(A) ate
(B) eats
(C) are eating
(D) have eaten

2. I _____ with the report by the time you get to
the office.

(A) arrived
(B) have arrived
(C) will be arrived
(D) will have arrived

3. As soon as the water _____ we added the
seafood to the pot and enjoyed a delicious meal.

(A) is boiled
(B) was to boiling
(C) could be boiling
(D) had started boiling

4. I _____ whether to tell Dad about the
broken glass. I might wait.

(A) still decides
(B) will be decided
(C) am still deciding
(D) have been decided

7. Infinitives

01 to부정사

to부정사란 **to + 동사원형**의 형태로 **명사, 형용사, 부사**와 같은 역할을 한다.

① **명사적 용법**: '~하는 것', '하기'로 해석하며, 명사와 마찬가지로 **주어, 목적어, 보어** 역할을 한다.

- **주어 역할** <u>To become skilled at a musical instrument</u> / takes / time. 악기를 잘 다루게 되는 것은 시간이 걸린다.

- **목적어 역할** Jax decided <u>to sell his leather jacket to a second hand shop</u>.
  Jax는 중고 가게에 그의 가죽 재킷을 팔기로 결심했다.

- **보어 역할** My job here is <u>to feed the parrots and water the plants</u>.
  여기서 내 일은 앵무새들에게 먹이를 주고 식물에 물을 주는 것이다.

  She wanted her brother <u>to turn the volume down</u>.
  그녀는 남동생이 볼륨을 줄이기를 원했다.

  ⇒ 목적격보어 자리에 to 부정사를 갖는 동사 종류는 Appendix 6-13(p.10)을 확인하세요.

② **형용사적 용법**: '~할'이라고 해석하며 형용사처럼 **명사를 수식**한다. 보통의 형용사와 달리 to부정사는 **명사를 뒤에서 수식**한다.

This computer has some errors <u>to fix</u>. 이 컴퓨터는 고쳐야 할 오류가 몇 있다.

③ **부사적 용법**: 목적/원인/이유/결과 등을 나타내는 **부사로 쓰이거나 형용사를 뒤에서 수식**해준다.

He used a lot of pictures and videos / <u>to make his presentation entertaining</u>.
그의 발표를 흥미롭게 하기 위해 / 그는 사진과 동영상을 많이 이용했다.

It is very kind of you / <u>to give me your notes from English class</u>.
영어 수업 필기를 나한테 주다니 / 넌 정말 친절하구나.

④ **의미상의 주어**: 보통 **for + 목적어**를 사용하지만, 사람의 **성격을 나타내는 형용사**가 왔을 때는 **of + 목적어** 사용

The article / is too hard for him to understand. 이 기사는 그가 이해하기에 너무 어렵다.
How brave of you to climb Mt. Everest! 에베레스트산을 등반하다니 당신 참 용감하군요!

⑤ **too~to / enough to**

- **too 형용사 to 동사원형**: 너무 [형용사]해서 [to 동사원형] 할 수 없다.
  He is <u>too young to drive</u>. 그는 운전하기에 너무 어리다.

- **형용사 enough to 동사원형**: [to 동사원형]하기에 충분히 [형용사]하다.
  She is <u>old enough to drive</u>. 그녀는 운전하기에 충분히 나이가 들었다.

02 원형부정사와 현재분사

- **사역동사(make, have, let) + 목적어 + 목적격보어(원형부정사)**
  I / let / my sister / play with my favorite game console. 나는 여동생이 내가 제일 좋아하는 게임기를 가지고 놀게 했다.
  　　사역동사　　목적어　　목적격 보어

- **지각동사(see, hear, feel, watch, ...) + 목적어 + 목적격보어(원형부정사/현재분사)**
  The hunters / heard / another wolf / <u>howl (howling)</u> from the mountain.
  　주어　　지각동사　　　　　　　　원형부정사(현재분사)
  그 사냥꾼들은 산에서 또 다른 늑대가 울부짖는 것을 들었다.

  ⇒ 원형부정사와 현재분사에 대한 더 자세한 설명은 Appendix 6-14(p.10)를 확인하세요.

STEP 1 >> Example

Q. Misaki is going to Denmark this summer _____ her family.

(A) visits
(B) visited
(C) to visit
(D) of visit

Q. Misaki는 그녀의 가족을 방문하려고 이번 여름 덴마크에 갈 예정이다.

(A) 방문하다
(B) 방문했다
(C) 방문하려고
(D) 어색한 표현

토셀쌤의 시범 풀이

'Misaki is going to Denmark this summer'는 완전한 문장이고, 'and'나 'but'과 같은 접속사가 없으니 (A)나 (B)와 같은 동사는 빈칸에 들어갈 수 없습니다. 그런데 '~ 하기 위해'로 해석되어 목적을 나타내는 to부정사의 부사적 용법은 해당 문장에서 자연스럽게 쓰일 수 있으므로 (C)가 정답입니다. 　　　　　　　　　　정답:(C)

STEP 2 >> Pattern Practice

1. I don't think I'll have the energy _____ tomorrow after work.

(A) to go out
(B) for to go out
(C) to going out
(D) to have gone

1. 내일 일 끝나고 외출할 기운이 없을 것 같아.

(A) 외출할
(B) 어색한 표현
(C) 어색한 표현
(D) 갔을

[풀이] to부정사는 '~할'이라고 해석되어 형용사처럼 명사를 뒤에서 수식할 수 있습니다. 따라서 to부정사구 'to go out ~'이 'energy'라는 명사를 수식하여 '외출할 기운'이라는 의미를 나타낼 수 있으므로 (A)가 정답입니다. 　정답: (A)

2. That movie director never forgets _____ true emotions at the center of the plot.

(A) kept
(B) keep
(C) keeps
(D) to keep

2. 그 영화 감독은 플롯의 중심에 진실된 감정을 두는 것을 절대 잊지 않는다.

(A) 유지했다
(B) 유지하다
(C) 유지하다
(D) 유지하는 것을

[풀이] 동사 'forget'은 'to 부정사'와 '동명사' 모두 목적어로 취할 수 있지만 그 의미가 달라지는 동사입니다. 'to 부정사'와 함께 쓰였을 때는 미래의 일을 잊어버리는 것을 의미하고, '동명사'와 쓰였을 때는 과거의 일을 잊어버리는 것을 의미합니다. 문맥상 미래에 일에 대해 말하고 있으므로 (D)가 정답입니다. 　정답: (D)

STEP 3 >> Practice Test

정답과 해설 p.26

1. My life-long dream is _____ to Barcelona and see the great architecture.

(A) travel
(B) to travel
(C) for have traveling
(D) to have traveled

2. Don't make me _____ that boring history book anymore.

(A) study
(B) studied
(C) to study
(D) studying

3. I think I explained enough _____ what was happening last night.

(A) understanding him
(B) to understand for him
(C) for him to understand
(D) for understanding him

4. We would treat you to a trip if we could afford _____. Maybe next year we can go.

(A) do so
(B) done so
(C) to do so
(D) to have done so

Infinitives | 부정사　49

8. Gerunds

동명사란 동사 + ing의 형태로 명사와 같은 역할을 한다.

01 동명사의 역할

① **주어 역할**

<u>Getting up early in the morning</u> / makes / your day / more productive.
주어 　　　　　　　　　　　　　　동사 　　목적어 　　　　목적격 보어
아침에 일찍 일어나는 것은 여러분의 하루를 더 생산적으로 만들어 준다.

② **목적어 역할**

My family / enjoys / <u>watching horror movies in summer</u>.
주어 　　　동사 　　목적어
우리 가족은 여름에 공포 영화 보는 것을 즐긴다.

- **목적어 자리에 동명사를 갖는 동사 (S + V + 동명사)**
  Dr. Kim <u>suggested</u> [listening / to listen] to classical music.
  Kim 박사님은 클래식 음악 듣는 것을 권하셨다.
  ⇒ 목적어 자리에 동명사를 갖는 동사 종류는 Appendix 6-15(p.10)를 확인하세요.

- **목적어 자리에 to부정사와 동명사 모두 갖는 동사 (S + V + 동명사/to부정사)**
  Do you <u>prefer</u> [sitting / to sit] in the back? 뒤에 앉는 걸 선호하시나요?
  ⇒ 목적어 자리에 to부정사와 동명사 모두 갖는 동사 종류는 Appendix 6-16(p.10)을 확인하세요.

- **목적어 자리에 to부정사와 -ing를 모두 갖지만 뜻이 달라지는 동사**
  I <u>remembered</u> reading the book. 그 책을 읽었다는 것을 기억했다.
  I <u>remembered</u> to read the book. 그 책을 읽어야 하는 것을 기억했다.
  ⇒ 목적어 자리에 to부정사와 -ing를 모두 가질 수 있지만 뜻이 달라지는 동사 종류는 Appendix 6-17(p.11)을 확인하세요.

③ **전치사의 목적어 역할**

Mostly, she was interested in / <u>discovering a new chemical compound</u>.
전치사 　　　전치사의 목적어
대부분, 그녀는 새로운 화합물을 발견하는 데 관심이 있었다.

④ **보어 역할**

Their goal / is / <u>helping people in need</u>.
주어 　　　동사 　　보어
그들의 목표는 도움이 필요한 사람들을 돕는 것이다.

02 동명사의 의미상의 주어

주로 소유격 + 동명사 형태에서 소유격 형태가 동명사의 의미상의 주어로 사용되며, 이와 비슷한 형태로는 목적격 + 현재분사가 있다.

I'm tired of / his / <u>being late</u>!
　　　　　소유격(의미상의 주어) 동명사

I'm tired of / him / <u>being late</u>!
　　　　　목적격 　　현재분사

그가 약속에 늦는 것에 질렸어!

STEP 1 ≫ Example

Q. Jason keeps on _____ trouble. He is such a handful.

(A) make
(B) made
(C) making
(D) to make

Q. Jason은 자꾸 말썽을 일으킨다. 그는 정말 다루기 힘들다.

(A) 만들다
(B) 만들었다
(C) 만들기
(D) 만들려고

토셀쌤의 시범 풀이

'~을 계속하다'라는 뜻의 'keep on ~ing' 표현을 이용한 것으로, 'keep on'의 목적어로 동명사가 쓰이기 때문에 (C)가 정답입니다. 'Keep on trying' (계속 노력하라)이라는 표현도 외워두세요.

정답:(C)

STEP 2 ≫ Pattern Practice

1. In the summer, the students stopped _____ their journals. As a result, their writing skills worsened.

(A) write
(B) writing
(C) to write
(D) to have written

1. 여름에 학생들은 일기 쓰는 것을 그만뒀다. 그 결과로, 그들의 작문 실력이 더 나빠졌다.

(A) 쓰다
(B) 쓰는 것
(C) 쓰는 것
(D) 썼던 것

[풀이] 동사 'stop'은 'to 부정사'와 '동명사' 모두 목적어가 될 수 있지만 경우에 따라 그 의미가 달라지는 동사입니다. 'to 부정사'와 함께 쓰였을 때는 '~을 하기 위해 멈추다'라는 의미이고, '동명사'와 쓰였을 때는 '~하는 것을 멈추다'라는 의미입니다. 문맥상 '~하는 것을 멈추다'라는 의미가 자연스러우므로 (B)가 정답입니다.

정답: (B)

2. Please make sure that you have all your belongings with you before _____ the airplane.

(A) leave
(B) leaving
(C) to leave
(D) to leaving

2. 비행기를 떠나시기 전에 소지품을 모두 챙겼는지 확인해주시기 바랍니다.

(A) 떠나다
(B) 떠나기
(C) 떠나는 것
(D) 어색한 표현

[풀이] 'before'는 전치사이므로 목적어로 동명사를 쓸 수 있습니다. 따라서 (B)가 정답입니다. (C)의 경우, to부정사는 전치사의 목적어로 쓰일 수 없기 때문에 오답입니다.

정답: (B)

STEP 3 ≫ Practice Test

정답과 해설 p.26

1. Jenny's _____ her student ID prevented her from checking books out from the school library.

(A) forget
(B) forgot
(C) to forget
(D) forgetting

2. I'm looking forward to _____ you in person on the first day of camp.

(A) met
(B) meet
(C) meeting
(D) have met

3. In addition to _____ him, I wrote a recommendation letter for him.

(A) advise
(B) advising
(C) that advise
(D) be advised to

4. _____ your teeth is an important part of your daily routine. It should last two minutes.

(A) Brush
(B) Brushing
(C) To be brush
(D) Be brushing

9. Participles

분사는 현재분사 (-ing), 과거분사 (p.p.)의 형태로 **형용사 역할**을 한다.
보통 현재분사는 능동의 의미 '~한/~하는,' 과거분사는 수동의 의미인 '~된/~되는' 으로 해석한다.

01 분사의 역할

① 형용사처럼 명사를 앞 또는 뒤에서 수식한다.

- **명사 앞**: Some say broken mirrors will bring you bad luck. 몇몇은 깨진 거울이 불운을 가져다준다고 말한다.
- **명사 뒤**: The clown spinning plates suddenly fell off the stage. 접시를 돌리던 광대가 갑자기 무대에서 떨어졌다.

② 보어 자리에서 주어 또는 목적어를 보충 설명한다.

- **주격 보어**: Kathy is presenting her favorite action figure at show-and-tell.
  Kathy는 자기가 좋아하는 액션 피규어를 발표회에서 보여주고 있다.
- **목적격 보어**: The photographer saw the Northern Lights blazing across the sky.
  그 사진가는 오로라가 하늘을 가로질러 타오르는 것을 보았다.

02 동명사 (-ing)와 현재분사 (-ing)의 차이

- **동명사**: 명사처럼 주어, 목적어, 보어 역할을 하며 '~하는 것'이라고 해석
- **현재분사**: 형용사처럼 **명사를 수식**하여 '~한/~하는'이라고 해석
⇒ 동명사(-ing)와 현재분사(-ing)의 차이 설명은 Appendix 6-18(p.11)을 확인하세요.

03 분사구문

이유, 시간, 조건, 양보, 동시상황 등을 나타내는 (because, when, if, though, and, etc.) 접속사가 이끄는 부사절을 분사구문으로 바꿔 쓰는 경우를 말한다.

① 분사구문 만드는 법

- 부사절과 주절의 **주어가 동일**할 경우 **부사절의 주어를 생략**한다.
- 접속사를 생략할 수도 있지만 의미 **강조를 위해 생략하지 않을 수도** 있다.
- 부사절과 주절의 시제가 일치하면 부사절의 동사를 **-ing**로, 한 시제 앞선다면 동사를 **having p.p.**로 바꾼다.
- being과 having been은 **생략이 가능**하다.

② 다양한 부사절의 분사구문 형태

- **시간 (after, before, when, while, etc.)**
  After riding the horse in the field, Martin brushed it with a comb.
  [After he rode the horse in the field, ~]
  들판에서 말을 탄 후에, Martin은 그 말을 말빗으로 빗겼다.

- **이유 (because, since, as, etc.)**
  Being allergic to milk, I can't enjoy most dairy products.
  [As I am allergic to milk, ~]
  우유에 알레르기가 있어서 나는 대부분의 유제품을 즐길 수가 없다.

- **양보 (although, even though, even if, etc.)**
  Although criticized by many, the film has topped the box office for more than a month.
  [Although it has been criticized by many, ~]
  많은 비평가로부터 비난을 받았지만, 그 영화는 한 달 넘게 박스 오피스 1위를 차지했다.

- **인과관계 (and)**
  The rain started pouring down outside, drenching the laundry on the roof.
  [~, and it drenched the laundry on the roof.]
  비가 밖으로 쏟아져 내리기 시작했고, 지붕 위의 빨래들을 적셨다.

③ **특수 분사구문** ⇒ 특수 분사구문 설명은 Appendix 6-19(p.11)를 확인하세요.

STEP 1 ≫ Example

Q. The wall of the old building is covered with _____ vines.

(A) climb
(B) climbed
(C) climbing
(D) having climbed

Q. 그 오래된 건물의 벽은 기어오르는 덩굴로 덮여 있다.

(A) 오르다
(B) 올랐다
(C) 오르는
(D) 올랐던

토셀쌤의 시범 풀이

명사 'vines'을 앞에서 수식해주는 분사가 나와야 합니다. 'climb'은 '(기어)오르다'라는 뜻을 가진 동사로서, 'vines'이 기어오르는 주체이기 때문에 능동형 분사 'climbing'으로 쓰여 'vines'를 수식할 수 있으므로 (C)가 정답입니다.

[어휘] vine 덩굴 식물

정답:(C)

STEP 2 ≫ Pattern Practice

1. I stopped by my old school. The _____ teachers invited me in.

(A) surprise
(B) surprised
(C) surprising
(D) to surprise

1. 나는 내 옛 학교에 들렀다. 놀라신 선생님들은 나를 안으로 들여보내 주셨다.
(A) 놀라게 하다
(B) 놀란
(C) 놀라게 하는
(D) 놀라게 하려고

[풀이] 내가 학교에 들러서 선생님들이 놀란 것이기 때문에 타동사 'surprise'가 수동의 의미를 띠는 과거 분사인 'surprised'로 쓰여 'teachers'를 수식해야 하므로 (B)가 정답입니다.

정답: (B)

2. The lake appeared before us, _____ in the soft light of the morning.

(A) glimmered
(B) glimmering
(C) was glimmering
(D) to have glimmered

2. 호수가 아침의 포근한 햇빛에 반짝이며 우리 앞에 나타났다.
(A) 반짝였다
(B) 반짝이며
(C) 반짝이고 있었다
(D) 반짝였던 것

[풀이] 'The lake appeared before us'라는 완전한 문장이 나왔으므로 분사구문이 나와야 합니다. 동사 'glimmer'는 '반짝이다'라는 뜻의 자동사이므로 능동형 분사구문이 쓰인 (B)가 정답입니다.

정답: (B)

STEP 3 ≫ Practice Test

정답과 해설 p.27

1. The survey found that _____ to adults, children were sleeping much less each night.

(A) compare
(B) compared
(C) comparing
(D) to compare

2. _____ his parents after the long trip, Cole had tears in his eyes.

(A) Hug
(B) Hugs
(C) Hugged
(D) Hugging

3. _____ by her friends' laziness, Lucia decided to work alone.

(A) Frustrate
(B) Frustrated
(C) Frustrating
(D) Having frustrated

4. _____ cautiously through the bushes, the kids could see their missing baseball.

(A) To peer
(B) Peering
(C) Peered
(D) To peering

Participles | 분사　**53**

10. Conjunctions

접속사는 기본적으로 **단어와 단어, 구와 구, 절과 절을 연결**시키는 역할을 한다.
기능에 따라 세부적으로 **등위접속사, 명사절 접속사, 부사절 접속사, 상관접속사**로 나뉜다.
⇒ 위의 각 접속사 관련 자세한 설명은 Appendix 6-20(p.12)을 확인하세요.

01 등위접속사

동일한 품사의 단어와 단어, 구와 구, 절과 절을 **연결**해주는 역할을 한다.
Saul got <u>red socks</u> **and** <u>blue shoelaces</u> for his birthday. Saul은 생일 선물로 빨간 양말과 파란 신발끈을 받았다.
　　　　명사 단어　　　　　　명사 단어

and 그리고 | but 그러나 | or 또는 | so 그래서 | for 왜냐하면 | yet 그래도

02 명사절 접속사

주어, 목적어, 보어 역할을 하는 명사절을 이끄는 접속사이다.
The problem is **that** <u>we had pizza for dinner three days in a row</u>. 문제는 우리가 3일째 저녁으로 피자를 먹었다는 것이다.
　　　　　　　　　　　　명사절(보어 역할)

that (+완전한 절): '~것' | what (+불완전한 절): '~것' | whether/if (+완전한 절): '~인지 아닌지' | 의문사, 복합관계대명사

03 부사절 접속사

시간, 조건, 이유, 양보, 목적, 결과 등을 나타내는 부사절(종속절)을 이끄는 접속사이다.
After <u>she took a nap</u>, <u>Fabiola started working on the difficult math problems</u>.
　　　부사절(시간) = 종속절　　　　　　　　　　주절
낮잠을 자고 난 후에, Fabiola는 어려운 수학 문제를 풀기 시작했다.

As long as <u>we capture the flag one more time</u>, <u>we'll win this game</u>.
　　　　　부사절(조건) = 종속절　　　　　　　주절
우리가 깃발을 한번 더 차지하기만 하면, 우리는 이 게임에서 이긴다.

<u>Ollie and Tommy are similar looking</u> **in that** <u>they both have green eyes</u>.
　　　주절　　　　　　　　　　　　부사절(이유) = 종속절
Ollie와 Tommy는 둘 다 녹색 눈을 가졌다는 점에서 비슷하게 생겼다.

⇒ 부사절 접속사의 자세한 종류는 Appendix 6-20(p.13)을 확인하세요.

04 상관 접속사

접속하는 대상의 **특별한 상관관계**를 밝혀 주는 접속사이다.
Both bees **and** ants <u>are</u> social insects. 벌과 개미 둘 다 사회적 곤충이다.

both A and B: A와 B 양쪽 다 (복수 취급)

either A or B: A 또는 B | neither A nor B: A와 B 둘 다 아닌 | not only A but (also) B (=B as well as A): A 뿐만 아니라 B도 |
not A but B (=B but not A, =(only) B, not A): A가 아니라 B (**B에 동사의 수 일치**)

05 명령문과 접속사

- **명령문, and (then) 절: [명령문]하면, [절]이 된다**
  Go take a bath, **and (then)** you'll feel relaxed. 목욕하세요, 그러면 편안해질 거예요.
- **명령문, or 절: [명령문]하지 않으면, [절]이 된다**
  Close the window, **or** bugs will come in. 창문을 닫아, 그렇지 않으면 벌레들이 안으로 들어올 거야.

STEP 1 ≫ Example

Q. Jinny really likes stripes, _____ she will love this bag.

(A) or
(B) so
(C) while
(D) because

Q. Jinny는 줄무늬를 정말 좋아한다, 그래서 그녀는 이 가방을 좋아할 것이다.

(A) 또는
(B) 그래서
(C) ~하는 동안
(D) ~때문에

토셀쌤의 시범 풀이

두 개의 완전한 절이 나왔으니, 두 절을 이어주는 접속사가 나와야 합니다. 두 절의 관계를 살펴보면 첫 번째 절 'Jinny really likes stripes'가 두 번째 절 'she will love this bag'의 근거라 할 수 있으므로, 이러한 인과 관계를 나타낼 수 있는 등위 접속사 (B)가 정답입니다. 　　　　정답:(B)

STEP 2 ≫ Pattern Practice

1. _____ Amy is feeling better, she can come out with us tonight.

(A) Since
(B) While
(C) Although
(D) However

1. Amy가 몸이 좀 나아졌기 때문에, 그녀는 오늘밤 우리와 함께 나올 수 있어.

(A) ~때문에
(B) ~하는 동안
(C) 비록 ~일지라도
(D) 그러나

[풀이] 그녀가 오늘밤에 나올 수 있는 이유에 대해서 설명하는 것이 자연스러우므로 (A)가 정답입니다. 　　　　정답: (A)

2. You can watch TV _____ you have done the dishes. Do the dishes first.

(A) so
(B) after
(C) while
(D) before

2. 설거지 하고 나면 TV 봐도 돼. 설거지 먼저 해.

(A) 그래서
(B) ~후에
(C) ~하는 동안
(D) ~전에

[풀이] 'Do the dishes first.'를 통해 설거지를 하는 것이 TV를 보는 것보다 먼저라는 것을 알 수 있고, 이에 맞게 빈칸 뒤의 절도 완료형이므로 (B)가 정답입니다. 　　　　정답: (B)

STEP 3 ≫ Practice Test

정답과 해설 p.27

1. It's too far to walk, _____ we'll take the bus instead.

(A) so
(B) but
(C) neither
(D) because

2. Jeff and Maria are both basketball fans, _____ they cheer for different teams.

(A) nor
(B) but
(C) even
(D) either

3. Do not interrupt Grandpa while he's talking, _____ he'll get really mad.

(A) or
(B) so
(C) although
(D) however

4. Not only did he forget to turn in the book report, _____ been late three times this month.

(A) nor has he
(B) either he has
(C) he as well has
(D) but he has also

01 관계대명사

관계대명사절은 앞에 있는 **선행사(명사)**를 뒤에서 꾸며주는 **수식어절**로 **형용사절**이기도 하다.
여기서 관계대명사는 '**대명사+접속사**' 역할을 한다. ⇒ 관계대명사의 종류에 대한 설명은 Appendix 6-21(p.14)을 확인하세요.

① 주격 관계대명사 [who/which/that]

- 관계대명사가 **주격 인칭대명사 + 접속사** 역할을 한다.
- 주격 관계대명사 뒤에는 **동사가 오고, 주어가 없는 불완전한 절**을 이끈다.
- **주격 관계대명사 + be동사는 생략 가능**하다.

선행사가 사람이기 때문에 which는 사용할 수 없다.
Penn has a twin brother [who / ~~which~~] is slightly taller than him.
Penn는 자기보다 약간 키가 큰 쌍둥이 형제가 있다.

선행사가 사물이기 때문에 who는 사용할 수 없다
I ended up buying the shirt [~~who~~ / that / which] had funny characters on it.
나는 결국 재밌는 캐릭터가 있는 셔츠를 사게 됐다.

주격관계대명사+is 생략
The final match (which is) taking place next week expects a large number of audience.
다음 주에 열리는 결승전은 많은 관중이 올 것으로 예상한다.

② 목적격 관계대명사 [who[m]/which/that]

- 관계대명사가 **목적격 인칭대명사 + 접속사** 역할을 한다.
- 목적격 관계대명사 뒤에는 **주어 + 동사가 오며 목적어가 없는 불완전한 절**을 이끈다.
- 목적격 관계대명사는 **생략 가능**하다.

선행사가 사람이기 때문에 which는 사용할 수 없다.
The man [who[m] / that / ~~which~~] she talked to over the phone sounded angry. 그녀가 통화했던 남자는 화난 듯했다.

선행사가 사물이기 때문에 whom은 사용할 수 없다.
I forgot the password [~~whom~~ / that / which] I changed just two hours ago.
불과 두 시간 전에 변경한 비밀번호를 잊어버렸다.

③ 소유격 관계대명사 [whose/of which]

- 관계대명사가 **소유격 인칭대명사 + 접속사** 역할을 한다.
- 소유격 관계대명사 뒤에는 **명사 + 동사가 오며 형태 상 완전한 절**을 이끈다.

선행사가 사람이기 때문에 of which는 사용할 수 없다.
The tourists [whose / ~~of which~~] tour guide was sick had to go sightseeing on their own.
관광 가이드가 아픈 관광객들은 그들 스스로 관광을 가야 했다.

④ 관계대명사의 한정적 용법과 계속적 용법

한정적 용법	콤마(,) 미사용	관계절이 **선행사를 한정**하며, 주로 '~하는'으로 해석된다.
계속적 용법	콤마(,) 사용	선행사가 **이미 충분히 알려졌다고** 여겨지며, 관계절은 선행사에 **추가 정보를 첨가**하는 역할을 한다.

The rats <u>which ate the poisoned cheese on the plate</u> were all dead. (한정적 용법)
접시 위의 독이 든 치즈를 먹었던 쥐들은 모두 죽었다.

The rats, <u>which ate the poisoned cheese on the plate</u>, were all dead. (계속적 용법)
그 쥐들은, 접시 위의 독이 든 치즈를 먹었는데, 모두 죽었다.

02 관계부사

부사 + 접속사 역할을 하며, 선행사의 종류에 따라 다른 형태의 관계부사를 갖는다.
관계부사는 **전치사 + 관계대명사**로 바꿔 쓰는 것이 가능하다. ⇒ 관계부사의 종류에 대한 설명은 Appendix 6-22(p.14)를 확인하세요.

This is the room [where / ~~when~~] several historical decisions were made. 이곳은 몇몇 역사적인 결정이 내려진 방이다.
→ 전치사 + 관계대명사: This is the room in which several historical decisions were made.

the way와 how는 함께 사용할 수 없기 때문에, 둘 중 하나만 쓴다.
Researchers are looking at the way (how) flowers grow. 연구원들은 꽃들이 어떻게 자라는지 연구하고 있다.
→ 전치사 + 관계대명사: Researchers are looking the way in which flowers grow.

STEP 1 ≫ Example

Q. The electric toothbrush _____ I bought last weekend is not working properly.

(A) who
(B) what
(C) which
(D) whom

Q. 지난 주말에 구입한 전동 칫솔이 제대로 작동하지 않고 있다.

(A) 관계대명사 who
(B) 관계대명사 what
(C) 관계대명사 which
(D) 관계대명사 whom

토셀쌤의 시범 풀이

뒤에 위치한 절을 보니 'I bought ~'로 동사의 목적어가 없는 불완전한 절입니다. 따라서 빈칸에는 목적격 관계대명사가 와야 함을 알 수 있습니다. 선행사가 'toothbrush'로 사물이므로 사물을 지칭하는 목적격 관계대명사 (C)가 정답입니다.　　　　정답:(C)

STEP 2 ≫ Pattern Practice

1. I have forgotten the name of the actress _____ starring role won an awards.

(A) that
(B) which
(C) whose
(D) of which

1. 나는 주연 배역이 상을 탄 여배우의 이름을 잊어버렸다.

(A) 관계대명사 that
(B) 관계대명사 which
(C) 소유격 관계대명사 whose
(D) 전치사 of + 관계대명사 which

[풀이] 뒤에 나오는 절을 보니 주어 'starring role'을 꾸며주는 수식어가 필요합니다. 이와 동시에 선행사 'the actress'을 받아줄 수 있는 관계대명사가 나와야 하므로 소유의 의미를 나타낼 때 쓰는 소유대명사 (C)가 정답입니다.

[어휘] star (영화, 연극 등에서) 주연[주역]을 맡다　　정답: (C)

2. Italy is the place _____ my father was born, but I have never been there.

(A) how
(B) why
(C) when
(D) where

2. 이탈리아는 우리 아버지가 태어나신 곳이지만, 나는 거기에 가본 적이 전혀 없다.

(A) 관계부사 how
(B) 관계부사 why
(C) 관계부사 when
(D) 관계부사 where

[풀이] 뒤의 절 'my father ~'는 완전한 절이므로 빈칸에는 관계부사가 올 수 있습니다. 선행사가 'the place'로 장소이기 때문에 장소를 나타내는 관계부사 (D)가 정답입니다.

정답: (D)

STEP 3 ≫ Practice Test

정답과 해설 p.28

1. Irving Capa, _____ was one of the best architects of the 20th century, was also a very popular photographer.

(A) who
(B) what
(C) whom
(D) whose

2. It was reported that the region of the Congo _____ the tribe lived was full of historic treasures.

(A) that
(B) which
(C) in which
(D) to which

3. Sandra yelled at Markie and left the party. Do you know the reason _____ she is so upset?

(A) how
(B) why
(C) of which
(D) with which

4. Smog is one of the phenomena _____ arise from a lack of environmental regulations.

(A) how
(B) that
(C) what
(D) where

Relative Pronouns & Relative Adverbs | 관계대명사와 관계부사

12. Conditionals

가정법이란 현재 / 과거 / 미래의 사실과 반대되거나 불확실한 상황을 가정할 때 사용한다.

01 가정법 과거

'~라면 ~할 텐데' (현재 사실과 반대되는 상황)

- 형식: If + 주어 + 과거 동사, 주어 + 조동사 과거 + 동사원형
  If I spoke French, I would work in Paris. 내가 프랑스어를 한다면, 파리에서 일할 것이다.

02 가정법 과거완료

'~했다면 ~했을 텐데' (과거 사실과 반대되는 상황)

- 형식: If + 주어 + 과거완료 (had p.p.), 주어 + 조동사 과거 + have p.p.
  If I had spoken French, I would have worked in Paris. 내가 프랑스어를 했었다면, 파리에서 일했을 것이다.

03 가정법 미래

'~라면 ~할 것이다/~하세요' (현실에서 실현 가능성이 낮은 상황)

- should 가정법 미래 (실현가능성 낮음)
  If + 주어 + should + 동사원형, 주어 + 조동사 (미래 또는 과거) + 동사원형
  (또는) If + 주어 + should + 동사원형, 명령문
- If를 생략하고 그 자리에 should를 옮겨서 쓸 수 있다.
  Should + 주어 + 동사원형, 주어 + 조동사 (미래 또는 과거) + 동사원형
  (또는) Should + 주어 + 동사원형, 명령문

If you should need a bandage, you can find the first aid kit on the back shelf.
Should you need a bandage, you can find the first aid kit on the back shelf.
만일 밴드가 필요하다면, 뒤쪽 선반에 구급상자가 있을 거예요.

Should you wish to cancel your order, contact us as soon as possible.
주문을 취소하고 싶으시면 가능한 한 빨리 저희에게 연락 주시기 바랍니다.

04 혼합가정법

(과거에) ~했다면, (현재에) ~할 텐데

- 형식: If + 주어 + 과거완료 (had p.p.), 주어 + 조동사 과거 + 동사원형
  If we had planted more trees, the air would be much cleaner.
  우리가 나무를 더 심었더라면, 공기가 훨씬 더 깨끗해졌을 것이다.

cf. 혼합가정법은 과거사실에 반대하여 현실에서 실현 가능성이 낮은 상황을 나타낼 때 사용하기 때문에 주절에서 현재를 나타내는 어구(today, now, etc.)를 많이 사용한다.

ex) If the roof had been repaired weeks ago, the room would not be flooded now.
지붕이 몇 주 전에 수리되었더라면, 방은 지금 물에 잠기지 않았을 것이다.

05 기타 조건절

if 이외에도 다음의 표현으로 조건절을 시작할 수 있다.

- ~하는 한: as long as, so long as, only if
- ~하자마자: as soon as
- ~하면: when
- ~가 아니면: unless

You can touch the rabbits so long as you don't startle them. 당신이 (토끼들을) 놀라게 하지 않는 한 토끼들을 만질 수 있다.

STEP 1 ≫ Example

Q. If I were you, I _____ go in that river. The water is too fast.

(A) will
(B) would
(C) will not
(D) would not

Q. 만약 내가 너라면, 그 강에 들어가지 않을 거야. 물이 너무 빨리 흘러.

(A) ~할 것이다
(B) ~할 것이다(가정법 과거)
(C) ~하지 않을 것이다
(D) ~하지 않을 것이다(가정법 과거)

토셀쌤의 시범 풀이

if문의 시제가 과거인 점과 문장의 내용을 봤을 때 '내가 너라면, ~할(하지 않을) 것이다' 형태의 가정법 과거가 쓰이는 게 적절합니다. 가정법 과거는 'if+주어+과거형 동사, 주어+과거형조동사+동사원형'의 형식을 취하고, 문맥상 부정의 의미가 자연스러우므로 (D)가 정답입니다. 정답:(D)

STEP 2 ≫ Pattern Practice

1. Don't worry, Grandma. We will call you as soon as we _____.

(A) arrive
(B) arrived
(C) will arrive
(D) would arrive

1. 걱정마세요, 할머니. 저희 도착하자마자 연락드릴게요.
  (A) 도착하다
  (B) 도착했다
  (C) 도착할 것이다
  (D) 도착할 것이다

[풀이] 주절의 시제는 미래지만 시간과 조건의 부사절은 현재가 미래시제를 대신하므로 (A)가 정답입니다. 정답: (A)

2. Jenna would have done better on her presentation if only she _____ a bit more.

(A) prepare
(B) prepares
(C) had prepared
(D) would preparing

2. Jenna가 조금만 더 준비했더라면 발표를 더 잘 할 수 있었을 텐데.
  (A) 준비하다
  (B) 준비하다
  (C) 준비해왔다
  (D) 어색한 표현

[풀이] 가정법 과거완료는 'if+주어+과거완료, 주어+과거형조동사+have+과거분사p.p.'의 형식이므로 (C)가 정답입니다. 정답: (C)

STEP 3 ≫ Practice Test

정답과 해설 p.28

1. No one _____ the difference in pizza slice sizes if you hadn't mentioned it.

(A) had noticed
(B) couldn't notice
(C) would have noticed
(D) will not have noticed

2. Call me if you ever _____ a hand with anything. I'm always here for you.

(A) need
(B) needs
(C) will need
(D) would need

3. There _____ any guests at the party if you keep removing names from the list.

(A) will be
(B) would be
(C) will not be
(D) would not be

4. _____ you if I knew the answer, but I just don't know.

(A) I tell
(B) I'd tell
(C) I'll telling
(D) I won't tell

13. Subjects and Verbs

절 안에서 **단수 주어는 단수 동사**와, **복수 주어는 복수 동사**와 일치시키는 것을 **주어와 동사의 수 일치**라고 한다.

01 일반 규칙

① 주어와 동사의 수 일치는 일반적으로 **절(clause) 안**에서 이루어진다.

She 와 일치 · shooting stars 와 일치 · sad things 와 일치

She believes that shooting stars fall from the sky when sad things happen.
그녀는 슬픈 일이 일어날 때 별똥별이 하늘에서 떨어진다고 믿는다.

② be동사는 **인칭별**로 활용된다. ⇒ be동사의 인칭별 활용 형태는 Appendix 6-23(p.14)을 확인하세요.

③ 일반 동사의 경우 **주어가 3인칭 단수이면 동사에 -s, -es를 붙인다.** (예외: have → has)

Molly likes playing baseball. Molly는 야구하는 것을 좋아한다.
  like → likes

Padraic goes hiking every Sunday. Padraic은 매주 일요일 하이킹을 하러 간다.
  go → goes

The bird flies in the sky. 새가 하늘에서 날아다닌다.
  fly → flies

④ **분사, modal (can, must, will 등과 같은 법조동사)**에는 수 일치에 따른 활용형이 없다.

Living in a big city, she can find a restaurant open at any hour.
큰 도시에 살면서, 그녀는 어느 시간에든지 영업을 하는 식당을 찾을 수 있다.

Living in a big city, they can find a restaurant open at any hour.
큰 도시에 살면서, 그들은 어느 시간에든지 영업을 하는 식당을 찾을 수 있다.

⑤ 단어가 여러 개 있는 동사구의 경우 **가장 먼저 나오는 (조)동사만 수 일치**를 시킨다.

The magic show was cancelled. 마술쇼가 취소됐다.
The magic show has been cancelled. 마술쇼가 취소됐다.

02 의문문의 수 일치

의문문에서는 주어와 동사의 어순이 바뀌지만, 평서문과 마찬가지로 **가장 먼저 나오는 (조)동사만 수 일치**를 시킨다.

Is this box of candies yours? 이 사탕 상자 네 것이니?

Has she decided to leave town? 그녀가 동네를 떠나기로 결심했어?

How many days a week does he walk his dog? 그는 일주일에 며칠 자기 개를 산책시켜?

03 관계절의 수 일치

- **주격 관계 대명사**의 경우 **선행사와 수 일치**를 시킨다.
  I know a flower shop which sells multi-colored flowers. 나는 여러 가지 색깔의 꽃을 파는 꽃집을 안다.
- 그 외의 경우 보통 **관계절의 주어와 수 일치**를 시킨다.
  I know a flower shop where they sell multi-colored flowers. 나는 여러 가지 색깔의 꽃을 파는 꽃집을 안다.

04 수식어구가 있을 때 수 일치

①	동격	The fact that some mammals lay eggs is surprising. 몇몇 포유류는 알을 낳는다는 사실이 놀랍다.
②	분사구문	The statue, made of beautiful sky blue marble, attracts most of the tourists. 조각상은 아름다운 하늘색 대리석으로 이루어져 관광객의 대부분을 끌어들인다.
③	관계절	The customer, who has collected ten stamps, gets a free coffee. 10개의 도장을 모은 고객은 무료 커피를 받는다.

⇒ 기타 규칙은 Appendix 6-24(p.15)를 확인하세요.

STEP 1 ≫ Example

Q. What color _____ your friend's eyes? Would this sweater be a good match?

(A) is
(B) do
(C) are
(D) did

Q. 네 친구의 눈은 무슨 색이니? 이 스웨터가 잘 어울릴까?

(A) be동사 3인칭 단수형
(B) do동사 원형
(C) be동사 2인칭, 1-3인칭 복수형
(D) do동사 과거형

토셀쌤의 시범 풀이

빈칸을 보니 의문문에서 동사 자리가 비어있는 것을 알 수 있습니다. 주어와의 수 일치와 동사의 종류를 고려해 답을 골라야겠습니다. 주어는 'your friend's eyes'로 복수이며, 빈칸에는 be동사가 들어가야 합니다. (헷갈린다면 'Your friend's eyes are brown.'과 같은 평서문을 생각해 보기 바랍니다.) be동사의 의문문은 주어와 be동사의 위치만 바꾸면 되므로, 빈칸에는 3인칭 복수형 be동사 'are'가 들어가야 합니다. 따라서 (C)가 정답입니다.   정답:(C)

STEP 2 ≫ Pattern Practice

1. Mom and Dad called me lazy, but it was Jamie who _____ late for everything.

(A) had
(B) have
(C) was
(D) were

1. 엄마와 아빠는 나를 게으르다고 말했지만, 모든 일에 늦은 건 Jamie이었다.

(A) have 과거형
(B) have 동사원형
(C) be동사 3인칭 단수 과거형
(D) be동사 2인칭, 1-3인칭 복수 과거형

[풀이] 형용사 'late'를 보어로 받아줄 수 있는 be동사가 와야 하는데 선행사가 'Jamie'로 3인칭이므로 (C)가 정답입니다.   정답: (C)

2. Good advice from my grandparents _____ me throughout my middle school years.

(A) is guided
(B) has guided
(C) are guided
(D) have guided

2. 조부모님의 좋은 충고가 중학교 시절 내내 나를 이끌어주었다.

(A) 이끌어지다
(B) 이끌어왔다
(C) 이끌어지다
(D) 이끌어왔다

[풀이] 주어가 'Good advice'로 단수인 점, 목적어 'me'를 받아줄 수 있는 능동형 동사가 와야 하는 점을 미루어보아 (B)가 정답입니다. (A)의 경우 수동태이므로 오답입니다. 참고로 'advice'는 불가산명사라는 점을 유념하기 바랍니다. 정답: (B)

STEP 3 ≫ Practice Test

정답과 해설 p.29

1. That Jason and Sandy do not read well _____ not even their worst problem.

(A) is
(B) be
(C) are
(D) were

2. The movie, including all the big budget action scenes, _____ boring. We left early.

(A) was
(B) did
(C) had
(D) were

3. The star athlete, accompanied by groups of adoring fans, _____ the stadium.

(A) is finally left
(B) are finally left
(C) has finally left
(D) have finally left

4. My scissors _____ gone missing again and I am trying to finish this craft project.

(A) is
(B) are
(C) had
(D) have

14. Objects, Complements, Modifiers

01 목적어

① **동사의 목적어**: 동사가 나타내는 **행위의 대상**을 목적어라고 한다.

- **목적어가 없는 경우**: Grace sat down quickly. Grace는 빨리 앉았다.
- **목적어가 1개인 경우**: I ate three <u>apples</u>. 나는 사과 세 개를 먹었다.
- **목적어가 2개인 경우(4형식 문장)**: Noah gave <u>me</u> a thousand <u>paper birds</u>. Noah가 나에게 종이 새 천 마리를 주었다.
  간접목적어   직접목적어

② **목적어의 형태** ⇒ 목적어의 형태에 대한 설명은 Appendix 6-25(p.15)를 확인하세요.

02 보어

① **주격 보어**
명사, 대명사, 형용사 등이 위치하며, **주어의 의미를 보충**해준다.
주로 2형식 문장에서 **연결 동사 (be동사, get, become, seem, ...)**와 함께 쓰인다.

This building is <u>star-shaped</u>. 이 건물은 별 모양이야.
He became <u>a professional harpist</u>. 그는 전문적인 하프 연주자가 되었다.

② **목적격 보어**
주로 5형식 문장에서 **목적어의 의미를 보충**해준다.

Travelers also call <u>this place</u> the City of the Moon. 여행자들은 이 장소를 달의 도시라고도 부른다.
　　　　　　　　　　목적어　　　　　목적격 보어

Ms. Murphy told <u>her son</u> to wash his hands before dinner.
　　　　　　　　목적어　　　　　　목적격 보어
Murphy씨는 그녀의 아들에게 저녁을 먹기 전에 손을 씻으라고 말했다.

03 수식어

다른 문장 성분의 의미를 꾸며주는 말을 수식어라고 한다.

① **형용사는 명사를 수식할 수 있다.** ex) <u>black</u> cat 검은 고양이 | <u>small</u> table 작은 탁자 | <u>sleepy</u> puppies 졸린 강아지들

② **관계절은 명사를 수식할 수 있다.**

a lake <u>where we used to catch a fish</u> 우리가 낚시하던 호수
a lake <u>(which is) located near the pumpkin farm</u> 호박 농장 근처에 위치한 호수

③ **부사는 동사, 형용사, 부사, 절 등 다른 문장 성분을 수식할 수 있다.**

a <u>luxuriously</u> decorated room 고급스럽게 장식된 방
I studied <u>really hard</u> for the test. 나는 시험을 위해 정말 열심히 공부했다.

- 부사는 위치가 자유롭기 때문에 **위치에 따라 문장의 의미가 달라질 수 있다.**
  She described a beautifully <u>colored</u> orchid. 그녀는 아름답게 물든 난초를 묘사했다.
  　과거분사 colored를 수식 └──────────↑
  She beautifully described a colored orchid. 그녀는 (색깔이) 물든 난초를 아름답게 묘사했다.
  동사 described를 수식 └──────────↑

- 꾸며주는 말의 의미를 제한하는 수식어 (only, just, even, exactly, almost, ...)의 경우 더욱 그러하다.
  I only watch TV at home. 나는 집에서 TV만 본다.
  I watch TV only at home. 나는 집에서만 TV를 본다.

STEP 1 ≫ Example

Q. He may not be the best pupil, but at least Misha keeps _____.

(A) his desk clean
(B) clean his desk
(C) his desk cleans
(D) cleans his desk

Q. 그는 최고의 학생이 아닐진 모르지만 적어도 Misha는 그의 책상을 항상 깨끗하게 유지한다.

(A) 그의 책상을 깨끗하게
(B) 그의 책상을 청소한다
(C) 어색한 표현
(D) 그의 책상을 청소한다

토셀쌤의 시범 풀이

'~한 상태로 유지하다'라는 뜻을 나타내는 5형식 형태의 'keep+목적어+형용사 (목적격 보어)'라는 표현을 사용한 것으로 (A)가 정답입니다. 다른 선택지들은 'clean'이 형용사와 동사로 모두 쓰일 수 있다는 점을 이용해 혼동을 유도한 것입니다. 정답:(A)

STEP 2 ≫ Pattern Practice

1. The class election was a close race, but in the end Sujin _____.

(A) named president
(B) had named president
(C) was named president
(D) was naming president

1. 학급 반장 선거는 접전을 보여주었지만, 결국엔 Sujin이 반장으로 지명됐다.
(A) 어색한 표현
(B) 어색한 표현
(C) 반장으로 지명됐다
(D) 어색한 표현

[풀이] 'name'은 '~을 ~로 지명하다'라는 의미로 두 개의 목적어를 필요로 하기 때문에 수동태가 되어도 목적보어 자리의 명사가 남게 됩니다. 문맥상 그녀가 반장으로 지명되었다는 내용이 자연스러우므로 (C)가 정답입니다. 정답: (C)

2. I looked in all the stores for some sneakers _____ would fit on my feet.

(A) what
(B) that
(C) where
(D) these

2. 나는 내 발에 맞는 운동화를 찾아 모든 상점을 둘러보았다.
(A) 관계대명사 what
(B) 관계대명사 that
(C) 관계부사 where
(D) 이것들

[풀이] 빈칸 뒤의 완전하지 않은 절을 받아줄 수 있는 관계대명사이면서, 선행사 'sneakers'를 수식할 수 있는 (B)가 정답입니다. (A)의 경우, 관계사 'what'은 선행사를 따로 필요로 하지 않으므로 오답입니다. 정답: (B)

STEP 3 ≫ Practice Test

정답과 해설 p.29

1. The bowling team really wanted _____, but she said she was too busy.

(A) Kelly join
(B) Kelly to join
(C) for Kelly join
(D) for to Kelly join

2. Minsu _____ every test he took last year, but each time he managed to pass.

(A) almost failed
(B) failed almost
(C) almost to fail
(D) fail to almost

3. Of the many comics _____ I have read, *Wiro* is by far the best.

(A) that
(B) they
(C) those
(D) these

4. Yukiko told me she _____ out of town this weekend, but she didn't say where.

(A) has going
(B) was going
(C) were going
(D) might going

Memo

Memo

Memo

Part **7**

Practical Reading Comprehension

Part 7 · Practical Reading Comprehension

Part 7 시험 구성

유형		문항수
1	광고문 (Advertisements)	각 지문 당 2~4개 문제
2	문자메시지 (Text Messages)	
3	이메일 / 편지 (Emails / Letters)	
4	공고문 / 안내문 (Notices / Announcements)	
5	웹사이트 (Websites)	
6	일정 (Schedules)	
	총 6개 유형	총 13문항

① **47-59번까지 총 13문항으로 구성된다.**

② 광고문, 문자메시지, 안내문, 웹사이트 등 실생활이나 여러 업무 상황에서 사용되는 **실용문**이 제시되고, 그와 관련된 2~4개의 질문에 가장 적절한 답을 고르는 파트이다.

③ 각 실용문의 단어 수는 최대 120개 내외이며, 지문의 특성이나 주제에 따라 **길이가 달라질 수 있다.**

④ 가능한 질문 유형은 다음 표를 참고한다.

Part 7 질문 유형

주제 / 목적 파악하기	What is the website mainly about? What is being advertised? Why did Ian write this email?
세부사항 파악하기	Which of the following is mentioned in the text messages? What does Todd want Orion to do on Saturday? According to the notice, why will the men's restroom on the first floor be closed? How has the program been improved from the beta version? When will the runners receive the awards?
추론하기	What can be inferred about the Elizabethan theater? Where will most likely Ms. Bryson be next Tuesday? What CANNOT be inferred from the announcement?
의도 파악하기	What does Mr. Tanaka mean when he writes, "I have no clue."?
동의어 고르기	In line 3, "installment" is closest in meaning to:

토셀쌤의 친절한 Part 7 조언

1 Skimming과 Scanning

Skimming	Scanning
글의 전반적인 내용, 주제, 소재를 파악하기 위해 훑어 읽는 것	특정 정보를 찾기 위해 정보를 빠르게 훑어 읽는 것
ex 곤충에 관해 쓴 기사 한 편을 훑어보며 '개미의 집'에 관한 기사임을 파악하는 것	**ex** '흰개미 (Termite)'에 대한 정보를 알고 싶을 때, 곤충 백과사전을 훑어보며 '흰개미 (Termite)'라는 단어가 등장한 부분을 찾는 것

실용문처럼 정보가 다양한 글을 읽을 때 효과적인 훑어 읽기 방법으로는 위와 같이 skimming과 scanning이 있습니다. 이러한 훑어 읽기를 통해 Part 7 실용문 문제 풀이에 다음과 같이 접근할 수 있습니다.

1) 큰 그림 파악하기

Skimming을 통해 지문의 유형, 주제, 중심 소재 등 지문의 전반적인 정보를 파악할 수 있습니다. 예를 들어 'Winter School Trip'이라는 제목이 보이면 지문의 유형이 '안내문'이고, 중심 소재가 '겨울 수학여행'이라는 것을 알 수 있습니다.

2) 질문별로 파고들기

전반적인 정보를 파악했다면 질문별로 차근차근 풀어나가는 것이 좋습니다. '주제'나 '목적' 등 전체 내용을 파악했는지 묻는 유형은 주로 skimming을 통해, 세부 사항을 묻는 유형은 주로 scanning을 통해 파악할 수 있습니다.

2 본문과 보기 사이의 관계

본문에서 나온 내용은 대부분 선택지에 그대로 제시되지 않습니다. 보통 선택지를 **(1) 바꿔 표현 (paraphrasing)**하거나, **(2) 본문으로부터 추론 (inference)**해야 알 수 있는 문장을 선택지로 구성합니다.

1) 바꿔 표현하기 (Paraphrasing)

동일한 의미를 여러 문장으로 표현하는 paraphrasing의 방법으로는 대표적으로 다음과 같습니다.

	본문	선택지
동의어 (synonym) 사용하기	We will **continue manufacturing soda pops**.	They will **keep making soft drinks**.
상위어 (hypernym) 사용하기	The visitors can **purchase a sofa** at a discount [...]	**buy the furniture**
단어 품사 / 문장의 구조 바꾸기	Mr. Goodman **immediately responded** to the issue.	his **immediate response**

2) 문맥을 통한 유추 (Inference)

본문에서 직접 언급되는 것이 아니라 지문이 전제, 함축, 암시하고 있는 내용 등을 문맥과 논리적 사고를 통해 알아내는 것을 유추 혹은 추론이라고 합니다. 다음 예시문을 보고 알맞게 추론한 문장과 그렇지 않은 문장을 구별할 수 있는지 점검하기 바랍니다.

예시문	[...] Dr. Trensch, the bestselling author of *Next to Cosmos*, is now coming with her new introductory book *Layman's Universe*. [...]
선택지	(A) *Next to Cosmos* never received any spotlight. [x]
	(B) *Layman's Space* was written for beginners. [o]
	(C) Dr. Trensch never wrote a book before *Layman's Space*. [x]

1. Advertisements

제품이나 서비스, 각종 행사나 프로그램 등을 **홍보**하는 것이 주된 목적인 광고문이 등장합니다. 광고문은 일반적으로 제품이나 서비스를 설명하는 **정보 전달문**의 일종이라 할 수 있습니다. 따라서, 특정 제품이나 서비스에 관해 물어보는 **'세부사항 찾기'** 유형이 자주 등장합니다. 또한 광고문의 타깃이 누구인지 묻는 **'유추'**가 필요한 문항도 빈번히 출제됩니다.

1 보통 **광고문의 제목, 앞부분, 큰 글씨나 화려한 색깔로 강조된 부분**을 통해 광고문이 **홍보하는 제품이나 서비스**, 광고문의 **주된 목적** 등을 알 수 있습니다.

2 질문에서 특정 광고 제품에 대해 언급했을 때는 광고문을 정독하기보다는 **scanning**을 통해 빠르게 원하는 정보가 어디에 있는지 파악하는 것이 좋습니다.

3 '*'표시나 'NOTICE' 등의 **주의 사항 표시**는 중요한 정보이므로 문제를 풀 때 더욱 눈여겨보기 바랍니다.

STEP 1 ≫ Example

Electric Skateboard Rankings

Product	Wheelhouse	SpinMaker	SkateBoost	LandMaster
Price Range	7,500 Hong Kong Dollars	7,600 Hong Kong Dollars	3,100 Hong Kong Dollars	7,450 Hong Kong Dollars
Advantages	• Extremely fast • Lightweight design	• Unique look • Fun movement	• Great brakes • Excellent value	• Moves over all kinds of terrain • Long-lasting battery
Drawbacks	• Takes a long time to charge	• Impractical for long commutes	• Struggles on hills	• Relatively heavy

전자 스케이트보드 순위

제품	Wheelhouse	SpinMaker	SkateBoost	LandMaster
가격대	7,500 홍콩달러	7,600 홍콩달러	3,100 홍콩달러	7,450 홍콩달러
장점	• 매우 빠름 • 가벼운 디자인	• 특이한 외형 • 재밌는 움직임	• 뛰어난 브레이크 • 좋은 가성비	• 모든 지형에서 이용 가능 • 오래 지속되는 배터리
단점	• 충전시간이 김	• 장거리 통근에 부적절함	• 경사길에 어려움	• 비교적 무거움

어떤 제품군을 소개하고 있는 광고문입니다. 빠르게 skimming을 해볼까요? 'Electric Skateboard Rankings'라는 제목과 그림을 보면 해당 지문은 '전자 스케이트보드'에 관한 것이고, 표에는 4가지 종류의 전자 스케이트보드 제품과 각각 가격대, 장단점이 제시돼 있음을 알 수 있습니다. 이렇게 skimming을 통해 빠르게 실용문의 전반적인 내용을 파악한 다음에는 질문을 살펴 보는 것이 좋습니다. 첫 번째 질문을 보니 특정 제품에 관한 정보가 필요하네요. 광고문을 정독하기보다는 질문별로 필요한 정보를 찾아서 지문을 읽는 것이 현명합니다.

Q1. What kind of skateboarder would most likely prefer the Wheelhouse?

(A) one who does not mind being slow
(B) one with little time for battery charging
(C) one who needs to carry the skateboard
(D) one with less than 7000 Hong Kong dollars

Q1. 어떤 종류의 스케이트 보더들이 Wheelhouse를 선호하겠는가?

(A) 천천히 가는 것을 개의치 않는 사람
(B) 배터리 충전할 시간이 거의 없는 사람
(C) 스케이트보드를 들고 다녀야 하는 사람
(D) 7000 홍콩 달러보다 돈을 적게 가진 사람

토셀쌤의 시범 풀이

질문을 봤다면, 'Wheelhouse'라는 제품을 찾아. scanning해야 합니다. 그러면 해당 제품이 첫 번째 열에 있다는 걸 알 수 있는데, 이제 지문의 정보와 선택지를 차근차근 비교하며 풀면 되겠습니다.

(A): 장점 중 하나가 'extremely fast'인데 느린 속도도 괜찮아하는 사람이 굳이 이 제품을 고를 필요가 없으므로 오답입니다.

(B): 단점이 'take a long time to charge'라 했으니 배터리 충전 시간이 부족한 사람에게 부적합한 제품으로 오답입니다.

(C): 장점이 'lightweight design'이라고 했으니 스케이트보드를 직접 들고 다녀야 하는 사람이 선호할 제품입니다. 따라서 정답은 (C)입니다.

(D): 가격대가 '7,500 Hong Kong Dollars'라고 돼 있습니다. 따라서 예산이 7,000 홍콩달러 미만인 사람이 구매하기 어려우니 오답입니다.

정답: (C)

다른 세 종류의 제품을 볼 필요도 없이 'Wheelhouse' 제품의 정보만으로 문제를 풀었습니다. skimming과 scanning이 왜 중요한지 아시겠죠? 다음 문항으로 넘어가 봅시다.

Q2. Which of the following is true about the skateboards?

(A) The Wheelhouse is the priciest.
(B) The SpinMaker is great for commuting.
(C) The SkateBoost has trouble going up hills.
(D) The LandMaster runs out of power quickly.

Q2. 다음 중 스케이트보드에 관해 사실인 것은 무엇인가?

(A) Wheelhouse가 가장 비싸다.
(B) SpinMaker는 출퇴근에 좋다.
(C) SkateBoost는 언덕길을 오르는 데 어려움이 있다.
(D) LandMaster는 배터리가 빨리 닳는다.

토셀쌤의 시범 풀이

지문에서 언급된 내용을 묻는 유형입니다. 선택지를 훑어보니 선택지별로 특정 제품이 언급돼있음을 알 수 있습니다. 따라서 선택지에 나온 특정 제품을 지문에서 scanning해가며 하나씩 풀어나가면 됩니다.

(A): 'Wheelhouse'의 가격대는 7,500홍콩달러입니다. 더 비싼 제품이 있는지 볼까요? 'SpinMaker' 제품이 100달러나 더 비싸니 오답입니다.

(B): 'SpinMaker'의 단점이 'impractical for long commutes'라고 했으므로 오답입니다.

(C): 'SkateBoost'의 단점 항목을 보면 'Struggles on hills'라고 언급돼 있으므로 (C)가 정답입니다. 'struggles on hills'가 'trouble going up hills'로 paraphrasing된 것에 유의하기 바랍니다.

(D): 'LandMaster'의 장점을 보면 'long-lasting-battery'라 쓰여 있으니 배터리가 빨리 닳는 말은 잘못된 설명이므로 오답입니다. 정답: (C)

[어휘] electric 전기의 | ranking 순위, 랭킹 | range 범위, 폭, -대(臺) | advantage 이점, 장점 | drawback 결점, 문제점 | lightweight 가벼운, 경량의 | brake 브레이크, 제동 장치 | terrain 지형, 지역 | long-lasting 오래 지속되는 | charge 충전하다; 청구하다 | impractical 실용적이지 않은; 터무니없는, 비현실적인 | commute 통근 | struggle 힘든 것, 몸부림, 분투 | relatively 상대적으로 | mind 언짢아하다; 상관하다 | little 거의 없는 | run out of ~을 다 써버리다

1-3. Refer to the following advertisement.

Top 5 Reasons to Visit Montreal

1. See breathtaking architecture ranging from old French colonial to post-modern styles!

2. Practice French and English in a bilingual city!

3. Eat delicious local food at the city's many famous restaurants!

4. Enjoy over 90 festivals, including the world's largest comedy festival!

5. Visit a city rich in unique history and culture, influenced by its First Nations, French, and British past.

Whatever your budget or interest, come see what's waiting for you in beautiful and exciting Montreal, the province of Quebec's largest city! Nearly all of the world's big cities offer direct flights to this amazing place, so now is your time to discover all of the charms Montreal has to offer!

1. To whom is this advertisement most likely targeted?

   (A) tourists outside of Quebec
   (B) Montrealers studying abroad
   (C) First Nations citizens from Montreal
   (D) residents from the largest city in Quebec

2. According to the advertisement, which of the following is NOT true?

   (A) Montreal is limited in its architecture.
   (B) Citizens of Montreal speak French and English.
   (C) The history of Montreal is influenced by at least 3 cultures.
   (D) Most major cities have non-stop flights to Montreal.

3. Which of the following is an advertised feature of Montreal?

   (A) two airports
   (B) just under 90 festivals
   (C) a huge comedy event
   (D) Quebec's largest museum

[해석] 몬트리올을 방문해야 할 5가지 가장 큰 이유!

1. 옛 프랑스 식민시대부터 포스트 모던 양식까지 숨 막히는 건축물들을 보세요!

2. 두 개의 언어를 사용하는 도시에서 프랑스어와 영어를 연습하세요!

3. 도시의 여러 유명한 레스토랑에서 맛있는 현지 음식을 드세요!

4. 세계에서 가장 큰 코미디 축제를 포함한, 90가지가 넘는 축제를 즐기세요!

5. 캐나다 원주민, 프랑스, 영국 과거의 영향으로 역사와 문화가 풍부한 도시에 방문하세요.

여러분의 예산과 관심사가 어떻든 간에, 퀘벡에서 가장 큰 도시인 아름답고 신나는 몬트리올에서, 여러분을 기다리고 있는 것들을 보러 오세요. 거의 모든 세계 큰 도시에서 이 놀라운 곳으로 가는 직행 항공편을 제공하니, 지금이야말로 여러분이 몬트리올이 제공하는 모든 매력을 발견할 시간입니다!

1. 이 광고의 타깃으로 가장 적절한 것은 무엇인가?

　(A) 퀘벡 밖에서 온 관광객
　(B) 유학 중인 몬트리올 사람
　(C) 몬트리올 출신 캐나다 원주민
　(D) 퀘벡에서 가장 큰 도시 출신 주민

2. 광고에 따르면, 다음 문장 중 사실이 아닌 것은 무엇인가?

　(A) 몬트리올은 건축 양식이 제한적이다.
　(B) 몬트리올 시민들은 불어와 영어를 구사한다.
　(C) 몬트리올의 역사는 적어도 3가지 문화의 영향을 받았다.
　(D) 대부분 주요 도시들은 몬트리올행 직항편이 있다.

3. 다음 중 광고에서 몬트리올의 특징으로 언급된 것은 무엇인가?

　(A) 두 개의 공항
　(B) 90개 조금 안 되는 축제들
　(C) 큰 코미디 행사
　(D) 퀘벡의 가장 큰 박물관

[풀이] 1. 먼저 skimming을 하면 상단 부분에서 몬트리올에 방문해야 하는 이유 5가지를 설명하고 있음을 알 수 있습니다. 지문을 자세히 읽어보면 하단 부분에서 'direct flights'라며 항공편 정보를 언급하고 있는데요. 이를 통해 광고문의 대상은 (비행기를 타고 몬트리올에 오는) 외부 관광객임을 파악할 수 있습니다. 몬트리올은 'the province of Quebec's largest city'라고 했으니 광고의 대상은 몬트리올이 속한 퀘벡주의 바깥 지역에서 오는 관광객이라고도 할 수 있겠죠. 따라서 (A)가 정답입니다. (B), (C), (D)의 경우, 몬트리올이나 퀘벡 사람을 지칭하고 있으므로 오답입니다. 　　　　　　　　　　정답: (A)

2. 내용 불일치 유형으로 선택지별로 살펴봅시다.

　(A): 'See breathtaking architecture ranging from old French colonial to post-modern styles!'라고 했으니 몬트리올의 건축 양식은 종류가 한정적이지 않고 다양함을 알 수 있습니다. 따라서 해당 선택지는 틀린 설명으로 (A)가 정답입니다.

　(B): 2번째 이유의 'Practice French and English in a bilingual city!'에서 몬트리올은 불어와 영어를 쓰는 2개 국어 도시라는 걸 알 수 있으므로 오답입니다.

　(C): 'Visit a city ~ influenced by its First Nations, French, and British past'라고 했으니 몬트리올의 역사는 적어도 3가지 문화의 영향을 받았음을 알 수 있으므로 오답입니다.

　(D): 하단 부분의 'Nearly all of the world's big cities offer direct flights'를 통해 알 수 있는 내용으로 오답입니다. 　　　　　　　　　　정답: (A)

3. 세부 사항 찾기 유형으로 선택지별로 살펴봅시다.

　(A): 공항의 개수에 관한 정보는 찾아볼 수 없으므로 오답입니다.

　(B): 'Enjoy over 90 festivals'에서 90개보다 더 많은 축제가 있음을 알 수 있으므로 오답입니다.

　(C): 바로 뒤에서 'including the world's largest comedy festival'이라고 했으니 (C)가 정답입니다. 'the world's largest comedy festival'이 'huge comedy event'로 paraphrasing된 점도 유념하기 바랍니다.

　(D): 'museum'에 관한 정보는 광고문에서 찾아볼 수 없으니 오답입니다. 　　　　　　　　　　정답: (C)

[어휘] breathtaking (너무 아름답거나 놀라워서) 숨이 막히는 | architecture 건축 양식, 건축물 | range from A to B (양 · 크기 등의 범위가) A에서 B 사이까지 이르다 | colonial 식민(지)의 | bilingual 이중 언어를 사용하는, 두 개 언어를 할 줄 아는 | local 지역의, 현지의 | influence 영향을 주다 | First Nations 캐나다 원주민 | past 과거, 지난날 | budget 예산 | flight 항공편; 비행 | charm 매력 | non-stop 도중에 쉬지 않는, 직행의 | abroad 해외에, 해외로 | resident 거주자, 주민

1-3. Refer to the following advertisement.

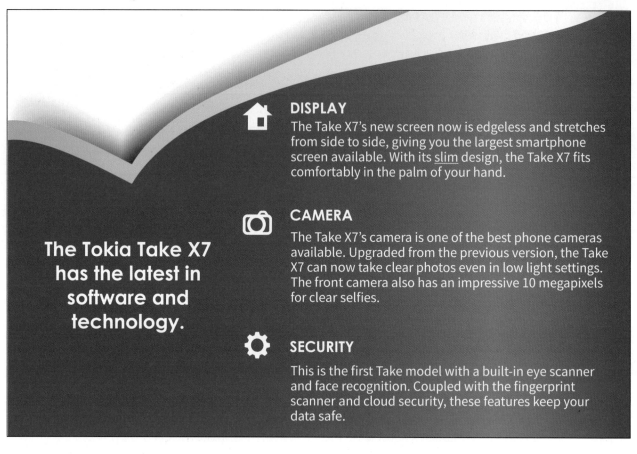

1. What product is probably being advertised?

(A) a tablet PC
(B) a television
(C) a smartphone
(D) a laptop computer

2. Which of the following is an advertised feature?

(A) a built-in eye scanner
(B) a 15 megapixel camera
(C) a hologram projection screen
(D) a voice recognition security system

3. Which of the following is closest in the meaning to the world "slim"?

(A) thick
(B) curvy
(C) bumpy
(D) skinny

4. According to the article, how has the product been upgraded from earlier versions?

(A) It is more affordable.
(B) It comes with a 2-year warranty.
(C) It has a much larger memory card.
(D) It can take better pictures in low light.

Forehead Advertising

A guy who uses his forehead as a secondary billboard

뉴욕 타임스퀘어에 가면 커다란 전광판이 곳곳마다 줄지어 있고, 그 안에서 번쩍번쩍 화려한 광고가 흘러나옵니다. 왠지 위대한 광고는 타임스퀘어의 광고판처럼 세계적으로 유명하고 커다란 곳에서만 가능해 보입니다. 그런데 사람들이 생각지도 못한 곳에 광고판을 내건 사나이가 있었습니다. 앤드루 피셔 (Andrew Fischer)라는 이름의 혈기왕성한 미국인 청년은 아주 조그만 공간에서 위대한 광고판을 창출해냈는데, 그 공간은 다름 아닌 자신의 이마였습니다.

2005년, 20살이었던 앤드루는 인터넷 경매 사이트에서 치즈 샌드위치가 3만 달러에 팔리고 평범한 지팡이가 수십만 달러에 낙찰되는 기현상을 목격하면서, 아무리 사소하고 보잘것없는 물건일지라도 흥미로운 이야기로 홍보와 설득만 잘 해내면 터무니없이 큰돈으로 팔릴 수 있다는 사실을 깨달았습니다. 그러다 어느 날 문득 '30일 동안 내 이마를 광고판처럼 빌려주고, 광고비를 받으면 어떨까?'라는 아이디어가 머리를 스쳐 지나갔고, 그는 지체 없이 이를 실행에 옮겼습니다. 그렇게 앤드루는 이마에 'Your Ad Here' (여기에 광고하세요)라는 문구를 새긴 사진과 함께 자신의 이마를 경매 사이트에 올렸습니다. 경매 시작가는 5센트 (한화 약 56원)였습니다.

결과는 어땠을까요? 대성공이었습니다. 앤드루는 먼저 지역 방송, 지역 신문 등에 자신의 경매를 알리기 시작했습니다. 머지않아 이 이야기는 '이마 광고'라는 창의성과 신선함으로 미국 전역은 물론 해외로까지 퍼져 큰 화제가 되었습니다. 미국 유명 토크쇼, 라디오 프로그램은 물론 해외 뉴스로부터까지 인터뷰 요청이 쇄도했습니다. 큰 인기 속에서 앤드루의 이마는 코골이 완화제를 파는 회사에 낙찰되었고, 최종 경매 낙찰가는 무려 37,375달러 (한화 약 4,170만 원)에 달했습니다. 앤드루는 약속대로 해당 회사의 광고 문구를 이마에 임시 문신으로 새겨 30일 동안 홍보했습니다.

앤드루의 이마 광고는 지금도 꾸준히 기발한 광고 방식으로 사람들의 입에 오르내리고 있습니다. 남들과는 차원이 다른 아이디어로 누구나 가지고 있는 이마를 통해 큰돈을 벌어들인 사나이, 'think out of the box' (틀에서 벗어나 사고하다)라는 표현이 절로 떠오르는 인물 아닐까요?

 **Pop Quiz!**

이마에 여러분을 홍보해 보세요! (관심사, 취미, 잘하는 것, 장래희망, 꿈 등을 적어보세요.)

2. Text Messages

2인 또는 다인 대화 형식의 문자 메시지 대화가 등장합니다. 일상생활에서부터 공적인 상황까지 다양한 주제로 구성되며 서로 약속 및 일정을 조정하거나, 의견을 공유하는 등의 상황이 자주 제시됩니다. 주로 출제되는 유형으로는 **화자의 의도를 파악**하는 유형, **대화의 흐름을 따라가며 추론**해야 하는 유형이 있습니다.

1   대화의 상황이므로 기본적으로 **대화의 흐름**을 신속하게 파악해야 하며, **시간순**으로 메시지를 주고받는다는 점과 **화자가 누구인지**를 늘 염두에 두어야 합니다.

2   화자의 의도파악 문제는 질문이 항상 'What does 이름 mean by "문장"?'로 구성되므로 **주어진 이름과 문장을 통해 scanning**을 할 수 있습니다.

3   화자의 의도파악 문제는 영어 표현을 알고 있어도 **앞뒤 문맥을 통해 유추**하려고 노력해야 합니다.

STEP 1 ≫ Example

Aurelien: 얘들아. 오늘 뭐 할 거야?

Bo: Chester에 새로 생긴 인도 식당 가볼래?

Chasity: 맛있겠다! 근데 좀 일찍 만나야 할 것 같아.

Aurelien: 왜? 몇 시에 만날 수 있을 것 같은데?

Chasity: 과외하러 가야 하는데 그게 오후 8시쯤에 시작하거든.

Bo: 그래, 그럼 6시로? 식당이 좀 외딴곳에 있어서...

Chasity: 확실한 거지?

Bo: 나 어차피 내일 일찍 할 일 있어.

Aurelien: 그래, 나도 괜찮아. 내가 먼저 가서 우리 자리 잡아 놓을게.

Chasity: 좋아. 그럼 그때 보자.

skimming을 해보니 세 친구가 밥을 먹자는 내용의 문자메시지입니다. skimming으로 대화의 흐름을 파악할 수 있다면 바로 넘어가도 되지만, 문장이 길지 않으니 처음부터 빠르게 읽어가며 대화의 흐름을 파악하는 것도 괜찮겠습니다. 대화의 흐름을 파악했다면, 이제 본격적으로 문제 풀이에 넘어가면 됩니다. 첫 번째 질문을 보니 화자의 의도 파악 문제네요. 한 번 풀어볼까요?

Q1. What does Bo mean when he says, "I have an early day tomorrow anyway."?

   (A) He isn't going to save a seat.

   (B) He is ready for tomorrow's work.

   (C) He doesn't want to stay out late.

   (D) He does need extra time to arrive.

Q1. Bo가 "나 어차피 내일 일찍 시작해야 돼"라고 한 의도는 무엇인가?

   (A) 자리를 잡아놓지 않을 것이다.

   (B) 내일 작업할 준비가 돼 있다.

   (C) 늦게까지 밖에 있고 싶지 않다.

   (D) 식당에 도착하기 위해 추가 시간이 필요하다.

토셀쌤의 시범 풀이

화자의 의도 파악 문제이니 질문에서 묻고 있는 부분을 정확히 읽어서 앞뒤 문맥을 고려하면 답을 찾을 수 있습니다.

앞부분의 대화 흐름을 보면 1) Chasity가 8시 과외 때문에 일찍 가야 한다고 말하고 있고, 2) Bo가 그러면 6시에 만나자고 제안하고, 3) 다시 Chasity가 'Are you sure?'라며 정말로 6시에 만날 것인지 재확인합니다. 4) 그러자 Bo가 바로 'I have an early day tomorrow anyway.'라고 대답합니다. 대화의 흐름을 종합해보면, Bo는 어차피 자신도 내일 일찍 하루('an early day tomorrow')를 시작해야 하기 때문에 늦게까지 밖에 있고 싶지 않아 일찍 6시에 만나도 상관없다고 Chasity의 'Are you sure?'이라는 질문에 대답한 것입니다. 따라서 (C)가 정답입니다.   정답: (C)

이처럼 화자의 의도 파악 문제는 문장의 뜻을 정확히 아는 것도 중요하지만, 앞뒤 문맥을 파악하는 능력도 답을 찾는 데 필수적인 요소입니다. 다음 문제로 넘어가 봅시다?

Q2. What does Aurelien say he will do?

   (A) go to tutoring afterwards

   (B) make a restaurant reservation

   (C) arrive early and save a table

   (D) get up before everyone else

Q2. Aurelien은 무엇을 하겠다고 말하는가?

   (A) 그 뒤에 과외하러 가기

   (B) 식당 예약 잡기

   (C) 일찍 도착해서 테이블 잡아 놓기

   (D) 남들보다 일찍 일어나기

토셀쌤의 시범 풀이

Aurelien이 무엇을 할 것인지를 묻고 있으니 Aurelien이 한 말을 scanning하면 되겠죠? 오후 6시에 만나기로 세 친구가 서로 결정한 뒤, Aurelien이 'I'll get there first and grab seats for everyone'이라고 한 부분에서 Aurelien이 먼저 식당에 가서 자리를 잡아 놓을 것이라는 사실을 알 수 있습니다. 따라서 (C)가 정답입니다. 해당 문장이 선택지에서 'arrive early and save a table'로 paraphrasing된 것을 유념하기 바랍니다.   정답: (C)

이처럼 문자 메시지 유형은 대화의 흐름을 신속히 파악하고, 문제에 맞게 scanning하는 능력이 중요합니다.

[어휘] tutor (과외 교사로서) 가르치다, 개인 교습을 하다 | out of the way 구석진, 눈에 안 띄는 | work 작동하다, 기능하다; 효과가 있다 | grab 잡다, 움켜잡다 | afterwards 나중에, 그 뒤에

1-3. Refer to the following text messages.

Shonda
You guys coming to the party for Matthew on Sunday?

Theo
Um….

Theo
What party?

Shonda
His family's moving to Gabon and a bunch of us are going to the Sunnyside Cafe as a send-off.

Uktay
Sorry guys. I already told Matthew I can't go because my grandma's in town. But I have a card. Can one of you bring it?

Theo
I have to check with my parents if I can go. I was supposed to help my dad with spring cleaning on Sunday.

Shonda
I can take it, Uktay. Bring it to science class tomorrow.

1. What does Shonda offer to do?

(A) bring a card from Uktay to Matthew
(B) help Theo get permission to go to the party
(C) arrange a party for Theo at the Sunnyside Cafe
(D) drop off a gift for Uktay's grandma in science class

2. Which of the following can be inferred about Theo?

(A) He may be moving away to Gabon.
(B) He still has to finish his science homework.
(C) He wants to welcome Matthew home from abroad.
(D) He does not yet have permission to go to a party.

3. Which of the following is mentioned in the text messages?

(A) Uktay's grandfather is coming for a visit.
(B) Theo wants to bring his parents to a party.
(C) Shonda is going to be late for science class.
(D) On Sunday there will be a party for Matthew.

[해석] Shonda: 너희들 일요일에 Matthew 파티에 올 거지?

　　　　Theo: 음....

　　　　Theo: 무슨 파티?

　　　　Shonda: 걔네 가족이 가봉에 이민 가는데 우리가 함께 송별회로 Sundayside 카페에 가기로 했잖아.

　　　　Uktay: 미안 얘들아. 우리 할머니가 시내에 계셔서 못 간다고 Matthew한테 먼저 말해놨어. 근데 내가 카드가 있는데. 너희들 중 아무나 가져다 줄 수 있어?

　　　　Theo: 갈 수 있는지 부모님이랑 확인해 봐야 해. 일요일에 아빠 봄 대청소하는 거 도와주기로 돼 있거든.

　　　　Shonda: 내가 전해줄 수 있어, Uktay. 내일 과학 수업에 가져와.

1. Shonda가 하기로 제안한 것은 무엇인가?

   (A) 카드를 Uktay한테 받아 Matthew에게 가져가기
   (B) Theo가 파티에 가도 된다는 허락을 받도록 도와주기
   (C) Sunnyside 카페에서 Theo를 위한 파티 준비하기
   (D) 과학 시간에 Uktay의 할머니를 위한 선물 놓고 가기

2. 다음 중 Theo에 관해 추론할 수 있는 것은 무엇인가?

   (A) Gabon으로 이민 갈지도 모른다.
   (B) 여전히 과학 숙제를 끝내야 한다.
   (C) 해외에서 집으로 돌아온 Matthew를 환영하고 싶다.
   (D) 파티에 갈 수 있다는 허락을 아직 받지 못했다.

3. 다음 중 문자메시지에서 언급된 것은 무엇인가?

   (A) Uktay의 할아버지가 방문하러 오고 계신다.
   (B) Theo는 그의 부모님을 파티에 모셔오고 싶어 한다.
   (C) Shonda는 과학 수업에 늦을 것이다.
   (D) 일요일에 Matthew를 위한 파티가 있을 것이다.

[풀이] 1. Shonda가 하기로 제안한 것이 무엇인지 묻고 있으므로 Shonda의 말을 집중적으로 scanning하면 됩니다. 바로 Shonda의 마지막 말 'I can take it, Uktay. Bring it to science class tomorrow.'라는 말에서 Shonda가 무엇을 하기로 제안했는지 알 수 있는데, 이 말은 Uktay가 'But I have a card. Can one of you bring it?'라며 카드를 Matthew에게 전달해 줄 수 있는지 부탁하는 말에 대한 대답입니다. 따라서 (A)가 정답입니다.　　　　　　　　　　　　　　　　　　　　　　　　　　　정답: (A)

　　2. Theo에 관해 추론할 수 있는 것을 묻고 있으므로 Theo의 말에 집중해서 scanning해야 합니다. 추론 문제도 '세부사항 파악' 유형의 일종이므로 선택지별로 접근하는 편이 좋습니다.

　　　(A): Gabon에 이민 갈 학생은 Theo가 아니라 Matthew이므로 오답입니다. (B)의 경우, 본문에 등장한 'science class'를 이용한 오답입니다.

　　　(C): Theo의 말에서 이런 내용을 찾을 수도 없고, Matthew가 해외에서 오는 것이 아니라 Gabon으로 이민 가는 것이기에 오답입니다.

　　　(D): Theo의 마지막 말 'I have to check with my parents if I can go.'에서 알 수 있습니다. 파티에 갈 수 있는지 부모님께 확인해야한다는 건 Theo가 아직 부모님으로부터 파티에 가도 되는지 허락을 받지 않았다는 의미이므로 (D)가 정답입니다. 정답: (D)

　　3. 지문에서 언급된 내용이 무엇인지 묻고 있는 문항으로, 선택지별로 살펴봅시다.

　　　(A): Uktay의 '[...] I can't go because my grandma's in town'이라는 말에서 할아버지가 아니라 할머니가 방문하고 계심을 알 수 있으므로 오답입니다.

　　　(B): Theo의 말을 보면 부모님을 파티에 모셔오고 싶단 말은 없으므로 오답입니다.

　　　(C): Shonda의 마지막 말에서 'Bring it to science class tomorrow.'라고만 했을 뿐 수업에 늦는다는 말은 없으므로 오답입니다.

　　　(D): Shonda의 첫 번째 말 'You guys coming to the party for Matthew on Sunday?'에서 일요일에 Matthew를 위한 파티가 열린다는 사실을 알 수 있습니다. 따라서 (D)가 정답입니다.　　　　　　　　　　　　　　　　　정답: (D)

[어휘] send-off 환송, 배웅, 전송 | spring cleaning (봄에 하는) 대청소 | permission 허락, 허가, 승인 | arrange 주선하다, 마련하다 | drop off ~을 놓고 가다 | abroad 해외에(서), 해외로

1-3. Refer to the following text messages.

1. What is the main reason Ryan contacts Claire?

    (A) to ask her out to dinner
    (B) to tell her how boring his class is
    (C) to wish her good luck on her art project
    (D) to explain that he cannot attend her exhibition

2. Why does Ryan say, "I know I'm the worst friend ever."?

    (A) to apologize
    (B) to start a fight
    (C) to blame Claire
    (D) to make fun of Claire

3. What is NOT mentioned by Ryan?

    (A) staying late in class
    (B) buying Claire a meal
    (C) missing Claire's art exhibition
    (D) asking another friend to see an exhibit

4. What does Claire say she wants from Ryan?

    (A) a pricey meal
    (B) a deal on art supplies
    (C) help getting to an exhibit
    (D) photo proof of his location

Trendy Social Media Acronyms You Should Know

> - Social Media
> 일상, 사진, 관심사, 정보, 의견 등을 다른 사람들과
> 공유하고 소통하는 사이버 공간

*#global*한 소셜 미디어 사용자가 되고 싶다면
자주 쓰는 *#trendy*한 영어 약자 몇 개 정도는 알아줘야겠지요?

1. OOTD: Outfit of the Day
오늘의 스타일, 이날의 패션으로 번역할 수 있습니다.
사진이나 동영상으로 자신이 입은 옷을 뽐내며 쓸 수 있는
약어입니다.

> ❤ 23 Likes
>
> toselebrate Hey, how's my cocktail suit & tie
> for the party?
> #ootd #suitup #style #suitandtie

2. IMO: In My Opinion
잘못된 정보가 사실인 듯 삽시간에 퍼질 수 있는 인터넷
공간, 자신의 말이 기정사실이 아니라 의견임을 강조할 때
쓰는 약어입니다. 혹은 친구도 그 다른 누구의 의견도 아닌
바로 자신의 의견임을 강조할 때도 씁니다.

> Tosel Jota
> @toseljota   ⚙ 👤 FOLLOW
> I really enjoyed the novel #MissingDayes. But its film
> adaptation is a total disaster. It kinda sucks. #IMO
> ↩ 3   ⇄ 32   ❤ 138   •••

3. SMH: Shaking My Head
고개를 절레절레 흔들게끔 하는 바보 같은 짓을 했거나
목격했을 때 쓰는 약어입니다.

> Doctor Tosel
> 3h   ⋮
> I forgot it's Saturday and ran to school in the morning
> #smh #happy #weekend
> 👍 Like   💬 Comment   ⃝⃪ Share

4. TBT: Throwback Thursday
사람들이 향수에 젖어 목요일에 옛날 사진을 올리면서
생겨난 약어입니다. 어린 시절, 오래된 인연, 추억의 노래
등 과거의 어떤 것이든 향수를 일으킨다면 이 약어와 함께
게시하도록 합시다.

> ❤ 19 Likes
>
> tusslentosel Old and gold! Me and my lovely sidekicks at
> the high school graduation. Miss y'all xoxo
> #tbt #family #reunion

5. TIL: Today I Learned
흥미롭거나 새로운 사실을 알게 됐을 때 '오늘 알게 됐는데
말이야…'라는 입말처럼 괜스레 앞에다 가져다 쓰는
약어입니다.

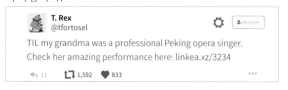

> T. Rex
> @tfortosel   ⚙ 👤 FOLLOW
> TIL my grandma was a professional Peking opera singer.
> Check her amazing performance here: linkea.xz/3234
> ↩ 11   ⇄ 1,592   ❤ 833   •••

💡 Pop Quiz!

빈칸에 가장 알맞은 약어는 무엇일까요?

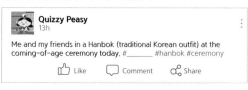

> Quizzy Peasy
> 13h   ⋮
> Me and my friends in a Hanbok (traditional Korean outfit) at the
> coming-of-age ceremony today. #_____ #hanbok #ceremony
> 👍 Like   💬 Comment   ⃝⃪ Share

정답: ootd

3. Emails / Letters

알림 (notification letter), 확인 (confirmation letter), 수락 (acceptance letter) 등의 목적으로 공적 상황부터 일상생활까지 다양한 주제를 다룬 이메일 및 편지 실용문이 출제됩니다. 이메일과 편지는 주로 '보내는 사람-(소개나 인사말)-글의 목적-주요 내용-추가 내용-마지막 인사'의 형식으로 구성되며, 글의 특성상 **주제와 목적**을 묻는 문항에 이어 **세부정보를 파악**하는 문항이 이어지는 경우가 많습니다.

1　　주제나 목적은 반드시 파악해야 하며, 주로 **앞부분에서 제시**된다는 점에 유의합니다.

2　　제목이 있으면 **제목을 먼저 확인**하는 것이 지문을 읽는 데에 도움이 됩니다.

3　　보내는 사람, 받는 사람, 이메일 주소 등을 통해 **그 사람의 신분이나 직업**을 먼저 유추할 수도 있습니다.

STEP 1 ≫ Example

FROM: guillaumedt@internet.com
TO: staugustine@internet.com
DATE: 10/12/2018
SUBJECT: Inquiry

Dear Sir/Madam:

I am a second year student here at St. Augustine's. I frequently use the study room located in the basement of the public library after school.

Lately, there have been middle school students coming in and being very loud while others are trying to study. I've asked them to quit, and even told someone at the front desk, but nothing has been done.

I am emailing you to ask whom I should contact to deal with this problem. Until recently, the library study room has been the best place for me to focus and study, so I don't want to have to find another place.

I'd appreciate any help.

Thank you,

Guillaume Deloitte

보낸 사람: guillaumedt@internet.com
받는 사람: staugustine@internet.com
날짜: 2018년 10월 12일
제목: 문의

담당자분께:

저는 여기 St. Augustine's 학교에 다니는 2학년 학생입니다. 저는 방과 후에 공공 도서관 지하에 위치한 자습실을 자주 이용합니다.

최근 들어, 중학교 학생들이 들어와서 다른 사람들이 공부하려 하고 있는데 아주 시끄럽게 하고 있습니다. 저는 그 아이들한테 그만 하라고 부탁했고, 심지어 프런트에 있는 분한테도 말씀을 드렸었는데, 아무 조치도 없었습니다.

이런 문제를 처리하려면 누구에게 연락해야 하는지 문의하고자 이 이메일을 보냅니다. 최근까지는, 여기 도서관 자습실은 저에게 집중하고 공부할 수 있는 가장 최적의 장소였기 때문에 다른 장소를 찾고 싶지 않습니다.

어떤 도움이든 감사하겠습니다.

감사합니다.

Guillaume Deloitte 드림

보내는 사람과 받는 사람, 그리고 앞부분을 skimming 해보니 받는 사람은 구체적으로 정해지지 않았고, 보내는 사람은 Guillaume Deloitte라는 학생임을 알 수 있습니다. 공공도서관 지하 자습실에 관해 할말이 있는 듯 합니다. 빠르게 첫 번째 질문을 볼까요?

Q1.	Why did Guillaume write this email?	Q1.	Guillaume은 왜 이 이메일을 작성하는가?
	(A) to make a plan		(A) 계획을 세우려고
	(B) to order a book		(B) 책을 주문하려고
	(C) to ask for tutoring		(C) 과외를 요청하려고
	(D) to explain a problem		(D) 문제점을 설명하려고

토셀쌤의 시범 풀이

이메일의 목적을 묻는 문항입니다. 이메일을 마저 읽어서 전반적인 내용을 파악해야겠습니다.

첫 문단에서 자신이 누군지 소개했다면, 두 번째 문단에서는 본격적으로 이메일 보내게 된 배경 상황을 설명하고 있습니다. 자습실에서 누군가 자꾸 시끄럽게 하고 있다는 문제점이 드러나고 있네요. 세 번째 문단에서 'I am emailing you to ask whom I should contact to deal with this problem.'이라며 이메일을 보낸 목적을 직접적으로 언급합니다. 여기서 이메일을 통해 중학교 또래 아이들이 자습실에서 소란을 피우는 문제점에 관해 설명하려 했음을 알 수 있습니다. 따라서 (D)가 정답입니다. **정답: (D)**

이 이메일은 '보내는 사람-소개-문제 상황 설명-글의 목적-추가내용-마무리 인사'의 구조로 돼 있습니다. 이렇게 이메일의 주제, 목적, 구조가 선명하게 보인다면 나머지 '세부사항 파악 문항은 별다른 어려움 없이 풀 수 있습니다.

Q2.	Which of the following does Guillaume mention?	Q2.	다음 중 Guillaume이 언급한 것은 무엇인가?
	(A) He needs a book about St. Augustin.		(A) St. Augustin에 관한 책이 필요하다.
	(B) He has told a library worker about a concern.		(B) 도서관 직원에게 우려 사항을 말했다.
	(C) He has quit tutoring a middle school student.		(C) 중학생 과외하는 것을 그만 두었다.
	(D) He wants the library to increase study room hours.		(D) 도서관이 자습실 시간을 늘리기를 원한다.

토셀쌤의 시범 풀이

언급된 내용을 묻는 '세부사항 파악' 유형으로 역시 선택지별로 접근하면 됩니다. 앞서 이메일의 목적과 형식을 모두 파악했으니 빠르게 풀어봅시다.

(B): 두 번째 문단의 'I've [...] even told someone at the front desk'를 통해 'someone at the front desk'는 도서관에서 일하는 직원을 지칭함을 알 수 있습니다. 따라서 (B)가 정답입니다. 자습실에서 소란을 피우는 문제 상황이 본문에서는 'problem'으로, 선택지에서는 'concern'으로 각각 다르게 표현된 점에 유의하기 바랍니다.

(A), (C), (D): 본문에서 언급되지 않은 관련 없는 오답입니다. **정답: (B)**

[어휘] locate 위치시키다 | basement 지하층 | appreciate 고마워하다 | tutor 개인 교습을 하다 | increase 늘리다, 증가하다 | frequently 자주, 흔히

1-3. Refer to the following email.

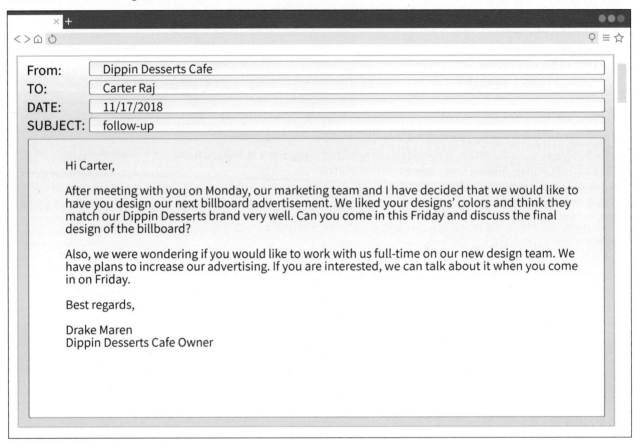

From: Dippin Desserts Cafe
TO: Carter Raj
DATE: 11/17/2018
SUBJECT: follow-up

Hi Carter,

After meeting with you on Monday, our marketing team and I have decided that we would like to have you design our next billboard advertisement. We liked your designs' colors and think they match our Dippin Desserts brand very well. Can you come in this Friday and discuss the final design of the billboard?

Also, we were wondering if you would like to work with us full-time on our new design team. We have plans to increase our advertising. If you are interested, we can talk about it when you come in on Friday.

Best regards,

Drake Maren
Dippin Desserts Cafe Owner

1. What is the relationship between Drake and Carter?

   (A) cafe owner - cafe cook
   (B) cafe owner - cafe customer
   (C) current boss - current worker
   (D) potential boss - potential worker

2. Which of the following does Drake mention in his letter?

   (A) He hopes Carter will buy his cafe.
   (B) He wants to meet with Carter on Friday.
   (C) He thinks Carter's coffee drinks look artistic.
   (D) He saw Carter's advertisement on a billboard.

3. What does Drake write that he wants Carter to do?

   (A) write a review about a cafe
   (B) switch to a part-time contract
   (C) change a cafe's interior colors
   (D) design a billboard advertisement

[해석] 보낸 사람: Dippin Desserts 카페

받는 사람: Carter Raj

날짜: 11/17/2018

제목: 결과

안녕하세요 Carter씨,

월요일에 Carter씨와 미팅을 하고, 우리 마케팅팀과 저는 Carter씨에게 우리의 다음 옥외 광고판 디자인을 맡기기로 결정했습니다. 우리는 당신의 (Carter 씨의) 디자인 색상이 마음에 들었고 그게 우리 Dippin Desserts 브랜드와 아주 잘 어울린다고 생각합니다. 이번 주 금요일에 오셔서 함께 최종 옥외 광고판 디자인을 상의할 수 있으신가요?

또한, 우리 새 디자인팀에서 풀타임으로 함께 근무할 의향은 없으신지도 궁금합니다. 우리는 광고를 늘릴 계획을 세우고 있습니다. 관심이 있으시면, 금요일에 오실 때 이를 논의해볼 수 있습니다.

안녕히 계십시오.

Dippin Desserts 카페 대표

Drake Maren 드림

---

1. Drake와 Carter의 관계는 무엇인가?

   (A) 카페 대표 - 카페 요리사
   (B) 카페 대표 - 카페 고객
   (C) 현재 상사 - 현재 직원
   (D) 잠재적 상사 - 잠재적 직원

2. 다음 중 편지에서 Drake가 언급한 것은 무엇인가?

   (A) Carter가 그의 카페를 사기를 원한다.
   (B) 금요일에 Carter와 만나고 싶어 한다.
   (C) Carter의 커피 음료가 예술적으로 보인다고 생각한다.
   (D) 옥외 간판에 있는 Carter의 광고를 보았다.

3. Drake는 Carter가 무엇을 하기를 원한다고 쓰는가?

   (A) 카페에 관한 후기 작성하기
   (B) 시간제 근무 계약으로 전환하기
   (C) 카페의 실내 색 바꾸기
   (D) 간판 광고 디자인하기

[풀이] 1. 우선 받는 사람과 보내는 사람을 찾아보면 한 디저트 카페의 대표가 개인에게 보내고 있는 이메일임을 알 수 있습니다. 그런 다음 이메일의 내용을 살펴보면, 앞부분의 'our marketing team and I have decided that we would like to have you design our next billboard advertisement'에서 글의 주제가 바로 드러나고 있습니다. 여기서 보내는 사람인 'Drake Maren'은 카페 대표로서 'Carter Raj'를 옥외 광고판 디자이너로서 고용하고 싶어 하고 있으므로 이 둘의 관계는 후에 서로 상사와 직원이 될 수 있는 관계라고 볼 수 있습니다. 따라서 (D)가 정답입니다. (C)의 경우, 금요일에 만나 디자인 업무와 전일 근무 제안을 논의하자는 것으로 보아 현시점에서 Drake와 Carter의 고용 관계가 확정된 것은 아니므로 오답입니다. 정답: (D)

2. 'Can you come in this Friday and discuss the final design ~?', 'If you are interested. we can talk about it when you come in on Friday.''에서 Drake가 금요일에 Carter를 다시 만나 업무 논의를 하고 싶어 하는 것을 알 수 있으므로 (B)가 정답입니다. (D)의 경우, Drake는 Carter가 옥외 간판 디자인을 맡아주길 원하는 것이지, 옥외 간판에 실린 Carter의 광고를 보았다는 말은 아니므로 오답입니다. 정답: (B)

3. 이메일 앞부분의 'our marketing team and I ... have you design our next billboard advertisement.'에서 Drake를 비롯해 Dippin Desserts의 마케팅팀이 Carter에게 간판 광고 디자인 업무를 맡기기로 했음을 알 수 있으므로 (D)가 정답입니다. (B)의 경우, 이메일에서는 전일제 근무를 제안했으며, 아직 Carter가 디저트 카페 측과 근무 계약을 한 상태도 아니므로 오답입니다. 정답: (D)

[어휘] follow-up 후속 조치, 후속편 | billboard (옥외) 광고[게시판] | match 어울리다, 맞다 | discuss 논의하다 |
full-time 전 시간의, 풀타임의 | customer 손님, 고객 | artistic 예술적인, 예술의 | part-time 시간제의, 파트타임인 | contract 계약 |
interior 내부의

1-3. Refer to the following email.

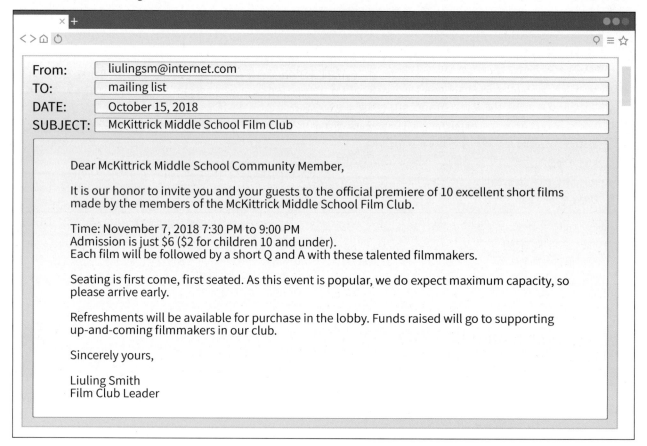

From: liulingsm@internet.com
TO: mailing list
DATE: October 15, 2018
SUBJECT: McKittrick Middle School Film Club

Dear McKittrick Middle School Community Member,

It is our honor to invite you and your guests to the official premiere of 10 excellent short films made by the members of the McKittrick Middle School Film Club.

Time: November 7, 2018 7:30 PM to 9:00 PM
Admission is just $6 ($2 for children 10 and under).
Each film will be followed by a short Q and A with these talented filmmakers.

Seating is first come, first seated. As this event is popular, we do expect maximum capacity, so please arrive early.

Refreshments will be available for purchase in the lobby. Funds raised will go to supporting up-and-coming filmmakers in our club.

Sincerely yours,

Liuling Smith
Film Club Leader

1.   What is the main purpose of the letter?

(A)   to sell discounted movie tickets
(B)   to invite film critics to a screening
(C)   to remind students to submit their movies
(D)   to tell community members about a film event

2.   Which of the following is mentioned in the passage?

(A)   Each film is 90 minutes long.
(B)   All seats are expected to be filled.
(C)   Non-school members cannot enter the event.
(D)   Money raised by the event will be used for sports.

3.   How much is admission for two adults and three children (aged 6, 8, 11)?

(A) $12
(B) $20
(C) $22
(D) $30

4.   Which of the following best describes the tone of the letter?

(A)   polite
(B)   funny
(C)   critical
(D)   worried

Steganography

정보화 시대에 정보는 큰 자산입니다. 그런데 만일 타인과 정보를 주고받는 도중에 제삼자에게 그 정보가 흘러 들어가면 어떻게 될까요? 예를 들어 좋아하는 친구에게 '좋아해.'라는 메시지를 보냈는데 다른 사람이 발견하게 되면 상당히 곤란할 것입니다. 과연 정보가 유출돼도 중요한 내용이 탄로 나지 않도록 하는 방법은 없을까요?

답은 바로 스테가노그래피 (steganography)라 불리는 기법에 있습니다. 그리스 어원 'steganos (concealed) + graphein (writing)'이 합쳐진 이 단어는 '숨겨진 글'이라는 뜻으로, 아무나 볼 수 있는 곳에 비밀 메시지를 은밀하게 숨겨 넣는 기법을 말합니다. 이렇게 은닉한 메시지는 메시지가 숨겨있는 걸 아는 사람만이 발견할 수 있겠지요.

은닉은 암호와는 다릅니다. 앞서서 친구에게 '좋아해.'라는 메시지를 보냈을 때 철자 순서를 바꾸는 애너그램 (anagram) 암호 기법을 이용해서 'ㅎㅐㅇㅏㅈㅗㅎ'라고 보냈다면 누군가가 그걸 발견했을 때 암호문이라는 걸 눈치채고 풀려고 할 것입니다. 만약 그 사람이 암호문을 푼다면 여러분의 정보는 그대로 탄로 나는 것입니다. 그런데 '조식으로 아보카도랑 해물탕.'이라는 평범한 문장을 보내 글자의 앞글자를 따서 '조아해'라는 비밀 메시지를 숨겨 놓으면 제삼자는 아무런 의심 없이 지나가겠지요.

비밀 메시지를 은밀하게 숨겨놓는 일은 사실 고대 그리스 시대부터 존재했습니다. 히스티아에우스라는 그리스 왕은 적의 눈을 피해 밀서를 보내기 위해 가장 믿음직한 노예를 골라 머리를 깎도록 했습니다. 그런 다음 노예의 두피 위에 비밀 메시지를 새겨서 머리를 다시 기르게 한 뒤 밀서를 전달하도록 했지요. 만일 이 노예가 밀서를 전달하러 가던 도중에 적군에게 잡히더라도 적군은 노예의 머리카락 안쪽 두피에 비밀 메시지가 새겨있다는 사실은 꿈에도 몰랐을 것입니다.

이런 고전적인 방법 말고도 로마자를 점과 선으로 나타낸 모스 부호도 스테가노그래피로 많이 쓰였습니다. 전쟁에서 포로가 되면 짐승보다 못한 형편 없는 대접을 받을지라도 '자신들은 적군에 의해 잘 보살펴지고 있다.'라고 선전하는 동영상을 찍도록 강요받을 때가 많습니다. 그런데 여기서 입으로는 태연하게 다른 말을 하면서, 눈 깜빡임을 통해 모스 부호로 '진짜' 비밀 메시지를 보내는 것입니다. 또한 뜨개질 모양을 달리하여 모스 부호를 장갑이나 목도리 등에 새겨넣는 방법도 있었습니다.

다양한 스테가노그래피 기법이 오늘날 디지털 기술에 힘입어 더 교묘하게 최첨단으로 발전하고 있습니다. 그와 더불어 겉으로는 멀쩡해 보이는 동영상, 음악, 문서 파일에 악성 파일을 교묘하게 숨겨 넣는 최신 악성코드 기술도 기승을 부리고 있어요. 스테가노그래피의 세계, 정말 흥미롭지 않나요?

Pop Quiz!

히스티아에우스 왕은 어느 곳으로 밀서를 보냈을까요?
- Hint: 본문 각 문단의 첫글자만 읽어보세요.

(A) Colchis
(B) Miletus
(C) Thessaly

정답: (B)

일반 공고문 (announcement), 안내문 (notice/instruction) 등의 지문으로 **일정 변경, 이용 시 주의 사항** 등 일상 상황에서 접할 수 있는 다양한 주제로 출제됩니다. 공고문이나 안내문은 **무언가를 알리기 위한 실용문**이기 때문에 **지문의 목적이나 대상**을 묻는 문항이 많이 출제되는 편이며, **전체적인 핵심 내용**이나 **구체적인 세부 내용**을 묻는 문항도 자주 출제되고 있습니다.

1   공고문/안내문은 반드시 **독자에게 알려야 하는 핵심 정보**가 있습니다. 보통 공고문/안내문은 '핵심 정보-요청 사항-추후 계획-시간/장소/연락처'로 구성돼 있습니다.

2   공고문/안내문에서는 보통 **'please do ~', 'one must ~', 'you should ~'** 등의 문장으로 구체적인 요청사항이나 주의사항을 전달합니다.

3   **제목과 앞부분**을 먼저 **skimming**하면 지문을 더 쉽게 파악할 수 있습니다.

STEP 1 ≫ Example

Service Dogs

You have probably noticed several service dogs around the school. Some of our students rely on these animals, so everyone must remember crucial guidelines about how to act around service dogs. First, remember that the dog is not someone's pet, but a working animal. You need to avoid any interactions that could be a distraction. Distractions could include petting the dog, talking to it, or trying to play with it. Instead, interact with the person and not their guide dog. If you are not sure about what could be a correct behavior, it is recommended that you simply ask the owner.

Thank you for helping to keep our school a happy learning environment for everyone.

안내견

여러분은 아마 학교 곳곳에서 여러 안내견을 봐왔을 겁니다. 우리 학교의 몇몇 학생은 이 동물들에 의존하기 때문에, 안내견 주변에서 어떻게 행동하는지에 대한 중요한 지침을 모두가 기억해야 합니다. 먼저, 안내견은 누군가의 애완동물이 아니라, 근무 중인 동물이라는 점을 명심하기 바랍니다. 주의를 분산할 만한 어떠한 상호 작용도 피해야 합니다. 주의 분산 행동에는 안내견을 쓰다듬거나, 말을 걸 거나, 같이 놀려고 하는 행동 등이 있습니다. 대신에, 안내견이 아니라 사람과 소통하세요. 올바른 행동이 무엇인지 확실치 않다면, 그냥 주인에게 물어보는 것이 좋습니다.

우리 학교가 모두에게 행복한 학습 환경이 유지되도록 도와주셔서 감사합니다.

제목과 그림을 보니 'Service Dogs (안내견)'에 관한 지문이네요. 만약에 'Service Dogs'가 무엇인지 몰랐어도 본문을 읽으며 파악하면 됩니다. 두 번째 문장에서 'Some of our students rely on these animals'라고 하는 것으로 보아 'Service dogs'는 사람을 도와주는 안내견, 봉사견, 서비스견 정도로 볼 수 있겠습니다. 그 다음 'so everyone must remember crucial guidelines about how to act around service dogs'라는 공고문의 핵심 문장이 나옵니다. 앞부분에서 주제를 전달했으니 그 다음부터는 구체적인 'guidelines'이 무엇인지 제시하겠죠? 이쯤에서 첫 번째 질문을 봅시다.

Q1. Where would this announcement most likely be placed?

(A) at a grooming shop for dogs
(B) on the front door of a police station
(C) near the cash register at a pet store
(D) on the notice board at a high school

Q1. 이 공고문이 있을 장소로 가장 적절한 곳은 어디인가?

(A) 애견미용실에
(B) 경찰서 정문에
(C) 반려동물용품점 계산대 근처에
(D) 고등학교 안내 게시판에

토셀쌤의 시범 풀이

공고문이 있을 법한 장소를 고르는 문항입니다. 공고문의 전반적인 내용을 고려하면서 관련 단서를 찾아내야 합니다.

공고문 곳곳에 있는 'You have probably noticed several service dogs around the school.', 'Thank you for helping to keep our school ~' 등을 보아 이 지문은 학교 교정을 돌아다니는 안내견에 관한 공고문임을 알 수 있습니다. 따라서 (D)가 정답입니다. 정답: (D)

Q2. Which of the following are readers warned NOT to do?

(A) bring a pet to school
(B) interact with a working service dog
(C) talk to the owner of a guide animal
(D) use the washroom for disabled students

Q2. 다음 중 독자가 하지 않도록 주의받은 것은 무엇인가?

(A) 학교에 애완동물 데려오기
(B) 근무 중인 안내견 간섭하기
(C) 안내 동물의 주인과 대화하기
(D) 장애 학생을 위한 화장실 사용하기

토셀쌤의 시범 풀이

질문을 통해 공고문에서 독자가 해서는 안 되는 행동이 제시될 것임을 짐작할 수 있습니다.. '세부사항 파악' 유형의 하나로서 보기별로 차근차근 접근하면 됩니다.

(A), (D): 본문과 연관성 있어 보이는 단어를 사용한 선택지들입니다. 하지만 지문에서 특별히 언급된 적이 없으므로 오답입니다.

(B): 뒷부분에서 'You need to avoid any interactions that could be a distraction.'을 통해 일을 하는 중인 안내견에 간섭하면 안 된다고 주의를 주고 있으므로 (B)가 정답입니다.

(C): 좀 더 뒤에 나오는 'interact with the person and not their guide dog'와 'it is recommended that you simply ask the owner'을 보아 안내견 주인과의 소통은 해서는 안 되는 행동이 아니라 권장 사항이므로 오답입니다. 정답: (B)

[어휘] service dog 안내견, 도우미견 | notice 주목하다, 알아채다 | rely on ~에 의지하다, ~을 필요로 하다 | crucial 중대한, 결정적인 | guideline 지침 | interaction 상호 작용 | distraction 집중을 방해하는 것 | pet 어루만지다, 쓰다듬다; 애완동물, 반려동물 | guide 안내, 안내인 | correct 맞는, 정확한 | recommend 추천하다, 권고(권장)하다 | simply 그냥 (간단히), 그저 (단순히) | owner 주인, 소유자 | disabled 장애가 있는 | grooming 털 손질 | pet store 반려동물용품점 | cash register 계산대, 금전 등록기 | instruction 지시, 설명

1-3. Refer to the following notice.

Closing Up Shop

We would like to thank our valued customers for 26 years of business. It has been our pleasure to provide stationery and books to the children of our community. We have taken great pride knowing that parents in our town have come to us for their children's school supplies.

Unfortunately, Kim's Pens will be closing our doors. We have decided to retire and search for the next adventure in our lives, and Crain is going to pursue his sewing hobby!

We will continue business until June 6th, when local schools have finished classes.

Thank you for the wonderful memories and friendships over the past 26 years!

Crain and Jean Kim

1. Where would this notice most likely be seen?

(A) on a store window

(B) on a school library door

(C) above a health center desk

(D) above a gas station's cash register

2. Which of the following about Kim's Pens is mentioned in the notice?

(A) It reopens on June 6th.

(B) It is one of many chain stores.

(C) It is closing because of bad sales.

(D) It sells mainly children's stationery.

3. According to the notice, what is Crain going to do?

(A) sell his gas station

(B) dedicate time to sewing

(C) get his high school diploma

(D) provide free pens to children

[해석] 폐점

26년 동안 찾아주신 소중한 고객들께 감사의 말씀을 드리고 싶습니다. 우리 지역 사회의 아동들에게 문구와 도서를 제공하는 것은 저희의 즐거움이었습니다. 우리 동네의 부모님들이 자녀가 사용할 학용품을 위해 저희를 찾아와 주셨던 것에 저희는 커다란 자부심을 느껴왔습니다.

안타깝게도, Kim's Pens가 문을 닫을 예정입니다. 저희는 은퇴를 하고 인생에서 다음 모험을 탐색하기로 결정했습니다, 그리고 Crain은 그의 취미인 바느질을 계속 해 나갈 것입니다!

모든 지역 학교들이 수업을 마치게 될 6월 6일까지 정상적으로 영업할 예정입니다.

지난 26년 동안 멋진 추억과 우정에 감사드립니다!

Crain Kim과 Jean Kim

1. 이 공고문이 게시될 장소로 가장 적절한 곳은 어디인가?

(A) 가게 진열창에
(B) 학교 도서관 문에
(C) 의료 센터 책상 위에
(D) 주유소 계산대 위에

2. 다음 중 공고문에서 Kim's Pens에 관해 언급된 것은 무엇인가?

(A) 6월 6일에 재개점한다.
(B) 많은 체인점 중 하나이다.
(C) 판매 실적이 좋지 않아 폐점한다.
(D) 주로 어린이용 문구류를 판매한다.

3. 공고문에 따르면, Crain은 무엇을 할 것인가?

(A) 그의 주유소 팔기
(B) 바느질에 전념하기
(C) 고등학교 졸업장 따기
(D) 아이들에게 무료 펜 제공하기

[풀이] 1. 제목을 먼저 보면 'Closing Up Shop'으로, 어떤 가게가 폐점하는 것을 알리는 공고문임을 알 수 있습니다. 본문을 살펴보면 그 가게는 Kim's Pens라는 문구점이며, 제목에 맞게 그 문구점의 폐점을 중점적으로 다루고 있습니다. 따라서 해당 문구점의 진열창에서 이 공고문을 볼 가능성이 높으므로 (A)가 정답입니다. 　　　　　　　　　　　　　　　　　　　　　　　　정답: (A)

2. 이 공고문의 첫 문단은 핵심 본론으로 들어가기 전 문구점의 역사를 기리며 고객들에게 감사를 전하는 인사말의 역할을 합니다. 여기서 'It has been our pleasure to provide stationery and books to the children of our community', 'parents in our town have come to us for the school supplies their children use'에서 Kim's Pens는 동네의 어린이들이 사용하는 문구류를 주로 판매한다는 사실을 알 수 있습니다. 따라서 (D)가 정답입니다. (A)의 경우, 6월 6일에 재개점이 아니라 그때까지 정상 영업을 한다고 한 것이므로 오답입니다. (C)의 경우, 가게가 문을 닫는 이유로 'bad sales'는 언급되지 않았고, Kim 부부가 은퇴하고 인생의 다음 모험을 탐색하기로 결정했다고 했으므로 오답입니다. 　　　　　　　　　　　　　　　　　　　　　　정답: (D)

3. 'Crain'에 대한 질문이므로 'Crain'에 집중하여 scanning 하면 되겠습니다. 바로 두 번째 문단의 'And Crain is going to pursue his sewing hobby!'에서 Crain이 취미로 삼았던 바느질에 앞으로 전념할 것이라 밝혔으므로 (B)가 정답입니다. 　　　　　　　　　　정답: (B)

[어휘] stationery 문구류, 문방구 | pride 자부심, 긍지 | school supplies 학용품 | unfortunately 유감스럽게도 | retire 은퇴하다 | adventure 모험 | pursue 추구하다, 계속하다 | sewing 재봉, 바느질 | store window (가게) 진열장 유리, 상품진열창 | dedicate (시간 등을) 바치다, 전념하다 | diploma 학위증, 졸업장, 수료증

1-3. Refer to the following notice.

Daring to Dream!

Improve your mental, emotional, and relationship health. Develop better relationships with classmates, old friends, and family members. Gather each month with others who will read and talk about the same book in our self-help book club!

Meetings are the second Friday of every month. Read and discuss 12 books a year!

Start date: January 12th 7:00 PM

No membership fee, but each month members take turns hosting the book club at their home. Other members are encouraged to bring treats for the group. Members must read the books in detail before each meeting and bring questions for group discussion.

For more information and to find out this year's book list possibilities: contact Molly at

mollylasher@email.com.

1. What is the main purpose of this notice?

   (A) to notify readers of a new book
   (B) to advertise the launch of a bookstore
   (C) to recruit new members to a book club
   (D) to tell club members about a change of meeting dates

2. When would the last meeting for the year be?

   (A) first Friday of January
   (B) second Friday of January
   (C) first Friday of December
   (D) second Friday of December

3. Which of the following do members have to do?

   (A) write book reports
   (B) host 12 group meetings
   (C) make up questions to talk about
   (D) take their colleagues out for snacks

4. What is listed as a benefit of membership?

   (A) lessons on speed reading
   (B) mental support from others
   (C) cheaper books sent by mail
   (D) free digital versions books

Dionysus

“
그리스 신화에 등장하는 디오니소스 (Dionysus) 신을
아시나요? 로마 신화에서 바쿠스 (Bacchus)라고도 불리는
디오니소스는 흔히들 포도주의 신이라고 알고 있습니다.
불과 몇 년 전 '늦어서 죄송합니다. 디오니소스 님!'이라는
대사가 들어간 만화 장면이 사이버 공간에서 크게 화제가 된
적도 있지요. 포도주의 신이니만큼 그는 포도나무 잎사귀와
담쟁이덩굴로 만든 관을 쓰고, 양손에 포도송이와 술잔,
술병을 들고 있는 모습으로 자주 묘사됩니다. 얼핏 보면 술과
축제만 좋아하는 방탕한 신처럼 보이지만, 그의 존재에는
더욱 심오한 상징이 담겨있습니다.

디오니소스는 출생부터 독특합니다. 신들의 왕 제우스와
테베의 공주 세멜레 사이에서 생겨난 아이로, 올림포스 12신
중 한 명이지만 반신반인의 정체성을 가지고 있지요. 그의
출생 일화 중 하나는 다음과 같습니다.

제우스의 아내인 헤라는 남편과 세멜레의 불륜 사실을
알고 디오니소스를 죽이려는 계략을 세운다. 그녀는 노파로
변신하여 임신한 세멜레에게 접근해 세멜레가 제우스에게
해서는 안 될 부탁을 하게 만든다. 세멜레는 제우스에게
아이가 제우스의 아이라는 증거로 제우스에게 정체를
숨기지 않고 신의 본모습을 보여달라고 간청한다. 인간이
신의 본모습을 보게 되면 죽기 때문에 제우스는 부탁을
거둬달라고 하지만, 세멜레의 완강함에 어쩔 수 없이
제우스는 번개의 신 제우스의 온전한 모습을 보여주게
된다. 결국 세멜레는 죽고, 세멜레가 잉태하고 있던
디오니소스도 죽을 위기에 처하자 제우스는 디오니소스를
자신의 허벅지에 넣어 꿰맨다. 그리고 그가 태어날 때까지
몇 달 동안 디오니소스를 품고 다니게 된다.

디오니소스는 이러한 이유로 두 번 태어난 신, 신과 인간을
걸친 아이, 이중성 (duality)과 역설 (paradox)의 아이라고도
불립니다. 어릴 때도 헤라의 눈을 피해 고향에서 멀리 자라야
했으며, 뚜렷한 정체성을 찾지 못하고 지독한 모순에 빠진
디오니소스는 태생부터 혼란스러운 신이었지요. 따라서 그는
혼란과 광기와 피와 죽음을 불러일으키는 신으로 여겨지기도
하며, 그를 섬겼던 마이나스 (Maenads)라 불리는 여신도들도
황홀경에 빠져 정신이 나간 여인들로 묘사됩니다. 과음하면
정신이 나가는 것처럼 말이죠.

하지만 디오니소스의 매력은 이중성에 있으며, 포도주의
신으로서 포도재배법, 농경법을 인간에게 전수하여 비옥함
(fertility)을 상징하기도 하고, 혼란과 축제의 신인 그는
인간이 사회 구조와 질서에 얽매여 고통에 빠져있을 때
인간을 자유롭게 해방하는 신으로도 묘사됩니다. 규칙, 질서,
의무 따위에 지친 인간을 위해 축제를 열고, 술을 하사하고,
일탈의 공간을 마련하여 즐거움을 가져다주는 신이지요.
또한 예술과 극장의 신으로서, 인간의 무한한 창조성의
근원을 상징하는 데까지 나아가기도 합니다. 가끔 빡빡한
일상에서 지칠 때, 글을 쓰거나 그림을 그리는 등 창작 활동을
할 때 색다른 아이디어가 떠오르지 않는다면 디오니소스를
찾아보는 건 어떨까요?

💡 Pop Quiz!

포도주와 축제의 신으로 알려져 있으며, 광기와 파괴를
상징하는 동시에 생명력과 창조성을 상징하는 신은
누구인가요?

(A) Dionysus
(B) Apollo

정답: (A)

5. Websites

일상에서 흔히 접하는 웹사이트 형태의 실용문이 출제됩니다. 웹사이트 지문은 구성도 다양하고 다룰 수 있는 주제도 범위가 방대하기 때문에 **scanning 기술**이 많이 요구됩니다.

1 먼저 제목을 비롯해 눈에 띄는 글자(폰트 사이즈가 크거나 색깔이 화려한 글씨 등)나 같이 실려있는 그림이나 사진 등을 훑어보며 대강 **주제와 핵심 요소를 파악**합니다.

2 핵심 요소를 파악했다면 **질문별로 지문을 scanning**을 해가며 푸는 것이 효율적입니다.

STEP 1 》 Example

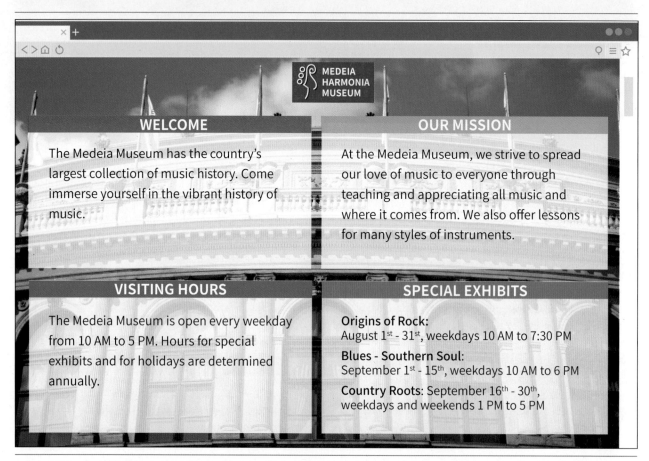

환영 인사   Medeia 박물관은 국내에서 최대 규모로 음악사를 집대성한 곳입니다. 오셔서 살아 숨 쉬는 음악의 역사에 몸을 내맡겨 보세요.

목표   Medeia Harmonia 박물관에서는, 모든 음악과 그 근원을 가르치고 감상하며 음악에 대한 저희의 사랑을 모두에게 전파하기 위해 힘쓰고 있습니다. 다양한 양식의 악기를 배울 수 있는 강습도 제공합니다.

방문 시간   Medeia 박물관은 매주 평일 오전 10시부터 오후 5시까지 운영합니다. 특별전과 휴일 시간은 매년 결정됩니다.

특별전   록의 기원 전시회: 8월 1일 - 31일, 평일 오전 10시 - 오후 7시 30분
블루스 - 남부의 영혼: 9월 1일 - 15일, 평일 오전 10시 - 오후 6시
컨트리 음악 뿌리: 9월 16일 - 30일, 평일 및 주말 오후 1시 - 오후 5시

상단의 'MEDEIA MUSEUM' 아이콘과 큰 글씨로 쓰인 'WELCOME', 'OUR MISSION', 'VISITING HOURS', 'SPECIAL EXHIBITS'를 보니 박물관 웹사이트 페이지임을 알 수 있습니다. 그렇다면 본격적으로 첫 번째 질문을 풀어봅시다.

Q1. According to the website, which of the following does the museum offer?	**Q1.** 웹사이트에 따르면, 다음 중 박물관에서 제공하는 것은 무엇인가?
(A) a music store	(A) 음반 가게
(B) music lessons	(B) 음악 강습
(C) a practice room	(C) 연습실
(D) live performances	(D) 라이브 공연

토셀쌤의 시범 풀이

박물관에서 무엇을 제공하는지는 '환영 인사'나 '방문 시간' 부분보단 다른 곳에 있을 확률이 높습니다. 'SPECIAL EXHIBITS (특별전)' 부분은 제목 자체가 박물관이 무엇을 제공하는지 말해주고 있지만 이에 관해 선택지에 구체적으로 제시된 바가 없습니다. 답이 확실치 않으니 'OUR MISSION'으로 넘어가서 읽어야 합니다. 'OUR MISSION'의 마지막 부분에서 'We also offer lessons for many styles of instruments'에서 음악 강습을 제공한다는 사실을 알 수 있네요. 따라서 (B)가 정답입니다.

(A), (C), (D): 지문에서 언급되지 않은 내용으로 오답입니다.   정답: (B)

Q2. Which of the following is true about the museum?	**Q2.** 다음 중 박물관에 대해 사실인 것은 무엇인가?
(A) It provides scholarships for future musicians.	(A) 미래의 음악가들에게 장학금을 제공한다.
(B) It shows special exhibits daily before regular opening hours.	(B) 매일 정규 개관 시간 전 특별전을 개최한다.
(C) Its dates for the Blues exhibit and Country Roots exhibit overlap.	(C) 블루스 전시와 컨트리 음악 뿌리 전시 날짜가 겹친다.
(D) Its Origins of Rock exhibit will be running each weekday of August.	(D) 록의 기원 전시는 8월 평일마다 열릴 것이다.

토셀쌤의 시범 풀이

내용의 사실 여부를 묻는 질문으로 선택지별로 차근차근 풀면 됩니다.

(A): 'scholarships'에 관한 내용은 언급되지 않았으므로 오답입니다.

(B): 'special exhibits'는 'SPECIAL EXHIBITS' 부분에, 'regular opening hours'는 'VISITING HOURS' 부분에 있습니다. 내용을 종합해보면 정상 영업은 오전 10시에 시작하는데, 이 시각 이전에 열리는 특별전은 없으므로 오답입니다.

(C): 바로 'SPECIAL EXHIBITS' 부분을 scanning하면 선택지에서 언급된 두 특별전의 날짜는 겹치지 않으므로 오답입니다.

(D): 'Origins of Rock Exhibit' 정보를 보면 'August 1st - 31st, weekdays'라고 쓰여있습니다. 8월 평일 내내 열리는 특별전이라고 언급돼 있으므로 (D)가 정답입니다.   정답: (D)

[어휘] collection 모음집, 수집품, 소장품 | immerse ~에 몰두하다/몰두하게 만들다 | vibrant 활기찬, 생기가 넘치는 | strive 분투하다 | spread 퍼뜨리다, 펼치다 | instrument 악기, 기구 | weekday 평일 | exhibit 전시회 | determine 결정하다, 알아내다, 밝히다 | annually 일 년에 한 번 | origin 기원 | performance 공연, 연주회 | scholarship 장학금 | regular 정기적인, 규칙적인 | date 날짜 | overlap 겹치다, 포개다

1-3. Refer to the following web page.

You might know that you need to wear sunscreen every day. But do you know how to choose and apply a good sunscreen? Avoid harmful burns with these tips.

Sunscreen Selection

- Does it say "broad spectrum" on the label? If not, don't get it. You need UVA and UVB coverage.
- Does it have a minimum SPF 30? That's how much you need.
- Is it water resistant? If not, it will wash off fast.
- Check the expiry date before purchasing.

Sunscreen Application

- Apply the sunscreen 15 minutes before going outdoors.
- Reapply sunscreen after swimming or sweating. Never go more than two hours without sunscreen on.
- Apply sunscreen to all bare skin. This includes your lips: use SPF 30 lip balm.

1. Where would this web page most likely appear?

(A) a price comparison shopping blog
(B) a government health advisory site
(C) a site dedicated to travel discounts
(D) a beauty blog on how to get a summer tan

2. According to the passage, which of the following should you do?

(A) wear a maximum of SPF 30
(B) apply sunscreen to your ears
(C) put on sunscreen every three hours
(D) throw away your sunscreen after three months

3. Which of the following is mentioned about sunscreen?

(A) how to choose it
(B) how to remove it
(C) how to save money on it
(D) how to take it on an airplane

[해석] 여러분은 아마 매일 선크림을 발라야 한다는 사실은 알고 있겠지요. 그런데 선크림 선택법과 바르는 법도 알고 있나요? 아래 정보를 통해 몸에 해로운 화상을 방지하세요.

선크림 선택하기

- 상표에 "광범위"라고 쓰여 있나요? 없다면, 사지 마세요. UVA와 UVB 자외선 차단이 필요합니다.
- 최소 SPF 30인가요? 그게 여러분이 필요한 수치입니다.
- 방수 기능이 있나요? 없다면, 빨리 씻겨 없어진답니다.
- 구매 전 유통기한을 확인하세요.

선크림 바르기

- 야외로 나가기 15분 전에 선크림을 발라주세요.
- 수영하거나 땀 흘린 후에는 선크림을 다시 발라주세요. 선크림 없이 2시간 넘게 돌아다니는 일은 절대 삼가주세요.
- 맨살 곳곳 선크림을 발라주세요. 여러분의 입도 포함입니다: SPF 30 립밤을 사용하세요.

1. 이 웹페이지가 나타날 곳으로 가장 적절한 것은?

(A) 가격 비교 쇼핑 블로그
(B) 정부 건강 자문 사이트
(C) 여행 할인 전용 사이트
(D) 여름 태닝하는 법에 관한 미용 블로그

2. 지문에 따르면, 다음 중 해야 할 행동은 무엇인가?

(A) 최대 SPF 30 바르기
(B) 귀에 선크림 바르기
(C) 3시간마다 선크림 바르기
(D) 3달이 지나면 선크림 버리기

3. 다음 중 선크림에 관해 지문에서 언급된 것은 무엇인가?

(A) 어떻게 선택하는지
(B) 어떻게 제거하는지
(C) 어떻게 관련 돈을 절약하는지
(D) 어떻게 비행기에 갖고 타는지

[풀이] 1. 해당 웹페이지는 선크림을 알맞게 고르는 법과 바르는 법에 관한 정보를 제공하고 있으며, 상단에 있는 'Avoid harmful burns with these tips'에서 이 생활 정보를 통해 화상을 방지하라고 권고하고 있습니다. 이러한 정보는 주로 건강 및 보건 상식을 알려주는 웹사이트에서 접할 수 있으므로 (B)가 정답입니다. 정답: (B)

2. '세부 사항 파악' 유형이니 선택지별로 차례차례 풀면 됩니다.

(A): 'Does it have a minimum SPF 30? That's how much you need.'에서 최대 SPF 30이 아니라 최소 SPF 30이라고 했으므로 오답입니다.

(B): 'Apply sunscreen to all bare skin.'에서 모든 맨살에 선크림을 바르라고 했으므로 (B)가 정답입니다.

(C): 'Never go more than two hours without sunscreen on.'이라고 한 점으로 보아 3시간이 아니라 2시간이어야 더 적절하므로 오답입니다.

(D): 선크림의 유통기한을 확인하라고는 했지만 3개월이 지나면 선크림을 버리라고 구체적으로 언급하지 않았으므로 오답입니다. 정답: (B)

3. 해당 웹페이지는 한눈에 보아도 'Sunscreen Selection (선크림 선택법)'과 'Sunscreen Application (선크림 바르는 법)'의 두 항목으로 나누어 선크림에 관한 생활 정보를 제공하고 있음을 알 수 있습니다. 따라서 (A)가 정답입니다. 나머지 선택지의 경우, 언급되지 않았으므로 오답입니다. 정답: (A)

[어휘] apply (크림 등을) 바르다 | harmful 해로운[유해한] | burn 화상, 탄 자국 | selection 선택, 선정 | broad 폭넓은, 광대한 | spectrum 스펙트럼, 범위 | label 라벨, 상표 | UVA 장파장 자외선 (비교적 긴 자외선) | UVB 중파장 자외선 (비교적 짧은 자외선) | coverage (적용, 보장) 범위 | SPF 자외선 차단 지수 (Sun Protection Factor) | resistant ~에 잘 견디는[강한] | wash off 씻겨 없어지다 | expiry date 유통기한 | application 바르기, 도포; 적용 | apply 바르다 | sweat 땀을 흘리다 | bare 벌거벗은, 맨- | comparison 비교, 비교함 | advisory 자문[고문]의 | dedicated ~전용의, 전념하는 | tan 선탠, (햇볕에 피부를 태워서 갖게 된) 황갈색 | remove 없애다, 제거하다

1-3. Refer to the following web page.

1. What will the biologist speak about?

   (A) frog skin
   (B) frog snacks
   (C) frog parents
   (D) frog jumping

2. Which of the following is closest in meaning to the underlined word "give"?

   (A) offer
   (B) create
   (C) speak
   (D) transfer

3. Which of the following most likely costs extra?

   (A) the mailing list
   (B) the biologist's presentation
   (C) a birthday party at the museum
   (D) the "Night in the Rainforest" exhibit

4. Which of the following is true about the museum?

   (A) It is located in Tintown.
   (B) It gives away free frogs.
   (C) It lets visitors feed frogs.
   (D) It is open until 8:00 PM on weekdays.

Color Idioms

위 사진은 콜롬비아 메타 (Meta)주에 위치한 까뇨 크리스탈이란 강입니다. 오색의 강 (The River of Five Colors) 혹은 액체 무지개 (Liquid Rainbow)라고도 불리는 까뇨 강은 마치 대자연이 그림을 그리다 말고 커다란 물감 붓을 강물에 풀어 적신 듯 알록달록 색깔을 자랑합니다. 사실 강물이 형형색색인 이유는 까뇨 강에 있는 마카레니아 (macarenia clavigera)라는 수초 때문입니다. 까뇨 강의 물은 매우 투명하기 때문에 이 수초의 다양한 색조 (hue)가 강물의 색에 그대로 반영된다고 합니다. 주로 붉은 색조를 띠지만, 그늘에서는 녹색을 띠기도 하며 노란색, 파란색, 검은색의 색상도 뽐내기도 합니다. 까뇨 강에는 수중 생물이 별로 없기 때문에 관광객들이 까뇨 강에 들어가 수영을 즐길 수도 있습니다. 한 폭의 풍경화 같은 강물에 몸을 내던지다니 꿈만 같은 황홀경 아닐까요? 앗, 까뇨 강에 들어가고 싶은데 콜롬비아가 아니라 곤란하다고요? 그렇다면 까뇨 강의 색깔을 색색이 수놓은 영어 표현에라도 풍덩 빠져보는 건 어떨까요?

Red

- **red-letter day**: (붉은 글자로 표시할 만큼) 기억할 만한 중요한 날
- **a red flag**: 위험 신호(를 나타내는 붉은 깃발)
- **red tape**: 불필요한 절차, 형식주의
- **in the red**: 적자인, (은행에) 빚이 있는

Blue

- **feel blue**: 기분이 울적하다, 우울하다
- **out of the blue (=out of nowhere)**: 난데없이, 갑자기
- **blue pencil**: (원고를 검열할 때 사용하는) 푸른 연필 (= 수정, 삭제, 검열)
- **blue blood**: 귀족 혈통, 귀족 출신 사람

Yellow

- **yellow / yellow-bellied**: 겁이 많은, 겁쟁이인

Green

- to be green: 풋내기의
- green with envy: (얼굴이 초록빛이 될 정도로) 몹시 샘이 난, 배가 아픈
- green thumb / green fingers: 원예의 재능, 화초를 잘 기르는 손

Black

- **black as night**: (어둑한 밤처럼) 캄캄한
- **black market**: 암시장
- **black sheep**: 골칫덩어리, 말썽꾼
- **in the black**: 흑자인

💡 Pop Quiz!

다음 빈칸에 들어갈 말로 알맞은 것을 고르세요.
Tomorrow is a _____! It's my birthday!

(A) red-letter day
(B) black friday

정답: (A)

6. Schedules

주로 **표나 목록 등의 형태로 일정을 전달**하는 실용문이 출제됩니다. 필요한 정보를 재빠르게 **scanning**하는 기술이 필요한 유형이며 행사 일정, 대중교통 스케줄 등 다양한 주제를 다룰 수 있습니다.

1   일정은 대부분 **시간순**으로 나열되며, 일정의 **앞뒤 순서**를 정확히 숙지하고 있어야 합니다.

2   일정마다 **시작 시각과 마치는 시각**이 주어지는 경우, 각 일정이 **얼마나 시간이 걸리는지**, 다른 일정과 **중복되는 시간대는 없는지** 등을 추론해낼 수 있어야 합니다.

3   'Note'나 '*' 등으로 **주의 사항** 등이 주어질 경우, 먼저 이를 읽고 **어떤 일정에 해당하는지** 파악해두면 좋습니다.

STEP 1 ≫ Example

Swedish Intensive Summer Camp

MONDAY		TUESDAY - THURSDAY		FRIDAY	
9:00	Placement Test	9:00	Class	9:00	Class
10:30	Orientation	10:30	Morning Break	10:30	Morning Break
12:00	Lunch	10:40	Class	10:40	Class
13:00	Test Results Posted	12:10	Lunch	12:10	Lunch
15:00	First Class	13:30	Practical Speaking/Debate	13:30	Final Class (Test/Presentation)
	(*Campers may change levels as needed between 17:00 and 18:00 in the main office)	14:30	Group Activity	15:00	Completion Ceremony
18:00	Dinner	18:00	Dinner		

- ☐ Campers will be given class learning schedules after receiving placement.
- ☐ Campers are asked to speak Swedish during all camp activities, including lunch.
- ☐ After dinner, students may visit the library, where Swedish language movies will be played.

스웨덴어 집중 여름 캠프

월요일		화요일 - 목요일		금요일	
9:00	배치 고사	9:00	수업	9:00	수업
10:30	오리엔테이션	10:30	아침 휴식	10:30	아침 휴식
12:00	점심 식사	10:40	수업	10:40	수업
13:00	시험결과 공고	12:10	점심 식사	12:10	점심 식사
15:00	첫 수업	13:30	실용 회화/토론	13:30	마지막 수업 (시험/발표)
	(*캠프 참가자는 오후 5시에서 6시 사이 필요에 따라 본관에서 수준을 변경할 수 있음)	14:30	그룹 활동	15:00	수료식
18:00	저녁 식사	18:00	저녁 식사		

- • 수준 배정 후 캠프 참가자에게 학습 일정이 부여됩니다.
- • 캠프 참가자는 점심 식사를 비롯해 모든 캠프 활동 중 스웨덴어 사용 바랍니다.
- • 저녁 식사 후, 학생들은 스웨덴어 영화가 상영되는 도서관에 갈 수 있습니다.

스웨덴어 집중 캠프의 일정을 알리는 실용문으로 요일 순, 시간순으로 나열돼 있습니다. 하단 부분에 참고해야 할 추가 사항도 있으니 문제를 풀 때 주의해야겠습니다. 이런 대략적인 정보를 파악했다면 본격적으로 첫 번째 질문으로 넘어갑니다.

Q1. When can the campers watch Swedish movies?

    (A) after dinner

    (B) during lunch

    (C) before debating

    (D) during Friday's break time

Q1. 캠프 참가자들은 언제 스웨덴어 영화를 볼 것인가?

    (A) 저녁 식사 후에

    (B) 점심 식사 도중에

    (C) 토론 전에

    (D) 금요일 쉬는 시간에

토셀쌤의 시범 풀이

Scanning을 통해 'Swedish movies'에 관한 정보가 어디에 있는지 파악해야 합니다. 바로 하단 부분의 마지막 문장 'After dinner, students may visit the library, where Swedish language movies will be played.'을 통해 스웨덴 영화는 저녁 식사 후에 볼 수 있다고 했으므로 (A)가 정답입니다.

정답: (A)

Q2. Which of the following is true about the campers?

    (A) They can speak any language during lunch hours.

    (B) They must attend an orientation on the second day.

    (C) They can change their level on Monday if necessary.

    (D) They must learn their schedule before they can be placed.

Q2. 다음 중 캠프 참가자들에 관해 사실인 것은 무엇인가?

    (A) 점심 식사 중에 어떤 언어로든 말할 수 있다.

    (B) 두 번째 날 오리엔테이션에 참가해야만 한다.

    (C) 필요시 월요일에 수준을 변경할 수 있다.

    (D) 배치가 되기 전에 자신의 일정에 관해 알아야 한다.

토셀쌤의 시범 풀이

내용 불일치 유형이므로 역시 선택지별로 접근하면 됩니다.

(A): 하단 부분의 'Campers are asked to speak Swedish during all camp activities, including lunch'에서 점심 식사 중에도 스웨덴어를 해야 한다고 했으므로 오답입니다.

(B): 오리엔테이션은 캠프 첫날인 월요일에 있을뿐더러, 의무 참석이라는 것도 언급되지 않았으므로 오답입니다.

(C): 월요일 일정의 'Campers may change levels as needed between 17:00 and 18:00 in the main office'를 통해 캠프 참가자들이 월요일에 필요에 따라 수준을 변경할 수 있음을 알 수 있으므로 정답입니다.

(D): 하단 부분의 'Campers will be given class learning schedules after receiving placement'에서 수준 배치 후에 일정을 알 수 있다고 했으므로 오답입니다.

정답: (C)

[어휘] intensive 집중적인, 집약적인 | placement 배치, 설치 | orientation 오리엔테이션, 예비 교육; 방향, 지향 | post 게시하다 | camper 야영[캠핑]객 | level 정도, 수준 | break 휴식 (시간) | practical 실용적인, 유용한 | debate 토론, 논의 | place 배치하다

1-3. Refer to the following schedule.

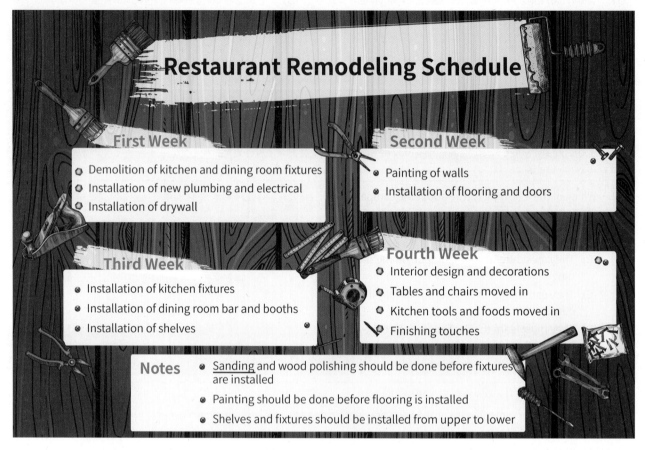

Restaurant Remodeling Schedule

First Week

- Demolition of kitchen and dining room fixtures
- Installation of new plumbing and electrical
- Installation of drywall

Second Week

- Painting of walls
- Installation of flooring and doors

Third Week

- Installation of kitchen fixtures
- Installation of dining room bar and booths
- Installation of shelves

Fourth Week

- Interior design and decorations
- Tables and chairs moved in
- Kitchen tools and foods moved in
- Finishing touches

Notes

- Sanding and wood polishing should be done before fixtures are installed
- Painting should be done before flooring is installed
- Shelves and fixtures should be installed from upper to lower

1. Which of the following is mentioned about the kitchen tools?

(A) They will be purchased from abroad.
(B) They will be placed on the lower shelves.
(C) They will be moved in before fixtures are installed.
(D) They will be moved in the same week as the tables.

2. Which of the following is closest in meaning to the underlined word "sanding"?

(A) dirtying
(B) shelving
(C) smoothing
(D) decorating

3. Which of the following is NOT scheduled to occur in week 4?

(A) tool placement
(B) indoor decoration
(C) drywall installation
(D) furniture placement

[해석] 레스토랑 리모델링 일정

첫째 주	둘째 주
• 주방 및 식당 기물 해체 • 새 배관 및 전기 배선 설치 • 건식 벽체 설치	• 벽 페인트 칠 • 바닥재 및 문 설치
셋째 주	**넷째 주**
• 주방 기물 설치 • 식당 바 및 부스 설치 • 선반 설치	• 인테리어 디자인 및 장식 • 테이블 및 의자 들여놓기 • 주방 도구 및 식자재 들여놓기 • 마무리 작업
주의사항	
• 기물 설치 전 <u>사포질</u>과 목재 광택 작업이 먼저 완료돼야 함 • 바닥재 설치 전 페인트 작업이 먼저 완료돼야 함 • 선반 및 기물은 위에서 아래로 설치해야 함	

1. 다음 중 주방 기기에 관해 언급된 것은 무엇인가?

(A) 해외에서 구매될 것이다.
(B) 아래 선반에 놓여질 것이다.
(C) 기물 설치 전에 옮겨질 것이다.
(D) 탁자와 같은 주에 옮겨질 것이다.

2. 밑줄 친 단어 "sanding"과 가장 의미가 가까운 것은 무엇인가?

(A) 더럽히기
(B) 선반에 얹기
(C) 다듬질하기
(D) 장식하기

3. 다음 중 4번째 주에 할 것으로 일정이 잡히지 않은 것은 무엇인가?

(A) 기기 배치
(B) 실내 장식
(C) 건식 벽체 설치
(D) 가구 배치

[풀이] 1. Scanning을 하며 'kitchen tools'에 관한 정보가 어디에 있을지 파악하며 문항에 접근해야 합니다. 'Fourth Week' 일정에서 'Tables and chairs moved in'과 'Kitchen tools and foods moved in'이 같이 있는 점으로 보아 테이블과 주방 기기는 같은 주에 옮겨진다는 사실을 알 수 있으므로 (D)가 정답입니다. 정답: (D)

2. 주의 사항에서 기물을 설치하기 전에 'sanding'과 'wood polishing'을 마쳐야 한다고 언급하고 있습니다. 'sanding'은 'sand'라는 단어에서 짐작할 수 있듯이 표면이 매끈해지도록 사포 등으로 문지르는 작업으로 기물을 고정하기 전에 해야 하는 일입니다. 따라서 이와 비슷한 뜻을 가진 (C)가 정답입니다. 목재 표면에 광택제를 바르는 'wood polishing'은 보통 표면을 매끄럽게 다듬는 작업과 병행하는 작업입니다. 이런 사실을 통해서도 'sanding'이 '다듬질하기'라는 뜻을 나타낸다는 걸 유추할 수도 있습니다. 정답: (C)

3. 'week 4'에 관해 물어봤으니 바로 'Fourth Week' 일정 부분에 집중하며 차례대로 풀어봅시다.

(A): 'Kitchen tools [...] moved in'이 일정에 포함돼 있으니 오답입니다.

(B): 'Interior design and decorations'이 일정에 포함돼 있으니 오답입니다.

(C): 'drywall installation'에 관한 정보는 해당 부분에 포함되지 않았으므로 (C)가 정답입니다. 참고로 '건식 벽체 설치'는 첫 번째 주에 일정이 잡혀있습니다.

(D): 'Tables and chairs moved in'이 일정에 포함돼 있으니 오답입니다. 'Tables and chairs'의 상위어인 'furniture'을 사용하고 'moved in'을 'placement'로 바꾸어 paraphrasing한 선택지입니다. 정답: (C)

[어휘] remodel 개조하다, 리모델링하다 | demolition 파괴, 폭파 | fixture (고정[붙박이]) 기물, 설비 | installation 설치 | plumbing 배관 작업, 배관 | drywall 건식벽체 | flooring 바닥재 | booth (식당의) 칸막이된 자리; (칸막이를 한) 작은 공간, 부스 | shelf 선반, 칸 | interior 내부의 | decoration 장식 | finishing touch 마무리 작업, 끝손질 | sand (매끈해지도록) 사포[모래]로 닦다, | dirty 더럽히다; 더러운 | shelve 선반에 놓다 | smooth 매끄럽게 하다 | placement 배치, 설치 | indoor 실내의

1-3. Refer to the following schedule.

Volunteer Schedule

6 jobs for an event on Friday, December 22, 2018.

Tasks	Total needed	Currently filled
Food and drink preparation Prepare soups and beverages. (4:00-5:00 PM)	1	0
Set-up crew Set up dining room tables and chairs. (4:00- 5:00 PM)	3	0
Ticket handlers Welcome diners and take tickets. Direct guests to the dining room. (5:00- 6:30 PM)	2	1
Food servers Serve meals and replace food. (5:30-7:00 PM)	2	1
Drink servers Refill drinks. (5:30-7:00 PM)	2	2
Clean-up crew Clear dishes. Load dishwasher. Put away tables and chairs (7:30-9:00 PM)	4	0

1.   Which position has a full list of volunteers?

   (A)   set-up crew
   (B)   drink server
   (C)   ticket handler
   (D)   clean-up crew

2.   What can be inferred about the volunteer work?

   (A)   It is for a one-day dinner event.
   (B)   The volunteers need prior experience.
   (C)   Workers receive two free tickets to the event.
   (D)   Volunteers must be available for two hours of work.

3.   Which of the following can be inferred about the schedule?

   (A)   Beverage servers start work before food servers.
   (B)   Table setting begins an hour before drinks are served.
   (C)   The clean-up crew washes dishes by hand after the meal.
   (D)   Food and drinks are being made while the tables are being set.

4.   Which of the following will NOT be in progress at 6:00 PM?

   (A)   drink refilling
   (B)   ticket taking
   (C)   food replacement
   (D)   dishwasher loading

Interesting Holidays

" 나만 알고 남은 모르는 이색 데이, 한 번 즐겨볼까요?

3월 14일 - Pi Day

원의 둘레와 지름의 비율을 뜻하는 원주율 π(pi)의 근사치 3.14를 본떠 물리학자 래리 쇼가 1988년에 지정한 이색 데이입니다. 파이 데이는 기념하는 방식도 독특합니다. 바로 π와 발음이 똑같은 파이 (pie)를 많이 먹는 것입니다. 아니면 'pi'라는 글자가 들어간 음식을 먹어도 좋습니다. 예를 들어 피자 (pizza)나 파인애플 (pineapple)처럼 말이죠. 파이처럼 둥근 음식을 먹어도 좋습니다. 그렇다면 둥그런 피자에 파인애플을 토핑으로 얹어 먹으면 최고의 파이 데이 별미가 아닐까요?

5월 29일 - Put a Pillow on Your Fridge Day

유래는 불분명하지만 말 그대로 냉장고 위에 베개를 올려놓는 엉뚱하고 독특한 날입니다. 누군가의 말로는 행운을 가져온다고 하여 천 조각을 식품 저장실 (larder)에 넣어두는 옛 전통으로부터 유래했다고 합니다. 최근에는 이날 사람들이 냉장고 위에 베개를 올려놓고 사진을 찍어 공유하는 소셜 미디어 페이지도 생기면서 사람들에게 제법 알려지기도 했습니다. 5월 29일, 행운을 불러들이고 싶다면(?) 냉장고에 베개를 올려놓아 보는 건 어떨까요? 사진도 찍어서 가족과 친구들과 함께 공유하면 자신만의 톡톡 튀는 소중한 추억으로 남을 것입니다.

8월 10일 - Lazy Day

이름처럼 무슨 날인지 설명하기도 귀찮아지는 날입니다. '열심히 일한 자여 이제는 좀 뒹굴뒹굴해라.' 이날의 기원을 찾으려고 열심히 책과 인터넷을 뒤져보아도 게으른 나머지 아무도 기록을 남겨 놓지 않아 알 수가 없습니다. 일, 공부, 자기계발... 현대인은 늘 무언가를 이루어 내야 한다는 강박 관념에 시달리고 있습니다. 일을 너무 많이 해 무기력해져 버리는 번아웃 증후군 (burnout syndrome)에 시달리는 이들도 적지 않습니다. 그러니 이날 만큼은 마음 편히 귀찮아져 봅시다. 집안일도 미뤄두고, 배달 음식만 시켜 먹고, 뜨거운 물에 반신욕도 하고, 누워서 좋아하는 영화나 책도 보고, 자신을 재충전하는 시간을 가져보는 거지요. 자신에게 단 하루도 귀찮아질 시간을 허용할 수 없다면 그건 자신을 너무 혹독하게 다루는 것 아닐까요?

 **Pop Quiz!**

3월 14일은 무슨 날일까요?

(A) Pi Day
(B) Diameter Day

정답: (A)

Part ⑧
General Reading Comprehension

Part 8

General Reading Comprehension

Part 8 시험 구성

유형		문항수
1	요약하기 (Summaries)	지문당 2개 문항
2	주제 찾기 (Main Ideas)	골고루 섞어서
3	세부사항 찾기 (Details)	지문당 4개 문항
4	동의어 찾기 (Synonyms)	
5	추론하기 (Inferences)	
	총 5개 유형	총 6문항

① 60-65번까지 총 6문항으로 구성된다.

② 사회, 경제, 문화, 예술, 과학, 환경 등 다양한 주제를 다루는 학문적 내용의 글이 제시되고, 그와 관련된 질문에 적절한 답을 고르는 파트이다.

③ 60-61번: 지문 하나(100-120자 내외)와 요약문 하나(50자 내외)가 제시되며, 요약문 안의 빈칸에 알맞은 단어를 고르는 문항이 2개 출제된다.

④ 62-65번: 지문 하나(150-200자 내외)가 제시되며, 그와 관련한 4개의 문항이 출제된다. 가능한 질문 유형에는 주제 찾기, 세부사항 찾기, 동의어 찾기, 추론하기 등이 있다.

Part 8 질문 유형

요약하기	Choose the most suitable word for the blank, connecting the summary to the passage.
주제 찾기	What is the passage mainly about? What would be a good title for the passage?
세부사항 찾기	According to the passage, which of the following is true? What is NOT mentioned as a reason for animal extinction?
동의어 찾기 / 추론하기	In paragraph [2], in line 3, the word "tangible" is closest in meaning to: What can be inferred from the passage?

토셀쌤의 친절한 Part 8 조언

1 긴 글을 읽는 원리 익히기

긴 글이 보통 어떤 식으로 구성되는지, 주로 어떤 식으로 내용의 흐름이 전개되는지 알아두면 긴 글을 좀 더 효율적으로 읽을 수 있습니다.

1) 긴 글의 대표적 구성과 흐름

구성	• 긴 글은 여러 단락으로 구성되고, 각 단락은 여러 문장으로 구성됩니다.
	• 단락마다 중심 소재와 중심 문장이 있고, 이들이 모여 글 전체의 중심 소재와 주제/요지를 구성합니다.
	• 단락은 보통 중심 문장과 이를 뒷받침하는 문장으로 구성됩니다. 뒷받침 문장의 형태에는 대표적으로 다음과 같은 경우가 있습니다.
	① 중심 내용을 세부적으로 묘사 또는 기술하는 문장 ex '영국 르네상스 극장의 모습'
	② 중심 내용을 바탕으로 세부 사항을 열거하며 설명하는 문장 ex '자동 음성 인식 기술의 장점'
	③ 중심 내용을 바탕으로 그 과정이나 원리를 차례대로 또는 순서대로 서술하는 문장 ex '공룡 화석을 분석하는 원리와 방법'
흐름	Part 8에서 주로 등장하는 학술 지문은 대개 '서론 → 본론 → 결론'의 흐름에 따라 글이 전개됩니다.
	보통 중심 내용이 등장하면 이를 부연 설명하는 뒷받침 문장이 뒤따릅니다.

2) Skimming과 Scanning

skimming과 scanning은 Part 7에서와 마찬가지로 Part 8에서도 중요한 읽기 능력입니다. 긴 글을 읽으면서 skimming과 scanning을 해야 하는 이유는 다음과 같습니다.

Skimming	글의 주제 파악, 문단별 중심 문장 찾기
Scanning	질문과 선택지의 핵심어를 중심으로 지문을 scanning할 수 있습니다. 보통 중심 문장 뒤에 세부 문장 내용이 올 확률이 높습니다.

2 평소 영어 글을 많이 접하기

평소에 영어로 된 긴 글을 많이 읽으면서 장문 독해에 대한 감을 익히는 것이 좋습니다. 다음은 독해 과정을 글을 읽기 전, 읽는 중, 읽고 나서의 세 단계로 나눠 각 단계에서 무엇을 할 수 있는지 정리한 표입니다.

읽기 전	• 글의 내용 예상하기 • 배경 지식 떠올려보기
읽는 중	• 단락별 중심 소재/문장 표시하기 • 중심 문장에 대한 뒷받침/세부 문장 표시하기 • 이해하기 어려운 단어/문장 표시하기
읽고 나서	• 글의 구조 정리해보기 • 글의 흐름 도식화 해보기 • 요약해보기 • 한 문장으로 글의 주제 써보기 • 어려운 단어/문장 확인하고 정리하기

1. Summaries

100-120자의 영어 지문과 이를 요약한 50자 내외의 요약문이 주어지며, 요약문에 뚫린 빈칸에 알맞은 단어를 고르는 유형입니다. 요약은 지문에서 가장 필요한 핵심 정보, 글의 요점을 추려내 간단하게 정리하는 것을 뜻합니다. 요약은 글의 중심 내용을 파악하고 오래 기억하는 데 필요한 기술입니다.

요약문은 보통 다음의 특징을 갖습니다.

① 요약문은 중심 내용에 집중하기 때문에 세부적인 내용이 생략되거나 여러 세부 내용을 한꺼번에 묶는 경우가 많습니다.

② 요약문은 본문을 다시 표현하는 것이기 때문에 **paraphrasing**이 빈번히 일어납니다.

③ 요약문은 보통 본문과 비슷한 구조와 흐름으로 구성됩니다.

1	요약문은 본문을 압축한 것으로, skimming을 할 때 요약문을 먼저 보면 본문의 중심 소재를 파악하는 데 용이합니다.
2	지문의 전반적인 내용과 흐름을 고려해 단어를 골라야 합니다.
3	요약문의 빈칸 부분과 대응하는 문장을 지문에서 찾아 올바르게 재표현할 수 있는 단어나 표현을 정답으로 고릅니다.

| 질문 형태 | Choose the most suitable word for the blank, connecting the summary of the passage. |

STEP 1 ≫ Example

(1)Most people do not think much about the inks we use to write and print. Civilizations have used ink since at least 2300 B.C.E., and with modern technology, it is something we see and use almost every day. However, because it is so common, / (3)many people do not think about the harm it can do to their bodies if they are not careful. / (2)Many metals and dyes are used to produce ink that will show up well on paper. If a large amount of these chemicals / (3)enter the body, they can cause issues in the brain, skin, stomach, and elsewhere. That is why doctors say to never write on your skin or put items containing ink in your mouth.

Summary:

(1)Ink is very common in our everyday lives, and has been used for thousands of years, / (2)but it can also contain _____(Q1)_____. / (3)Swallowing ink can cause a number of _____(Q2)_____ problems. People should be cautious when using ink and not write on their skin or swallow it.

대부분의 사람은 우리가 글을 쓰고 인쇄하는 데 사용하는 잉크에 관해 많이 생각하지 않는다. 문명은 적어도 기원전 2300년부터 잉크를 사용해왔으며, 현대 기술과 더불어, 잉크는 우리가 거의 매일 보고 쓰는 것이 되었다. 하지만, 그것[잉크]은 너무 흔해서, 많은 사람은 주의하지 않았을 때 그것[잉크]이 신체에 줄 수 있는 피해에 대해 생각하지 않는다. 종이 위에 잘 나올 잉크를 생산하기 위해 많은 금속과 연료가 사용된다. 이러한 화학물질의 많은 양이 신체에 들어가면, 그것들은 뇌, 피부, 위장, 그 밖의 다른 곳에서 문제를 일으킬 수 있다. 그것이 의사들이 절대로 피부에 글을 쓰거나 잉크가 함유된 물건을 입에 넣지 말라고 말하는 이유이다.

요약:
잉크는 우리 일상에서 매우 흔하며, 수 천 년 동안 사용되었는데, 그것은 (Q1)독성을 포함할 수도 있다. 잉크를 삼키는 것은 많은 (Q2)건강 문제를 일으킬 수 있다. 사람들은 잉크를 사용할 때 주의해야 하며 피부에 쓰거나 그것을 삼켜서는 안 된다.

요약문을 중심으로 skimming을 해보면, 중심 소재는 'ink'이고 잉크를 잘못 사용했을 때 발생할 수 있는 문제점에 대해 말하고 있는 지문임을 파악할 수 있습니다. 바로 첫번째 질문으로 넘어갑시다.

Q1. Choose the most suitable word for the blank, connecting the summary to the passage.

(A) poison
(B) colors
(C) proteins
(D) markers

Q1. 지문과 요약문을 연결하는, 빈칸에 가장 적절한 단어를 고르시오.

(A) 독성
(B) 색깔
(C) 단백질
(D) 매직펜

토셀쌤의 시범 풀이

빈칸은 'but it[ink] can also contain _____' 문장에서 나오고 있습니다. 따라서 잉크가 '무엇'을 포함하고 있는지 지문에서 찾아야 합니다. 지문에서는 'Many metals and dyes are used ~', 'these chemicals ~'라고 언급하며 잉크가 포함하고 있는 성분을 알려주지만, 선택지에는 이들과 직접적으로 유사한 뜻의 단어가 없어 정답을 고르기 어렵습니다. 바로 여기서 지문의 전반적인 내용과 흐름을 고려하는 것이 왜 중요한지 알 수 있습니다. 지문의 요지는 잉크는 흔하게 쓰이지만 신체에 해가 될 수도 있다는 것입니다. 지문에서 'metals and dyes', 'chemicals'는 바로 잉크가 왜 몸에 해를 끼칠 수 있는지 뒷받침하기 위해 제시된 근거입니다. 이것들은 많은 양이 흡수되면 신체에 해를 가하는 구성 성분으로, 신체에 '독'이 되는 성분이지요. 그래서 (A)가 정답입니다. 다시 한번 'metals and dyes', 'chemicals'가 본문의 문맥에 따라 요약문에서 'poison'으로 표현된 점에 유의하기 바랍니다.

정답: (A)

Q2. Choose the most suitable word for the blank, connecting the summary to the passage.

(A) social
(B) health
(C) national
(D) exercise

Q2. 지문과 요약문을 연결하는, 빈칸에 가장 적절한 단어를 고르시오.

(A) 사회의
(B) 건강
(C) 국가의
(D) 운동

토셀쌤의 시범 풀이

앞서 지문의 요지를 파악했다면 답을 고르기 어렵지 않은 문항입니다. 잉크를 조심하지 않고 사용하면 '어떤' 문제를 일으키는지만 찾아내면 됩니다. 지문의 'the harm it can do to their bodies if they are not careful', 'they can cause issues in the brain, skin, stomach, and elsewhere' 부분에서 그 문제는 바로 건강 문제임을 알 수 있습니다. 따라서 (B)가 정답입니다.

본문은 ['잉크의 대중성, 일상성'(서론) -> '사용 부주의 시 잉크가 신체에 끼칠 수 있는 해와 그 이유'(본론)]의 구성과 흐름으로 이루어져 있으며, 요약문도 비슷한 구성과 흐름을 따르고 있다는 점에 유의하기 바랍니다. 또한, 요약문이 어떻게 요약되는지 한눈에 알아보기 쉽게 본문과 요약문의 대응하는 부분을 같은 숫자로 구분해 놓았으니 참고하세요.

정답: (B)

[어휘] civilization 문명 | modern 현대의; 최신의 | cause ~을 일으키다[초래하다] | harm 해, 피해, 손해 | chemical 화학 물질; 화학의 | swallow 삼키다, (목구멍으로) 넘기다 | poison 독 | marker 매직펜

1-2. Read the passage and answer the questions.

Sometimes your smartphone dies suddenly, but the display shows there is still battery power. Have you ever wondered why? This is a common issue that many smartphone users experience when using their device. Most smartphones have a display that shows the percentage of battery left on the phone. However, this display is not always an accurate sign. This is because smartphones do not assess battery power directly. Instead, they use math equations to make an estimate about the power. The equations look at how strong the electricity coming from the battery is. This method works quite well but is not always exact, so smartphone batteries may actually be empty even when the display says 10 to 15%.

Summary:

Smartphone batteries sometimes die ____(1)____ when they show that 10 to 15% of the power is left. The battery display on a smartphone is not always correct because smartphones do not directly ____(2)____ the battery life. Instead, smartphones just estimate battery life using equations. The equations are based on the strength of the electricity coming from the battery.

1. Choose the most suitable word for the blank, connecting the summary to the passage.

   (A) poorly
   (B) artificially
   (C) dangerously
   (D) unexpectedly

2. Choose the most suitable word for the blank, connecting the summary to the passage.

   (A) absorb
   (B) develop
   (C) measure
   (D) consume

[해석] 가끔 스마트폰이 갑자기 꺼지는데, 화면 정보에는 여전히 배터리 전력이 있다고 뜹니다. 왜 그런지 궁금해한 적이 있나요? 이는 많은 스마트폰 사용자들이 기기 사용 시 흔히 겪는 문제입니다. 대부분의 스마트폰은 휴대전화에 남은 전력을 퍼센트 비율로 화면에 보여줍니다. 하지만, 이 화면이 항상 정확한 표시인 것은 아닙니다. 이는 스마트폰이 배터리 전력을 직접 재지 않기 때문입니다. 대신에, 수식을 이용하여 전력을 추산합니다. 이 수식은 배터리에서 나오는 전기가 얼마나 강한지 살펴봅니다. 이 방법은 꽤 잘 작동하지만 항상 정확한 것은 아니기 때문에, 화면에 10~15%라고 뜨더라도 스마트폰 배터리가 실상은 없을 수도 있습니다.

요약:

스마트폰 배터리는 10~15%의 전력이 남아있다고 떠도 때때로 <u>(1) 예기치 않게</u> 방전된다. 스마트폰은 배터리 수명을 직접 <u>(2) 측정하지</u> 않기 때문에 스마트폰의 배터리 표시가 늘 정확한 것은 아니다. 대신에, 스마트폰은 수식을 사용하여 배터리 수명을 추정하기만 한다. 수식은 배터리에서 나오는 전기의 세기를 바탕으로 한다.

1. 지문과 요약문을 연결하는, 빈칸에 가장 적절한 단어를 고르시오.	2. 지문과 요약문을 연결하는, 빈칸에 가장 적절한 단어를 고르시오.
(A) 형편없이	(A) 흡수하다
(B) 인위적으로	(B) 개발하다
(C) 위험하게	(C) 측정하다
(D) 예기치 않게	(D) 소모하다

[풀이] 1. 첫 문장 'Sometimes your smartphone dies suddenly, but the display shows there is still battery power.'를 통해 화면에 배터리 잔량 표시가 있음에도 스마트폰이 갑자기 꺼지는 경우가 있다고 밝히고 있습니다. 따라서 스마트폰이 갑자기 꺼지는 현상은 예상치 못하게 꺼진 것이라 볼 수 있으므로 (D)가 정답입니다.   정답: (D)

2. 'However, this display is not always an accurate sign. This is because smartphones do not assess battery power directly.'에서 화면의 배터리 표시가 정확하지 않을 수도 있는 이유를 밝히고 있습니다. 배터리 수명을 직접 측정하지 않고 수식을 이용하여 추정하는 것이 그 이유이므로 (C)가 정답입니다.   정답: (C)

[어휘] die 서다, 멎다; 사라지다, 없어지다 | display 디스플레이 (컴퓨터 화면에 나타나는 정보) | power 전기, 동력, 에너지 | accurate 정확한; 정밀한 | assess 재다, 평가하다 | directly 곧장, 똑바로 | equation 방정식, 등식 | estimate 추정(치), 추산; 추정하다 | artificially 인위적으로; 부자연스럽게 | unexpectedly 예기치 않게 | absorb 흡수하다, 빨아들이다 | measure 측정하다 | consume 소모하다

1-2. Read the passage and answer the questions.

Not all corn pops when you heat it up, but popcorn does. Why is that? The simple answer is that popcorn is a unique type of corn. There are four main types of corn—sweet, dent, flint, and popcorn—but only popcorn pops. Popcorn kernels are each filled with a small drop of water inside a shell called a hull. In heated popcorn, the water becomes steam, which builds pressure within the kernel. At a certain point, the pressure becomes too great for the hull, and the hull explodes, resulting in a fluffy white piece of popcorn. While other corn types have a hull, it is the exact thickness of the popcorn hull that allows the popping action to occur.

Summary:

A kernel of popcorn contains a small drop of water placed inside a shell called a hull. Heating popcorn creates ____(1)____ in the hull. When the pressure becomes too great, the hull bursts. Other types of corn do not burst like this, because their hulls have a different ____(2)____.

1. Choose the most suitable word for the blank, connecting the summary to the passage.

    (A) water
    (B) vapor
    (C) seeds
    (D) grains

2. Choose the most suitable word for the blank, connecting the summary to the passage.

    (A) size
    (B) color
    (C) texture
    (D) make-up

In the End...

"
여러 관용 표현을 한꺼번에 외우기 힘들다고요? 그렇다면 비슷한 개념에서 나온 관용 표현을 한 번에 묶어서 외워보는 건 어떨까요? 무슨 소리냐고요? Show, don't tell. 예시를 통해 보여드리겠습니다.

'끝'과 관련된 관용 표현을 여러 개 살펴보겠습니다. 여러분은 바위산rocky mountain을 등반 하고 있습니다. 땀을 뻘뻘 흘리며 부지런히 걸어 올라가다 보니, 이런, 길을 잘못 들었는지 절벽cliff에 다다랐습니다. 절벽 끝 너머에는 허공이니 돌아갈 수밖에 없습니다. 절벽 끝은 여러분에게 a dead end입니다. 더는 나아갈 수 없는 길이거든요. a dead end는 이처럼 낭떠러지 끝, 미로의 벽처럼 더 가도 소용없는, 별다른 전망이 없이 막힌 길을 뜻합니다.

그런데 자세히 보니 등반가가 밑에서 로프를 타고 용감하게 절벽을 오르고 있습니다. 등반가는 절벽에 거의 다다랐습니다. 그런데 힘이 많이 빠진 모양입니다. 절벽 끝에서 손을 짚고 대롱대롱 매달려cliffhanger있는데요. cliffhanger는 낭떠러지 끝에 매달려있는 모습에서 나온 표현으로, 말 그대로 손에 땀을 쥐게 하는 상황을 뜻합니다. 영화나 소설에서 주인공이 위험에 처하거나 충격적인 진실을 마주하게 되기 직전의 상황을 cliffhanger라고도 합니다.

앗, 등반가가 갑자기 손을 놓치는 바람에 아래로 미끄러지기 시작합니다. 휘리릭! 당황할 새도 잠시, 등반가는 다행히도 로프의 끝을 잡고 추락을 면했습니다. 이번에는 로프의 끝을 잡고 대롱대롱 버티고 있는 상황at the end of one's rope이 연출됩니다. 등반가의 얼굴이 빨개집니다. 등반가의 온몸이 덜덜 떨리기 시작합니다. 곧 로프를 놓쳐버릴 것만 같습니다. at the end of one's rope는 더이상 참을 수 없는, 인내심이 한계에 부닥친, 속수무책인, 진퇴양난의 상황에 놓여있음을 뜻하는 표현입니다.

설상가상, 튼튼했던 로프도 갈라지기 시작해 가느다란 실 가닥thread이 보이기 시작합니다. 등반가는 끊어질랑 말랑한 가닥이라도 잡고hang by a thread 온 힘을 다해 버티고 있습니다. hang by a thread는 아주 위태로운, 위기일발의 상황에 처했음을 뜻합니다.

이제 등반가는 더는 버틸 수 없습니다. 로프가 뚝- 끊어집니다. 여러분은 눈을 돌립니다. 등반가의 운명은 어떻게 됐을까요? 다시 눈을 뜹니다. 이런! 여러분이 방금 본 건 실제 일어난 일이 아니라 바로 암벽 등반 가상 현실 게임이었습니다! 등반가는 몸에 상처도 나지 않았지요. 휴, 정말 현실과 구분이 안 가는 최첨단cutting edge 기술이었습니다. cutting edge도 '끝'과 관련된 관용 표현입니다. 날카로운 끝을 생각해보세요. 기술의 발전을 향해 날을 세우고 있는 이미지가 연상되지 않나요?

💡 Pop Quiz!

다음 빈칸에 들어갈 알맞은 말을 쓰세요.

- Tom always eats my cereal. I'm going to talk to him. I'm at the _____ of my rope.
- Jane lost her job, and she's broke. She's _____ by a thread now.

정답: end, hanging

2. Main Ideas

글의 **전반적인 내용**을 파악하여 **글의 주제, 요지, 제목** 등을 찾아내는 유형입니다. 글의 전체적인 내용을 파악해야 하는 유형으로, **skimming 기술**이 반드시 필요합니다.

1	skimming을 할 때 **자주 등장하는 어휘**를 통해 글의 중심 소재를 먼저 파악해 표시합니다.
2	글의 **개략적인 흐름(서론-본론-결론)을 표시**하며 글을 읽어 나갑니다.
3	읽으면서 **단락별 중심 문장과 뒷받침 문장을 표시**해두면 도움이 됩니다.

질문 형태	What is the main idea of the passage?
	What is the best title for the passage?
	What is the tone of the passage?

STEP 1 ≫ Example

[1] <u>Emergency vehicles</u> such as police cars, fire engines, and ambulances <u>have a variety of light colors and types.</u> The main purpose of these lights is to tell the public that there is an emergency, and that they should clear the way.

[2] <u>Emergency vehicle lights have various features. They come in two main forms: beacons and light bars.</u> Beacons are a single rotating light that can be placed on a car or truck, usually on the roof. Light bars are a fixed set of many lights. <u>Lights also have different effects.</u> Some fixed lights do not flash, but some do. Flashing lights can help drivers see emergency vehicles.

[3] <u>These days, LED lights are common on emergency vehicles.</u> LEDs use power efficiently, and they last a long time. <u>However, they have a possible safety problem.</u> LEDs do not produce much heat. As a result, when it snows on them, the snow does not melt.

[1] 경찰차, 소방차 및 구급차와 같은 비상 차량은 조명의 색과 종류가 다양하다. 이러한 조명의 주된 목적은 대중들에게 응급 상황이 발생했고, 그러므로 그들이 길을 비켜줘야 한다고 알리는 것이다.

[2] 비상 차량의 조명은 다양한 특징을 가진다. 그것들은 두 가지 주요 형태로 나온다: 표지등과 라이트 바이다. 표지등은 자동차나 트럭에 설치할 수 있는, 보통 루프 위에 설치하는, 단일 회전등이다. 라이트 바는 많은 등이 하나로 고정된 형태이다. 조명은 또한 여러 가지 효과가 있다. 어떤 고정된 등은 플래시를 터뜨리지 않지만, 어떤 등은 터뜨린다. 플래시 등은 운전자가 비상 차량을 보는 데 도움을 줄 수 있다.

[3] 오늘날, LED 조명은 비상 차량에서 흔히 볼 수 있다. LED는 전력을 효율적으로 사용하며, 오래 지속된다. 그러나, 안전상의 문제가 있을 수 있다. LED는 열을 많이 발생시키지 않는다. 그 결과, 그것들 위에 눈이 내려앉으면, 눈이 녹지 않는다.

질문을 보면 글의 중심 내용을 묻는 main idea 찾기 유형임을 알 수 있습니다. skimming을 통해 글의 중심 소재, 대략적인 구조와 흐름을 파악하는 것이 중요합니다.

Q. What is the passage mainly about?	**Q.** 주로 무엇에 관한 지문인가?
(A) uses of lighting in crime fighting	(A) 범죄 싸움에서의 조명 사용
(B) legal rules with emergency lights	(B) 비상등에 관한 법 규칙
(C) types of emergency lighting on vehicles	(C) 차량 비상등 종류
(D) international differences in emergency lighting	(D) 비상등의 국제적 차이

토셀쌤의 시범 풀이

본문에서 자주 등장하는 어휘는 'emergency vehicle', 'emergency vehicle lights' 입니다. 이를 통해 글의 중심 소재를 '비상 차량의 조명'이라고 짐작해볼 수 있는데, 글의 대략적인 구성과 흐름을 보기 위해 단락별로 중심 소재 및 내용을 정리하면 다음과 같습니다.

첫 번째 단락: 비상 차량의 조명은 다양한 색과 형태가 있다.

두 번째 단락: 비상 차량 조명의 주된 형태로는 'beacons'와 'light bars'가 있으며, 'flash' 기능의 여부로도 나뉜다.

세 번째 단락: 오늘날은 LED 조명이 흔히 쓰인다.

정리한 내용을 보니 해당 지문은 비상 차량 조명의 다양한 종류를 소개하기 위한 글임을 알 수 있습니다. 따라서 (C)가 정답입니다.

단락별 중심 문장 부분을 밑줄로 표시해 두었으니 참고하기 바랍니다. 특히 중심 문장과 뒷받침 문장이 서로 어떻게 구성돼 있는지 비교하며 복습하기 바랍니다.

[어휘] emergency 비상 (사태) | vehicle 차량, 탈것, 운송 수단 | ambulance 구급차 | public 일반 사람들, 대중 | clear (어떤 장소에서 사람들을) 내보내다[쫓아내다], 말끔히 치우다 | feature 특색, 특징, 특성 | beacon 신호등[불빛] | light bar 라이트 바, (일자 막대) 경고등, 경과등 | rotate 회전하다 | place 설치하다, 놓다 | effect 효과, 영향, 결과 | fixed 고정된, 변치 않는 | flash (잠깐) 번쩍이다, 비추다 | efficiently 효율적으로, 능률적으로 | last 지속되다, 계속되다 | melt 녹다[녹이다] | crime 범죄

정답: (C)

1-2. Read the passage and answer the questions.

[1] Cloud servers are a new concept that has changed the way people use their computers and mobile phones. Before people were able to save and access information on the internet, everything had to be saved on their computer's memory. Now, as long as a person has an internet connection, they can download, open, and share files from anywhere in the world from any computer.

[2] The convenience of cloud servers has made it easier for people to share information and backup files so they are not lost. Companies can also focus more time on making and selling products instead of setting up large data storage systems. By using cloud servers, people are able to work more efficiently.

[3] However, there are also new worries about security. Large cloud servers are often attacked by hackers who search for ways around servers' protection systems. Errors within the server can also prevent users from accessing the data they have saved to the cloud.

[4] Keeping both the benefits and drawbacks in mind, users should be cautious when using cloud servers. While these servers are convenient and mostly secure systems, private information is better stored in places that are less likely to be hacked.

1. What is the main idea of this passage?

   (A) Everyone should use cloud servers.
   (B) Cloud servers are too dangerous to use.
   (C) Cloud servers will be used a lot in the future.
   (D) There are many risks and benefits to cloud servers.

2. What would be a good title for this passage?

   (A) The Dangers of Cloud Servers
   (B) Cloud Servers: The Tech of Tomorrow
   (C) The Pros and Cons of Cloud Servers
   (D) Cloud Servers: A Failed Trend

[해석] [1] 클라우드 서버는 사람들이 컴퓨터와 휴대 전화를 사용하는 방식을 바꿔 놓은 새로운 개념이다. 사람들이 인터넷에 정보를 저장하고 정보에 접근할 수 있기 전에는, 모든 것은 그들의 컴퓨터 메모리에 저장되어야 했다. 지금은, 인터넷에 연결되어 있기만 하면, 전 세계 어디에서나 어떤 컴퓨터에서든 파일을 다운로드하고, 열고, 공유할 수 있다.

[2] 클라우드 서버의 편리함은 사람들이 정보를 공유하고 정보가 손실되지 않도록 파일을 백업하기 더 쉽도록 만들었다. 기업들은 또한 대용량 저장 체계를 구축하는 대신 상품을 제작하고 판매하는 데 더 많은 시간을 집중할 수 있다. 클라우드 서버를 사용함으로써, 사람들은 더 효율적으로 작업할 수 있다.

[3] 하지만, 보안에 관한 새로운 걱정거리도 있다. 대형 클라우드 서버는 서버의 방어 시스템을 우회하는 방법을 찾으려는 해커들에 의해 종종 공격받는다. 서버 내의 오류도 클라우드에 저장한 데이터에 사용자가 접속하는 것을 막을 수도 있다.

[4] 이점과 결점을 모두 염두에 두고, 사용자들은 클라우드 서버를 이용할 때 주의해야 한다. 이런 서버들이 편리하고 대부분 안전한 시스템이지만, 개인정보는 해킹이 될 가능성이 더 적은 곳에 보관되는 것이 더 낫다.

1. 이 지문의 요지는 무엇인가?	2. 이 지문에 적절한 제목은 무엇인가?
(A) 누구나 클라우드 서버를 사용해야 한다.	(A) 클라우드 서버의 위험성
(B) 클라우드 서버는 사용하기에 너무 위험하다.	(B) 클라우드 서버: 미래의 기술
(C) 클라우드 서버는 미래에 많이 사용될 것이다.	(C) 클라우드 서버의 장단점
(D) 클라우드 서버에는 많은 위험과 이점이 있다.	(D) 클라우드 서버: 실패한 트렌트

[풀이] 1. skimming을 하면 중심 소재가 '클라우드 서버'임을 쉽게 알 수 있습니다. 글의 구성과 흐름을 대략 훑어보면 [1]문단에서는 클라우드 서버를 소개하고, [2], [3]문단에서 클라우드 서버의 장점과 단점을 각각 언급한 뒤, [4]문단에서 이러한 클라우드 서버의 이점과 결점을 유념한 채 이용할 것을 권고하며 글을 마치고 있습니다. 따라서 (D)가 정답입니다. (B)의 경우, 클라우드 서버의 보안 위험성에 대해 언급하기는 했지만, 이 글은 클라우드 서버의 위험성에만 집중한 것이 아니라 클라우드 서버의 장단점을 모두 설명하고, 클라우드를 주의 깊게 사용할 것을 권고하는 글이므로 오답입니다. 　　　　　　　　　　　　　　　　　　　　　　　　정답: (D)

2. 앞서 살펴본 바와 같이 해당 지문은 클라우드 서버의 장단점을 설명하고, 마지막 문단에서 'Keeping both the benefits and drawbacks in mind, users should be cautious when using cloud servers.'라는 주제문을 통해 글을 결론 짓고 있습니다. 따라서 지문의 가장 적절한 제목은 클라우드 서버의 장단점을 언급한 (C)가 정답입니다. (B)의 경우, 'Cloud servers are a new concept ~' 라며 클라우드 서버 기술을 소개하며 글을 시작하나, 미래의 기술이라는 데에 중점을 둔 것이 아니라 클라우드 서버의 장단점과 선별적 사용을 요지로 하고 있으므로 오답입니다. 　　　　　　　　　　　　　　　　　　정답: (C)

[어휘] connection 연결, 접속; 관련성[연관성] | download 다운로드하다[내려받다] | convenience 편의, 편리 |
backup 백업(파일), 예비[대체](품) | set up 설립하다, 설치하다, 마련하다 | efficiently 효율적으로, 능률적으로; 유효하게 |
security 보안, 경비, 안보 | protection 보호 | error 오류, 실수 | prevent 막다, 예방하다 | access 접근하다, 들어가다 |
data 자료, 정보, 데이터 | drawback 결점, 문제점 | cautious 조심스러운, 신중한 | pros and cons 장단점 | trend 트렌드, 동향, 추세

1-2. Read the passage and answer the questions.

[1] Surprisingly, there was a time when cities had no sidewalks. Before the 1800s, walking outside in a city was dangerous. At that time, streets were used by everyone, including animals, horse-drawn carts, wagons, streetcars, and people. This made getting injured very likely. There were also no sewer systems, so the roads were filled with animal and human waste, increasing people's chance of catching diseases.

[2] Sidewalks finally started being used following a large renovation of the city of Paris in the 1850s. Thanks to a powerful government official, the majority of old Paris was torn down and replaced with new streets and apartment buildings that had a sidewalk. People loved the new sidewalk because its many benches and trees made it good for socializing. This made the idea of sidewalks more popular.

[3] Sidewalks made daily life in the city healthier and more pleasant as well. People could now avoid getting injured and catching diseases from the street. Around the same time, sewer systems were starting to be used, which added to the clean image that sidewalks helped start. After that, sidewalks started to be used in cities around the world.

1.   What is the main topic of this passage?

(A) the future of sidewalks
(B) the origin of sidewalks
(C) the structure of sidewalks
(D) the inconvenience of sidewalks

2.   Which of the following would be the best title for the passage?

(A) Cement Mixtures for City Streets
(B) A French Revolution in Street Design
(C) Staying in School and Off the Streets
(D) Getting Out of the Way of Development

Buffalo × 8

Buffalo X 8

 한 영어학자가 재밌는 영어 문장을 보여준다고 합니다. 아래를 볼까요?

Buffalo buffalo Buffalo buffalo buffalo buffalo Buffalo buffalo.

'어라? 이게 어떻게 문장이에요? 똑같은 단어만 8번 나오는데!'

참으로 아리송한 영어 문장입니다. 그런데 정말 신기하게도 이 문장은 문법적으로 오류가 전혀 없습니다. 당최 어떻게 된 일인지 빨리 알고 싶다고요? 좋은 자세입니다! 차근차근 문장을 해부해봅시다.

해당 문장에서 buffalo란 단어는 세 가지 쓰임새로 나뉠 수 있습니다.

- **Buffalo n. 버펄로** (미국에 위치한 도시 이름으로 미국에는 버펄로라는 도시가 많지만 뉴욕의 버펄로가 가장 유명합니다.) - 첫 글자는 무조건 대문자!
- **buffalo n. 물소** - 복수형도 buffalo로 똑같다는 사실!
- **buffalo v. 겁을 주다, 위협하다**

그럼 해당 문장은 다음처럼 해석될 수 있겠죠?

Buffalo buffalo / buffalo / Buffalo buffalo.
주어　　　　　동사　　　목적어
버펄로의 물소들이 버펄로의 물소들을 위협한다.

주어가 복수이니 동사도 복수형(buffalo)으로 쓰였습니다.

거의 다 왔습니다. 이제 관계절 하나만 문장에 추가하면 됩니다.

Buffalo buffalo (Buffalo buffalo buffalo) / buffalo /
주어　　　　　　　　관계절　　　　　　　동사
Buffalo buffalo.
목적어
(버펄로의 물소들이 위협하는) 버펄로의 물소들이 버펄로의 물소들을 위협한다.

중간에 삽입된 관계절은 목적격 관계대명사 that이나 which가 생략된 형태입니다.

사실 buffalo란 단어는 몇 개를 가져다 놓아도 문법 오류 없이 말이 되는 영어 문장이 됩니다. 정말 흥미로운 단어입니다.

 Pop Quiz!

다음 문장의 뜻을 말해보세요.

(1) Buffalo!
(2) Buffalo buffalo Buffalo.

정답: (1) 물소들이다! 또는 겁을 줘라!
　　　(2) 물소들이 버펄로 도시를 위협한다.

3. Details

지문의 세부 내용을 잘 파악했는지 묻는 유형입니다. 질문과 선택지의 **핵심어**를 먼저 파악한 다음, **필요한 정보를 선별해 읽는 scanning 기술**이 필요합니다.

1	**질문을 먼저 읽은 뒤 선택지별로 하나씩 차례대로 scanning** 하며 답을 찾는 것이 좋습니다.
2	필요할 때에는 적절히 **paraphrasing 기술**을 활용하여 정답을 판단합니다.

질문 형태	According to the passage, which of the following is true? Which of the following is NOT mentioned in paragraph [3] as a counterargument?

STEP 1 ≫ Example

[1] The word "gross" has been in the English language for hundreds of years. It was originally borrowed from French, <u>in which it means "big" or "large"</u>. However, as its usage increased, the meaning of "gross" started to change from this original meaning.

[2] In English, "gross" began as a way to describe size. It later adopted meanings that were more negative or rude. People began using it to describe things that were unrefined, <u>rough</u>, or uneducated. "Gross" then started carrying an even stronger meaning. <u>Low-quality</u> food, untrustworthiness, mistakes, and abuses were all referred to as "gross". Eventually, the more modern meaning of "repulsive" and "disgusting" took hold.

[3] Even now, today's use of the word "gross" still has a unique difference from how it was used in the past. In the mid-20th century, young people used "gross" so much that the older generation started to dislike it. It was used too broadly to express too many things and it quickly turned into slang. Teens used this new slang so much that it started to get mocked and repeated continuously, allowing it to take its more extreme meaning of disgust that it still has today.

[1] "gross"란 단어는 수백 년 동안 영어에 있었다. 이 단어는 원래 "크다" 혹은 "많다"를 뜻하는 프랑스어에서 차용해 온 것이다. 하지만, 사용 빈도가 높아짐에 따라, "gross"의 의미는 본래의 뜻에서 바뀌기 시작했다.

[2] 영어에서, "gross"는 크기를 묘사하는 방법으로 시작했다. 이 단어는 나중에 좀 더 부정적이거나 무례한 의미를 갖게 됐다. 사람들은 세련되지 않고, 거칠고, 무지한 것들을 묘사하려고 이 단어를 사용하기 시작했다. "gross"는 그러면서 훨씬 더 강한 의미를 지니기 시작했다. 질이 낮은 음식, 신뢰할 수 없음, 실수, 남용은 모두 "gross" 하다고 나타낼 수 있었다. 결국, 더 현대로 와서는 "역겨운"과 "구역질 나는"이라는 의미가 자리 잡게 됐다.

[3] 심지어 지금도, "gross"라는 단어의 오늘날의 사용 방식은 과거에 사용됐던 방식과는 여전히 독특한 차이를 보인다. 20세기 중반, 젊은 사람들이 "gross"를 너무 많이 사용해서 구세대들이 싫어하기 시작했다. 너무 많은 것을 표현하려고 너무 광범위하게 쓰였고 곧 속어로 변모했다. 십 대들이 이 새로운 속어를 너무 많이 사용해서 조롱거리가 되고 계속 반복 사용되기 시작해서, 오늘날에도 이 단어가 가지는 역겨움의 더 극단적인 의미를 더 취하게 했다.

skimming을 통해 영어 단어 "gross"가 해당 글의 중심 소재임을 알 수 있고, 이 단어의 의미의 변화에 관한 지문임을 짐작할 수 있습니다. 질문을 보면 "gross"의 의미가 아니었던 것을 묻고 있으므로, 지문을 읽으면서 "gross"의 의미가 나올 때마다 선택지를 보며 오답 선택지를 가려내면 되겠습니다.

Q.	According to the passage, which of the following has NOT been a meaning for the word "gross"?	Q.	지문에 따르면, 다음 중 단어 "gross"의 의미가 아니었던 것은 무엇인가?
	(A) large		(A) 큰
	(B) rough		(B) 거친
	(C) different		(C) 다른
	(D) bad quality		(D) 질 나쁜

토셀쌤의 시범 풀이

'gross'는 처음에 'big', 'large' 등의 뜻으로 크기를 나타내다가, 후에 점점 'rough', 'low-quality' 등의 부정적 특성을 묘사하기 위해 쓰였고 더 나아가 'repulsive', 'disgusting' 등의 극단적인 의미까지 발전하게 됐다고 언급하고 있습니다. 그러나 본문에서 'gross'가 'different'의 뜻을 가졌다고 언급되지는 않았으므로 (C)가 정답입니다. 지문의 'low-quality'가 선택지에서 'bad quality'로 paraphrasing된 점도 유념하세요.

[어휘] gross 중대한; 역겨운; 아주 무례한 | originally 원래, 본래 | describe 묘사하다, 서술하다 | adopt 취하다, 채택하다 | unrefined 정제되지 않은, 교양 없는 | rough 거친, 매끈하지 않은, 골치 아픈, 난폭한 | uneducated 교육을 못 받은, 배운 데 없는, 무지한 | low-quality 저급 | untrustworthiness 믿을 수 없음, 신뢰할 수 없음 | abuse 남용, 오용; 학대, 욕설 | refer to ~을 나타내다, ~와 관련 있다 | eventually 결국 | repulsive 역겨운, 혐오스러운 | take hold (~을) 장악하다, 사로잡다; 대단히 강력해지다 | slang 속어, 은어 | mock 놀리다, 조롱하다

정답: (C)

1-2. Read the passage and answer the questions.

[1] It is already well known that worker ants are able to carry weight far beyond their own body weight. It is not unusual to see a tiny ant lifting and carrying a giant leaf, for example. However, new research has found that our idea of exactly how much ants could carry was very low. Scientists have discovered that certain types of ant are able to bear up to 5,000 times their own body weight.

[2] Researchers learned how common ants are built by putting some ants to sleep and then taking them apart. They then used a high-powered microscope and scanner to take images of the ants before putting the ants' bodies on a specially designed spinning device. The device was rotated hundreds of time per second. With each rotation, there was more and more outward force applied to the ants. Smaller amounts of force stretch the ants' bodies. However, they were able to handle forces of 3,000 - 5,000 times their body weight before their necks broke.

[3] The researchers said they hoped that learning about how ants' bodies function could be useful when designing robots.

1. According to the passage, which of the following did the scientists do to the ants?

   (A) study their ability to move
   (B) copy them into a computer
   (C) spin them to test their body strength
   (D) rotate them 5,000 times per minute

2. According to the passage, which of the following did the scientists NOT do?

   (A) photograph and then stretch ants' bodies
   (B) scan ants' bodies to create images of them
   (C) train real ants to follow the movements of robotic ones
   (D) increase their knowledge of ants' abilities to bear weight

[해석] [1] 일개미가 자신의 신체 무게보다 훨씬 더 많은 무게를 운반할 수 있다는 것은 이미 잘 알려졌다. 예를 들어, 작은 개미 한 마리가 거대한 잎을 들어 올리고 옮기는 장면을 목격하는 건 드문 일이 아니다. 그런데, 새로운 연구는 개미가 정확히 얼마만큼 운반할 수 있는지에 대한 우리의 생각이 아주 낮다는 점을 밝혀냈다. 과학자들은 특정 개미 종이 자신의 신체 무게의 5000배까지 견딜 수 있다는 사실을 발견했다.

[2] 연구자들은 몇몇 개미들을 재우고 나서 서로 떨어뜨려 놓음으로써 평범한 개미들이 어떻게 이루어져 있는지 알게 됐다. 그러고 나서 그들은 고성능 현미경과 스캐너를 사용하여 개미의 모습을 찍은 다음 특별히 고안된 회전 장치 위에 개미의 몸을 올려놓았다. 이 장치는 초당 수백 번 회전했다. 각 회전당, 더 많은 외력이 개미에 가해졌다. 더 적은 양의 힘으로 개미의 몸을 잡아 늘릴 수 있다. 그러나, 개미들은 목이 부러지기 전까지 신체 무게보다 3000~5000배의 힘을 견뎌낼 수 있었다.

[3] 연구자들은 개미의 신체가 어떻게 기능하는지 알게 되는 것이 로봇을 설계할 때 유용할 수 있기를 바란다고 말했다.

1. 지문에 따르면, 다음 중 과학자들이 개미들에 한 일은 무엇인가?

(A) 이동 능력 연구하기
(B) 컴퓨터에 복사하기
(C) 회전시켜서 몸의 힘 시험하기
(D) 분당 5000번 회전시키기

2. 지문에 따르면, 다음 중 과학자들이 하지 않은 것은 무엇인가?

(A) 개미의 몸 사진을 찍고 몸을 늘리기
(B) 개미의 몸을 스캔해서 몸 이미지 만들기
(C) 실제 개미들을 훈련해서 로봇 개미처럼 움직이게 하기
(D) 무게를 견디는 개미의 능력에 관한 지식 늘리기

[풀이] 1. 개미를 'a specially designed spinning device'에 올려놓고 회전시켜 외력을 통해 개미의 신체 능력을 측정했다고 했으므로 (C)가 정답입니다. (A)의 경우, 개미의 이동 능력이 아니라 무거운 무게를 운반할 수 있는 능력을 연구한 것이므로 오답입니다. (D)의 경우, '5000'은 회전수가 아니라 개미가 견딜 수 있는 무게의 정도를 설명하기 위해 나온 것이므로 오답입니다.　　　　　　　　　　정답: (C)

2. 개미를 훈련해서 로봇 개미처럼 움직이도록 만들었다는 이야기는 언급되지 않았으므로 (C)가 정답입니다. (A)와 (B)의 경우, [2]문단에서 찾을 수 있는 내용이므로 오답입니다. 특히 [2]문단의 'take images of ~'가 (A)에서 'photograph'로 paraphrasing 된 것을 유념하세요. (D)의 경우, [2]문단에 소개된 과학자들이 한 연구는 일개미의 운반 능력을 알아내기 위한 연구로서 이는 'ants' abilities to bear weight'에 관한 지식을 넓히는 것이라 할 수 있으므로 오답입니다.　　　　　　　정답: (C)

[어휘] weight 무게, 체중 | lift 들어 올리다 | giant 거대한; 위대한 | bear 참다, 견디다 | high-powered 고성능의; 중책의; 영향력이 큰 | microscope 현미경 | spin 돌다, 회전하다 | device 장치, 기구 | rotate 회전하다[시키다] | outward 밖으로 향하는; 외형의 | apply to ~에 적용되다 | handle 다루다, 옮기다 | function 기능 | photograph ~의 사진을 찍다 | train 훈련시키다[훈련하다] | robotic 로봇식의, 자동 기계 장치로 된; 로봇 같은

정답과 해설 p.37

1-2. Read the passage and answer the questions.

[1] The Three Kingdoms Period is one of the most well-known and violent times in China's history. It had a large influence not only on Chinese history and culture, but also on neighboring countries.

[2] The period began when the Han Kingdom lost power. China had experienced a bad economy, several rebellions, and many bad weather events such as earthquakes or floods. This combination was too much for the Han to maintain power, and China fell into war. Eventually three major powers emerged and battled to control all of China.

[3] These three kingdoms were Wei in the North, Shu in the Southwest, and Wu in the Southeast. Their almost constant fighting led to a decrease in China's population, and created artificial boundaries in government, infrastructure, and culture that would remain for centuries. During this brief but violent time, both military and farming technology improved, and many famous Chinese poets wrote works that would influence later periods.

[4] The fighting between the Wei, Shu, and Wu lasted over 60 years, and ended with a new unified kingdom in China: Jin. This kingdom was also short-lived and chaotic, lasting only a little over 100 years before it too fell.

1. According to the passage, what is NOT a reason for the start of the Three Kingdoms Era?

(A) The king died very young.
(B) People rebelled numerous times.
(C) The economy was not doing well.
(D) There were many bad weather events.

2. Which of the following does the passage mention as happening during the Three Kingdoms Period?

(A) increases in China's population
(B) advances in farming technology
(C) a battle between the Wu and the Jin
(D) a secret alliance between the Wei and Shu

Musical Sign Language

> 손의 모양, 손의 움직임, 손의 방향, 손의 위치, 표정, 몸짓을 이용해 의미를 표현하는 시각 언어인 수화 *(Sign Language)*. 그런데 소리가 없는 수화로 소리가 중심인 음악도 표현할 수 있을까요?

세계적인 인기 힙합 가수의 공연 연상이 인터넷에서 화제가 됐습니다gone viral. 그런데 화제의 대상은 정작 힙합 가수 본인이 아니라 다름 아닌 귀로도 알아듣기 어려운 속사포 랩을 수화로 통역한 수화 통역사 (sign language interpreter)였습니다. 영상 속에서 통역사는 1초에 평균 4.28개의 단어를 내뱉는 랩에 따라 현란한 손짓과 몸짓으로 혼신을 다해 곡을 표현합니다. 온몸이 음악과 혼연일체가 되어 음악을 수화로 나타내는 모습은 마치 환상적인 행위 예술의 한 장면을 떠올리게끔 합니다.

청각장애인들의 청력은 사실 천차만별입니다. 음의 높낮이를 어느 정도 들을 수 있는 경우도 있고, 소리의 진동만 미세하게 느낄 수 있는 경우도 있습니다. 그래도 공통점은 누구나 음악을 즐길 수 있다는 것, 더군다나 그것이 심장 박동처럼 비트가 둥둥 울려대는 거대한 콘서트장에서라면 말이죠. 여기에 수화 통역사의 도움만 보태면 청력이 조금 불편하더라도 충분히 음악을 즐길 수 있게 됩니다.

음악은 가사 (lyrics) 이외에도 선율 (melody), 박자 (rhythm), 화음 (harmony) 등이 복합적으로 존재하는 예술입니다. 그래서 대부분의 사람들은 음악은 수화로 통역할 수 없다고 말합니다. 하지만 음악 수화 통역사들은 음악도 충분히 수화를 통해 표현할 수 있음을 '몸소' 보여줍니다.

그렇다면 어떤 식으로 음악을 수화로 표현하겠다는 걸까요? 바로 시각 언어의 입체성을 이용하는 것입니다. 수화는 청각 언어와 달리 3차원적 언어입니다. 손짓, 몸짓, 표정 등은 모두 높이, 깊이, 넓이가 존재하는 3차원적 요소입니다.

예를 들어 수화 통역사는 노래에 맞춰 몸을 흔들어대며 박자를 표현할 수 있습니다. 그와 동시에 음의 높낮이는 손의 높낮이로 나타낼 수 있습니다. 손을 허리춤으로 내려 몸쪽으로 가까이 대면 낮은음을, 손을 어깨 위로 올리면 높은음을 표현하는 것이죠. 갑자기 현란한 전자 기타 독주가 시작되면 어떡할까요? 그러면 어깨를 들썩이며 기타에서 울려 퍼지는 음파의 움직임을 모방하든지 그에 따라 표정과 눈빛과 입 모양과 손짓도 진짜 기타리스트처럼 바꾸면 됩니다. 마지막으로 가사는 어떻게 표현할까요? 앞서 말한 모든 동작을 하는 동시에 손 모양을 바꿔가며 가사를 전달할 수 있습니다.

음악을 통역하고 있는 수화 통역사를 보고 있노라면 마치 율동이 복잡한 춤을 추고 있는 한 명의 무용가처럼 보입니다. 그래서 이들은 한 언어를 다른 언어로 옮기는 통역이라는 기능 이외에도 관객들에게 좋은 볼거리를 선사하기도 합니다easy on the eye. 소리를 듣지 못하는 이들에게도 음악을 전달하겠다는 뜨거운 열정이 시각적 즐거움을 가져오는 것은 물론 앞으로도 뭇사람의 마음을 더욱더 울리길 기대합니다.

 Pop Quiz!

빈칸에 들어갈 말을 고르세요.

The video of a sign language interpreter channelling the infamously super fast rap song went _____.

- Hint: 본문을 잘 살펴보세요.

(A) viral
(B) unnoticed

정답: (A)

4. Synonyms

STEP 1 ≫ Example

[1] Whenever you stand in line at the supermarket, you may find a variety of candy, magazines, and other low-priced items. These are placed so customers will "impulse buy," or make purchases that they did not plan on. Such products add up to large profits for businesses.

[2] In organized, familiar environments, people regularly make careful decisions on what actions to take. However, when people are in new places, their emotions can take over their logical thinking. Stores use flashy advertising to distract customers. Then <u>they use the emotions of distracted customers</u> to <u>entice</u> them <u>to make a purchase</u>. Advertisements can create feelings that cause people to make unusual decisions.

[3] Several steps can help you avoid impulse buying. Making a list before you shop and then buying only those items is the most effective in preventing unnecessary purchases. Another strategy is to avoid shopping when you are especially emotional. Lastly, avoid stores that are particularly loud or disorganized, which might distract you and lower your ability to make logical decisions.

[1] 슈퍼마켓에서 줄 서 있을 때마다, 다양한 캔디와 잡지, 그리고 다른 값싼 물건들을 발견할 수 있다. 이것들은 고객들이 "충동구매"를 하거나 계획에 없었던 구매를 하도록 배치된 것이다. 이런 제품들은 막대한 영업 이익에 보탬이 될 수 있다.

[2] 정돈되고 친숙한 환경에서는, 사람들은 보통 어떤 행동을 할 것인지 주의 깊게 결정한다. 하지만, 사람들이 새로운 장소에 있을 때는, 감정이 논리적 사고를 대체하게 된다. 가게는 손님의 주의를 분산하기 위해 화려한 광고를 이용한다. 그러면 그들은 주의가 분산된 고객의 심리를 이용하여 물건을 구입하도록 유도한다. 광고는 사람들이 비정상적인 결정을 하게끔 만드는 감정을 만들어낸다.

[3] 몇 가지 단계를 통해 충동구매를 피할 수 있다. 쇼핑하기 전에 물품 목록을 작성하고 그런 다음 그 물품들만 사는 것이 불필요한 구매를 예방하는 데 가장 효과적이다. 또 다른 전략은 특히 감정적일 때 쇼핑을 피하는 것이다. 마지막으로, 주의를 분산시키고 논리적 결정 능력을 떨어뜨릴 수 있는 특별히 시끄럽고 정돈되지 않은 가게를 피해야 한다.

전형적인 동의어 찾기 문항입니다. 해당 단어의 본래 뜻은 물론 글의 전체 내용과 앞뒤 문맥도 고려하며 단어를 골라야겠습니다.

Q. In paragraph [2], in line 3, the word "entice" is closest in meaning to:

(A) help

(B) survey

(C) prevent

(D) convince

Q. [2]문단 3번째 줄의 "entice"와 가장 의미가 가까운 것은 무엇인가?

(A) 돕다

(B) 조사하다

(C) 예방하다

(D) 설득하다

토셀쌤의 시범 풀이

'entice'는 기본적으로 '~을 (~하도록) 유인하다, 유도하다'라는 뜻이 있습니다. 따라서 이와 가장 비슷한 의미를 가진 (D)를 정답으로 고를 수 있습니다. 'entice'의 의미를 잘 몰랐다 할지라도, 글의 요지와 앞뒤 문맥을 고려해서 다음과 같이 의미를 유추해볼 수도 있습니다.

해당 단어는 [2]문단의 'Then they use the emotions of distracted customers to entice them to make a purchase.'라는 문장에 있었습니다. 지문의 요지는 고객의 충동구매를 유도하는 상점의 수법과 그에 빠져들지 않는 방법이었고, 단어의 앞뒤 문맥을 보면 주의 분산된 고객의 심리를 이용하여 고객들이 물건을 구매하도록 유도한다는 문장이 자연스럽습니다. 이를 종합해 'entice'의 뜻이 '유인하다, 유도하다'라는 것을 유추할 수 있겠습니다. 따라서 이와 비슷한 '설득하다, ~을 하도록 이끌다'라는 뜻을 가진 (D)가 정답입니다.

이처럼 동의어 찾기 문제는 주어진 단어 자체를 모른다고 해서 포기하기보다, 지문 속에서 단어가 어떤 의미로 쓰였는지 글의 내용과 앞뒤 문맥을 살펴서 유추해내려고 노력하기 바랍니다.

[어휘] stand in line (일렬로) 줄을 서다 | low-priced 값싼, 저가의 | customer 손님, 고객 | impulse 충동, 자극 | add up to (결과가) ~가 되다; ~임을 보여주다; 합계 ~가 되다 | organized 정리된, 체계적인, 조직적인 | take actions 행동에 옮기다, 조치를 취하다 | take over (~보다) 더 커지다[중요해지다]; (~을) 대체하다 | logical 논리적인, 타당한 | flashy 호화로운, 현란한 | entice 유도[유인]하다 | protect 보호하다, 지키다 | effective 효과적인 | prevent 예방하다, 방지하다 | unnecessary 불필요한 | strategy 계획, 전략 | emotional 감정적인 | disorganized 체계적이지 못한; 계획이 잘못된 | survey 조사하다, 살피다 | convince 설득하다; 납득시키다

정답: (D)

1-2. Read the passage and answer the questions.

[1] If people try to imitate a pigeon, it is likely they will bob their head. But why do pigeons, along with some other birds, bob their heads while walking? While no clear answer has been found, a few theories have been suggested to explain this phenomenon.

[2] One explanation is that head bobbing could help birds to keep their balance as they walk along on their two thin legs. Another is that the bobbing assists with seeing depth. A third theory is that by bobbing their heads, certain birds gain sharper vision for a moment. But the most likely explanation based on studies so far is that head bobbing helps birds to maintain a stable view of what is around them. Whereas humans have instinctive eye movements that help maintain <u>level</u> vision, certain birds must move their whole head.

[3] Out of the 27 families of bird, eight have been found to have head-bobbing behaviors. These include chickens, cranes, and of course, the common pigeon, all of which have an awkward <u>gait</u> when they move. What is not yet clear is why the behavior occurs in certain birds but not in others. It is a mystery that only continued research can answer.

1. In paragraph [2], in line 5, the word "level" is closest in meaning to:

   (A) far
   (B) high
   (C) deep
   (D) stable

2. In paragraph [3], in line 2, the word "gait" is closest in meaning to:

   (A) beak
   (B) walk
   (C) flight
   (D) tailfeather

[해석] [1] 만약 사람들이 비둘기를 흉내 내려고 하면, 그들은 고개를 까딱거릴 확률이 높다. 그런데 왜 비둘기는, 다른 몇몇 새들과 마찬가지로, 걸으면서 고개를 까딱거릴까? 명확한 답은 발견되지 않았지만, 몇 가지 이론이 이 현상을 설명하기 위해 제시됐다.

[2] 한 가지 설명은 머리를 까딱이는 것이 새들이 얇은 두 다리로 걸을 때 균형을 유지하도록 도움을 줄 수 있다는 것이다. 또 다른 설명은 까딱거리는 행동이 깊이를 감지하는 데 도움이 된다는 것이다. 세 번째 이론은 어떤 새들은 고개를 까딱이면서 일시적으로 더 선명한 시력을 얻는다는 것이다. 그러나, 지금까지 연구를 바탕으로 한 가장 가능성 있는 설명은 고개 까딱거리기가 새들이 그들 주변에 있는 것을 보는 안정적인 시야를 유지하는 데 도움을 준다는 것이다. 인간은 <u>안정된</u> 시야를 유지하는 데 도움을 줄 수 있는 본능적인 눈의 움직임을 지니고 있지만, 특정한 새들을 머리 전체를 움직여야만 한다.

[3] 27개의 새과(科) 중, 8개의 새과가 고개를 까딱거리는 행동을 하는 것으로 알려졌다. 여기에는 닭, 두루미, 그리고 당연히, 일반적인 비둘기가 포함되며, 이들은 모두 움직일 때 엉성한 <u>걸음걸이</u>를 보인다. 아직 명확하지 않은 점은 왜 그런 행동이 특정 새에서만 나타나고 다른 새들에서는 일어나지 않는지이다. 그것은 지속적인 연구만이 답할 수 있는 수수께끼이다.

---

1. [2]문단, 5번째 줄의 "level"과 가장 의미가 가까운 것은 무엇인가?

  (A) 먼
  (B) 높은
  (C) 깊은
  (D) 안정적인

2. [3]문단, 2번째 줄의 "gait"과 가장 의미가 가까운 것은 무엇인가?

  (A) 부리
  (B) 걸음걸이
  (C) 비행
  (D) 꽁지깃

[풀이] 1. 'level'은 형용사로 쓰여 '안정감 있는, 균형감 있는'이란 의미를 나타내며, 따라서 이와 비슷한 뜻을 가진 (D)가 정답입니다. 'level'이 언급된 문장 'Whereas ~ that help maintain level vision, certain birds must move their whole head.'를 살펴보면 새가 'level vision'을 유지하려면 머리를 움직여야 함을 알 수 있습니다. 바로 전 문장을 보면 'the most likely explanation ~ is that head bobbing helps birds to maintain a stable view of what is around them'이라고 하고 있습니다. 이를 통해 'level vision'은 'a stable view of what is around them'과 동일한 말임을 알 수 있고, 따라서 'level'의 뜻을 유추할 수 있습니다.   정답: (D)

2. 해당 지문은 새의 고개를 까딱이는 행동을 중심 소재로 하는 글이며, 첫 문단의 'But why do pigeons, along with some other birds, bob their heads while walking?'라는 주제문을 통해 고개를 까딱이는 행위는 새들이 걸을 때 하는 행위임을 알 수 있습니다. 그런데 'all of which have an awkward gait when they move'에서 'move'는 걷는 행동일 테니 'gait'의 뜻이 '걸음걸이'임을 유추할 수 있습니다. 따라서 이와 비슷한 뜻을 가진 (B)가 정답입니다.   정답: (B)

[어휘] imitate 흉내내다, 모방하다 | bob 까딱거리다 | pigeon 비둘기 | balance 균형, 평형 | assist 돕다, 도움이 되다 | sharp 선명한, 뚜렷한, 예리한 | instinctive 본능에 따른, 본능적인 | maintain 유지하다 | level 침착한, 흔들림 없는 | crane 학, 두루미 | awkward 어색한, 이상한, 서투른 | gait 걸음걸이 | stable 안정된 | beak 부리 | tailfeather 꽁지깃

1-2. Read the passage and answer the questions.

---

[1] Often, getting a restful night's sleep is difficult in a new environment. Scientists have recently discovered a possible cause for this issue.

[2] Sleep is still a mystery for scientists. The majority of animals sleep, but why sleep is necessary is still unknown, as it can be dangerous for an animal in the wild to be asleep for many hours. However, some animals have the ability to sleep with only half of their brain at a time. This is <u>beneficial</u> because it lets them continue to use one of their eyes to stay alert and protect themselves from predators while the other half of their brain is resting.

[3] Despite not being able to shut off half our brains, humans still have a similar ability. Human brains can plan for any unknown dangers that may sneak up. This is what makes sleeping in a new environment difficult. This <u>anticipation</u> is what causes the brain to stay awake so it can react to the new threats. Fortunately, humans can train their brains to avoid this by making a habit of sleeping in new places often.

---

1. In paragraph [2], in line 3, the word "beneficial" is closest in meaning to:

(A) useful
(B) painful
(C) magical
(D) biological

2. In paragraph [3], in line 3, the word "anticipation" is closest in meaning to:

(A) dictation
(B) inspiration
(C) expectation
(D) cancellation

Gadsby

a novel without any 'E' in it

영어에서 가장 많이 쓰이는 알파벳은 무엇일까요? 5초를 드릴 테니 추측해보기 바랍니다. A, B, C, D, E, F, G, H, ... A가 가장 앞에 있으니 A가 아닐까 생각했다면 큰 오산입니다. 영어에서 가장 많이 사용되는 알파벳은 바로 다섯 번째 알파벳 E이니까요!

지금 당장 영어로 된 아무 문장이나 떠올려 보기 바랍니다. 거기에 E가 있을 확률이 아주 높을 겁니다. 못 믿겠다면 교재에 수록된 영어 문장들도 쭉 훑어보기 바랍니다. E가 없는 문장이 손에 꼽힐 것입니다. 연구 결과에 의하면 E는 영어에서 약 12%를 차지한다고 합니다. 다른 알파벳보다 평균 다섯 배나 높은 수치입니다. Z나 Q나 X는 1%도 채 안 되는 데 말이죠. 이쯤 되면 지상 최고의 인기 알파벳 E 없이는 영어를 사용하는 게 불가능해 보입니다.

하지만 인류의 아름다움은 불가능을 향한 도전 정신에 있다고 했나요? 어니스트 라이트 (Ernest Vincent Wright)라는 소설가가 E 없는 영어 소설을 쓰겠다는 무모한 도전을 시작합니다. E가 없이는 평소에 말하기도 힘든데 소설을 쓰겠다니 당대 사람들이 그 도전을 불가능하다고, 사기 행각이라고 깎아내렸습니다. 하지만 그는 결국 집필을 시작한 지 6개월 만에 E가 없이 50,000자로 된 Gadsby라는 소설을 완성하고 1939년 발표합니다. 서평에서 밝히기를, 혹시라도 실수로 E를 누를까 봐 타자기에서 아예 E 부분을 아래로 묶어놨다고 합니다. 정말 대단한 열정입니다.

E 없이 영어 소설을 쓸 때 가장 힘든 점은 무엇이었을까요? 라이트는 서평에서 E가 없어 힘들었던 난관을 밝힙니다. 그것은 다름 아닌 과거형 동사를 마음대로 쓰지 못한다는 것이었지요. 과거형에는 늘 '-ed'가 붙어 다녔으니 말이죠. 그는 이를 극복하기 위해 과거형에 '-ed'가 붙지 않는 불규칙 동사를 사용하거나 'did walk'처럼 강조형을 썼다고 합니다.

덕분에 우리가 실생활에서 정말 자주 쓰이는 동사 'get, take, have'의 경우 현재형은 쓸 수 없어도 과거형은 쓸 수 있는 재미난 상황이 발생했지요. 또한 E가 들어가는 단어가 생각나면 동의어 (synonym)를 이용하거나 아예 문장을 재표현 (paraphrasing)했다고 합니다.

이에 영감을 받아 조르쥬 뻬레 (Georges Perec)라는 프랑스 작가도 E를 쓰지 않고 1969년 프랑스어로 된 소설 *La Disparition*을 발간했습니다. 이 책은 독일어, 이탈리아어, 영어, 스페인어 등 로마자를 쓰는 다른 언어로도 번역되었는데요. 놀라지 마세요! 번역가들도 똑같이 E를 쓰지 않고 번역을 했다고 합니다. 참고로 책의 제목인 *La Disparition* (소멸)은 영어로 직역을 하면 *The Disappearance* (소멸)이었지만, E를 쓸 수가 없어 *A Void* (공허)라는 제목으로 번역되었습니다. 정말 집요한 언어 예술가들입니다.

💡 Pop Quiz!

영어에서 가장 많이 쓰이는 알파벳은 무엇일까요?

* Hint: Ernest Vincent Wright가 이 알파벳 없이 *Gadsby*라는 소설을 집필했습니다.

(A) A
(B) E
(C) Z

정답: (B)

지문이 전제 (premises)하고 있는 사실, 함축하고 있는 내용, 암시하고 있는 내용 등을 문맥과 논리적 사고를 통해 끌어내는 것을 추론이라고 합니다. 추론하기 유형은 난이도가 높은 문항이 자주 출제되므로 많은 연습이 필요합니다.

1	'추론하기' 유형은 글의 전반적인 내용 파악은 물론 세부 사항 파악까지 요구되므로 가장 마지막에 푸는 것이 바람직합니다.
2	'세부사항 찾기' 유형과 마찬가지로 선택지별로 차례차례 풀어나가는 것이 좋습니다.
3	정답 판단 시 기본적으로 paraphrasing 기술이 요구됩니다.

질문 형태	What can be inferred from the passage? What does "this" refer to in paragraph [1], line 3?

STEP 1 » Example

[1] The longest-living cow on record was Big Bertha, an Irish heifer who lived from 1945 to 1993. In her 48 years, she managed to give birth to 39 calves, making her a two-time Guinness World Record holder, for age and for breeding.

[2] Big Bertha last gave birth when she was 43 years old, to a calf named Bertha Junior. The bull who fathered Bertha Junior was 3 years old at the time, making a 40-year age gap between the mates. The birth was widely watched and recorded, with her owner taking part in numerous interviews.

[3] In addition to being a breeding cow, Big Bertha gained local and worldwide attention through her use in fundraising efforts. She would lead the St. Patrick's Day parades in the town of Sneem, in County Kerry, Ireland. Her appearances there raised large sums for charities, including organizations that research a cure for cancer.

[4] When Big Bertha died, there was a memorial service for her in the village pub. Locals and visitors came to town to honor the life of this remarkable cow. Big Bertha was later sent to a taxidermist to be stuffed, and is currently on display at a farm in County Kerry.

[1] 기록상 가장 오래 산 소는 1945년부터 1993년까지 산 아일랜드의 어린 암소 Big Bertha였다. 생애 48년 동안, 그녀는 39마리의 송아지를 낳았으며, 이는 그녀를 나이와 출산 분야에서 두 개의 기네스 기록 보유자로 만들었다.

[2] Big Bertha는 43살이 되던 해 마지막으로 Bertha Junior라는 이름의 송아지를 출산했다. Bertha Junior의 아버지가 된 수소는 당시에 3살이었으며, 짝짓기 대상 간에 40살의 나이 차가 있던 셈이다. 이 출산은 널리 시청되고 녹화됐으며, 당시 그녀의 주인은 수많은 인터뷰에 응했다.

[3] 새끼를 낳는 암소로서만이 아니라, Big Bertha는 기금 활동에도 사용되면서 국내 및 세계에서 관심을 받았다. 그녀는 아일랜드 케리 주 Sneem 마을의 성 패트릭의 날 행진을 이끌곤 했다. 그녀의 등장으로 암 치료법을 연구하는 단체를 포함한 자선 단체들에 쓰일 많은 기금이 모였다.

[4] Big Bertha가 죽었을 때, 마을 술집에서 그녀를 위한 추모회가 있었다. 주민들과 방문객들이 이 경이로운 소의 일생을 기리기 위해 마을로 왔다. Big Bertha는 후에 박제하기 위해 박제사에게 보내졌고, 현재 케리 주의 한 농장에 전시되어 있다.

추론하기 유형의 문항이며, 'the owner of Big Bertha'에 관해 묻고 있습니다. Skimming을 통해 지문의 중심 소재가 Big Bertha라는 암소라는 것을 파악하고 보기로 넘어가 봅시다.

Q. Which of the following can be inferred about the owner of Big Bertha?

(A) He stayed out of the media spotlight.

(B) He refused to use Big Bertha for breeding.

(C) He used the cow to help raise money for charity.

(D) He moved away from County Kerry when Big Bertha died.

Q. 다음 중 Big Bertha의 주인에 관해 추론할 수 있는 것은 무엇인가?

(A) 미디어의 집중 밖에서 머물렀다.

(B) Big Bertha를 번식에 이용하는 것을 거부했다.

(C) 자선기금 마련을 위해 소를 이용했다.

(D) Big Bertha가 죽었을 때 County Kerry를 떠났다.

토셀쌤의 시범 풀이

추론 문항은 세부 사항 찾기 유형과 마찬가지로 보기별로 차례차례 푸는 것이 좋습니다.

(A): [2]문단의 'with her owner taking part in numerous interviews'라고 한 점으로 보아 Big Bertha의 주인은 미디어 밖에서 머무른 것이 아니라 오히려 미디어에 자신을 적극적으로 노출했음을 유추할 수 있습니다.

(B): 지문에서 Big Bertha가 39마리의 송아지를 낳았다고 한 점으로 보아 주인이 Big Bertha를 'breeding'에 이용하기를 거부했다기보다는 오히려 적극적으로 이용한 것이라 유추할 수 있습니다.

(C): [3]문단의 'Big Bertha gained local and worldwide attention through her use in fundraising efforts.'에서 Big Bertha가 기금 활동에 사용됐음을 알 수 있으므로 (C)가 정답입니다. Big Bertha가 스스로 기금 활동에 참여했다는 것은 불가능함으로, 주인이 이용했다고 합리적으로 추측할 수 있는 선택지입니다.

(D): 케리 주 지문에서 두 차례 언급되었지만 주인이 Big Bertha가 죽고 난 뒤 여기를 떠났다는 단서는 어디에서도 찾을 수 없으므로 오답입니다.

[어휘] heifer 어린 암소 | give birth to ~을 낳다; ~을 일으키다 | breeding (번식을 위한 동물) 사육, 번식 | calf 송아지 | bull 황소 | father 아버지가 되다 | gap 차이, 격차 | mate 짝, 짝짓기 상대; 배우자 | numerous 수많은 | gain 얻다 | local 지역의, 현지의; 주민, 현지인 | fundraising 모금 | effort 활동; 노력, 수고 | parade 거리행진, 퍼레이드 | appearance 출현, 모습을 보임 | memorial 추모의, 기념하기 위한 | pub 술집, 퍼브(술을 비롯한 여러 음료와 흔히 음식도 파는 대중적인 술집) | honor 기리다, 예우하다 | remarkable 놀라운, 주목할 만한 | taxidermist 박제사 | stuff (동물을) 박제로 만들다; 채워 넣다 | on display 전시된 | spotlight (세간·언론의) 주목[관심]; 스포트라이트, 환한 조명   정답: (C)

PART 8

General Reading Comprehension

1-2. Read the passage and answer the questions.

[1] Although people almost always prefer face-to-face communication, if it is not possible, different age groups turn to different methods to talk.

[2] People born before 1970 largely prefer to speak over the phone. This Baby Boomer generation became adults before computers were widely used, and so they generally speak on the phone or leave voice messages.

[3] Those born in the 1970s (Generation X) have a preference for communication through email. They often even do so when email is not the best solution for the situation, such as working on large group projects.

[4] Generations Y and Z, or those born after 1980, generally choose instant messaging applications. They prefer this more casual form of communication to talk with their families, friends, and coworkers.

[5] Schools and businesses must remember these differences in communication styles and prepare for the future creation of new communication forms. If they do so, their organizations will run much more smoothly.

1. What can be inferred from the passage about future generations' communication styles?

(A) No one will make phone calls.
(B) Everyone will use instant messaging.
(C) E-mail will become popular once again.
(D) There will be new types of communication.

2. According to the passage, which type of communication would Baby Boomers likely prefer using?

(A) e-mails
(B) letters
(C) phone calls
(D) face-to-face conversations

[해석] [1] 사람들은 거의 언제나 얼굴을 마주 보고 대화하는 것을 선호하지만, 만일 그럴 수가 없다면, 각각의 연령대마다 다른 대화 방식으로 눈길을 돌린다.

[2] 1970년 이전에 태어난 사람들은 주로 전화로 대화하는 것을 선호한다. 베이비 붐 세대는 컴퓨터가 널리 쓰이기 이전 성인이 되었기 때문에, 이들은 대개 전화상으로 말하거나 음성 메시지를 남긴다.

[3] 1970년대에 태어난 사람들 (X세대)은 이메일을 통한 의사소통을 선호한다. 이들은 대규모 그룹 프로젝트 진행과 같이 이메일이 최선의 해결책이 아닌 상황에서도 종종 그렇게 한다.

[4] Y세대와 Z세대, 혹은 1980년 이후 태어난 이들은 일반적으로 실시간 메시지 앱을 선택한다. 이들은 가족, 친구, 그리고 동료들과 대화할 때 이러한 좀 더 격식 없는 의사 소통 형태를 선호한다.

[5] 학교와 기업은 의사소통 방식에 이러한 차이를 기억하고 추후 생겨날 새로운 의사소통 형태에 대비해야 한다. 그렇게 한다면, 그들의 조직은 훨씬 더 순탄하게 운영될 것이다.

---

1. 미래 세대의 의사소통 방식에 관해 지문으로부터 추론할 수 있는 것은 무엇인가?

(A) 아무도 전화 통화를 하지 않을 것이다.
(B) 누구나 실시간 메시지를 사용할 것이다.
(C) 이메일은 다시 한번 유행할 것이다.
(D) 새로운 의사소통 방식이 있을 것이다.

2. 지문에 따르면, 다음 의사소통 방식 중 베이비 붐 세대가 사용을 선호할 만한 것은 무엇인가?

(A) 이메일
(B) 편지
(C) 전화 통화
(D) 면대면 대화

[풀이] 1. 지문의 구성을 보면 의사소통 방식에 따른 세대를 시간순으로 설명하고 있습니다. 따라서 'future generation'에 관한 내용은 마지막 문단에 있을 가능성이 높습니다. [5]문단의 'Schools and businesses have to remember these differences in communication styles and prepare for the future creation of new communication forms.'에서 미래에 등장할 새로운 의사소통 방식에 대비하라고 당부한 것으로 보아 미래에 새로운 의사소통 방식이 나타날 것임을 전제하고 있다는 사실을 알 수 있으므로 (D)가 정답입니다. 나머지 선택지의 경우 언급되지 않았으므로 오답입니다.
정답: (D)

2. Baby Boomers에 관해 묻고 있는 문항으로, 베이비 붐 세대를 다루는 [2]문단에 집중하면 되겠습니다. [2]문단의 'they [The Baby Boomer Generation] generally speak on the phone or leave voice messages'을 통해 베이비 붐 세대는 대개 전화 통화 사용을 선호한다는 사실을 추론할 수 있으므로 (C)가 정답입니다. (A)의 경우, 이메일을 선호하는 세대는 1970년대에 태어난 X세대이므로 오답입니다.
정답: (C)

[어휘] face-to-face 마주 보는, 대면하는 | largely 대체로, 주로, 크게 | prefer ~을 더 좋아하다, 선호하다 | generation 세대 | leave 남기다; 떠나다 | preference 선호 | instant 즉각적인 | application 응용 프로그램 | casual 격식을 차리지 않는, 평상시의 | coworker 동료, 협력자, 함께 일하는 사람 | organization 조직, 단체, 기구 | run 운영[관리]하다 | smoothly 순탄하게, 순조롭게

1-2. Read the passage and answer the questions.

---

[1] Some people think that popping your knuckles is bad for you and may lead to problems like hand injuries and painful joints. But is that really true?

[2] Many people pop their knuckles every day. This could be just a habit, or it could bring actual physical relief. However, there is a common myth that popping your knuckles can harm your hand. Supposedly, damaged tissues and arthritis, an inflammation of the joints, can occur. Most people hear this myth from someone who dislikes the sound of popping knuckles, but it has no supporting evidence.

[3] The myth led scientists to research knuckle popping. They discovered that the noise knuckles make when popped is caused by small bubbles of air leaving the inside of the joint. These bubbles come out when the joint pressure is released by bending the knuckle. This can also feel relaxing because the stretching and cracking can stimulate finger nerves.

[4] Scientists also conducted studies on people who do and do not pop their knuckles. They found that among a group of 50-89 year-old people, those who popped their knuckles experienced less arthritis than those who did not.

---

1. Which of the following can be inferred from the passage about knuckle popping?

   (A) It is dangerous.
   (B) It is not bad for you.
   (C) Scientists do not know what it is.
   (D) You should only let professionals do it.

2. Which of the following can be inferred from the passage about people who pop their knuckles?

   (A) They are in a lot of pain.
   (B) They have studied knuckle popping before.
   (C) They feel relief when they pop their knuckles.
   (D) They are annoyed by the sound of popping knuckles.

When a piece of paper is folded 42 times

달에 가고 싶은 아이가 있었습니다. 아이는 밤마다 달에 가게 해달라고 기도했습니다. 그러자 요정이 나타나 아이에게 속삭였습니다. '종이 한 장을 가져오렴.' 아이는 하얀 종이를 가져왔습니다. '이 종이를 반으로 접어보렴.' 아이는 종이를 반으로 접었습니다. '또 반으로 접어보렴.' 아이는 종이를 또 반으로 접었습니다. 앞으로 '40번만 더 접다 보면 달에 갈 수 있을 거란다.' 아이는 부지런히 종이를 40번 더 절반으로 접었고, 마침내 달에 도착할 수 있었습니다.

허무맹랑한 이야기 같지만 기하급수적 증가exponential growth를 이해하면 꼭 그렇지만도 않습니다. 신문이나 뉴스에서 '기하급수적으로 늘어났다'라고 하면 무언가가 급격히 증가했다는 것을 뜻하는데, 과연 수학적으로 기하급수적 증가는 얼마나 빠른 증가일까요?

기하급수적 증가는 2배, 3배, 4배, ... 등 전 단계보다 곱절로 늘어나는 증가를 뜻합니다. 누군가가 여러분에게 동전 1개를 주고 30초 동안 1초에 10000개씩 늘어나게 하거나, 1초에 전보다 2배씩 늘어나는 것 중 하나를 택하라고 합니다. 대부분은 '만 개씩 늘어나는 게 좋은 거 아냐?'하고 첫 번째 선택지를 고릅니다. 하지만 이는 근시안적인 선택입니다.

- 첫 번째 선택 (10000개씩 증가)
  1, 10001, 20001, 30001, 40001, 50001, 60001, 70001, 80001, 90001, 100001, 110001, 120001, 130001, 140001, 150001, 160001, 170001, 180001, 190001, 200001, 210001, ...

- 두 번째 선택 (2배씩 증가)
  1, 2, 4, 8, 16, 32, 64, 128, 256, 512, 1024, 2048, 4096, 8192, 16384, 32768, 65536, 131072, 262144, 524288, 1048576, 2097152, ...

18초가 되면 첫 번째 선택은 두 번째 선택에 의해 동전 개수가 따라잡히고 그 이후로는 걷잡을 수 없이 격차가 벌어집니다. 이처럼 기하급수적 증가는 폭발적인 증가라고 볼 수 있습니다.

종이를 접는 이야기로 돌아가 볼까요? 종이를 한 번 접으면 두께는 이전 보다 두 배로 증가합니다. 종이 한 장의 두께가 0.1mm라고 한다면 한 번 접었을 때 두께는 0.2mm가 됩니다. 한 번 더 접으면 0.4mm가 되지요. 총 20번을 접으면 두께는 무려 100m가 됩니다. 총 27번 접으면 약 13.4km가 되어 에베레스트산보다 5km 더 높아집니다. 총 42번을 접으면 약 43만 9804km가 되어 지구와 달 사이의 평균 거리 38만 4000km보다 길어집니다. 얇은 종이를 42번밖에 안 접었는데 그새 달에 도착했습니다!

사실 종이를 42번 접는다는 것은 현실적으로 불가능합니다. 'You can't fold a single sheet of paper in half more than 7 times.' (종이는 일곱 번 넘게 반으로 접을 수 없다.)라는 말이 있는 것처럼, 종이를 계속 접게 되면 종이가 너무 단단해져서 시멘트처럼 부서지게 됩니다. 긴 화장실 휴지를 12번 접는 것에 성공한 브리트니 갈리반 (Britney Gallivan)이 제시한 이론에 의하면 종이를 여러 번 접으려면 그만큼 길이와 면적이 큰 종이가 필요하다고 합니다.

 Pop Quiz!

'Exponential growth'는 무슨 의미일까요?
(A) 느릿느릿 올라가는 증가
(B) 아주 급격한 증가

정답: (B)

Actual Test

Section II. Reading & Writing

정답과 해설 p.39

SECTION II. Reading and Writing

In SECTION II, you will be asked to demonstrate how well you understand written English. You will have approximately 35 minutes to complete this section. There are 35 questions separated into four parts, and directions are given for each part. You must mark your answers on the answer sheet provided.

PART 5. Picture Description

DIRECTIONS: In this portion of the test, you will be shown 6 pictures and corresponding incomplete sentences. From the choices provided, choose the word or words that match each picture and complete the sentence. Then, fill in the corresponding space on your answer sheet.

31.

I am happy that I _____ along well with a lot of people.

(A) go
(B) get
(C) make
(D) spend

32.

I'm _____ forward to visiting my grandparents this weekend! We're going to ride bikes together.

(A) seeing
(B) eyeing
(C) looking
(D) watching

33.

The Swimming World Championships take _____ every 4 years, just like the Olympics.

(A) pride
(B) place
(C) publicity
(D) popularity

34.

My model plane is broken. Can I fix this with _____ ?

(A) gluten
(B) bandage
(C) super glue
(D) super bond

35.

Why are you so depressed? Keep your _____ !

(A) leg up
(B) head in
(C) chin up
(D) hand in

36.

Kevin is _____ with the teacher. She caught him bullying his friends.

(A) in hot water
(B) in cold water
(C) in warm water
(D) in cool water

PART 6. Sentence Completion

DIRECTIONS: In this portion of the test, you will be given 10 incomplete sentences. From the choices provided, choose the word or words that correctly complete the sentence. Then, fill in the corresponding space on your answer sheet.

37. When I was _____, my sister was my best friend at school.

    (A) a child
    (B) an child
    (C) a children
    (D) an children

38. The teacher's mistakes _____ by the students.

    (A) unnoticed
    (B) is unnoticed
    (C) will unnoticed
    (D) were unnoticed

39. I _____ my brother my old bike but it broke the very next day.

    (A) will give
    (B) did given
    (C) had given
    (D) was given

40. The coach asked everyone _____ to the basketball court after lunch.

    (A) reports
    (B) to report
    (C) reporting
    (D) will report

41. Getting check-ups and _____ an active lifestyle is a good way to help maintain your health.

    (A) lead
    (B) leads
    (C) leading
    (D) is leading

42. You must _____ moderate how much time you spend on the computer.

    (A) be sure to
    (B) will sure to
    (C) was sure to
    (D) being sure to

43. We were at the amusement park but we were all too short _____ the rollercoaster.

    (A) got on
    (B) gets on
    (C) to get on
    (D) to getting on

44. My father _____ be at home than at the mall shopping.

    (A) rather
    (B) is rather
    (C) did rather
    (D) would rather

45. Their mother _____ permission, but the children stayed up anyway and watched the scariest horror movie they could find.

    (A) not gave
    (B) did not give
    (C) have not gave
    (D) not have giving

46. The sidewalks in the city are considerably worse _____ the suburbs.

    (A) than those of
    (B) than those to
    (C) of those than
    (D) to those than

PART 7. Practical Reading Comprehension

DIRECTIONS: In this portion of the test, you will be given 4 practical reading passages. Each passage will be followed by two, three or four questions. For each question, choose the best answer according to the passage and fill in the corresponding space on your answer sheet.

Questions 47-48. Refer to the following text messages.

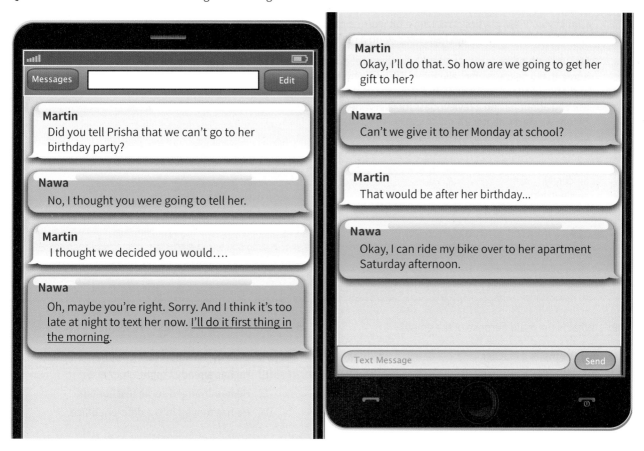

47. What does Nawa mean when she writes, "I'll do it first thing in the morning."?

   (A) She will see Prisha.
   (B) She will text Prisha.
   (C) She will buy Prisha's gift.
   (D) She will mail Prisha's gift.

48. What does Nawa say she will do before Prisha's birthday?

   (A) visit Martin's school
   (B) go to Prisha's apartment
   (C) ask Martin for directions
   (D) call Prisha over the phone

Questions 49-51. Refer to the following email.

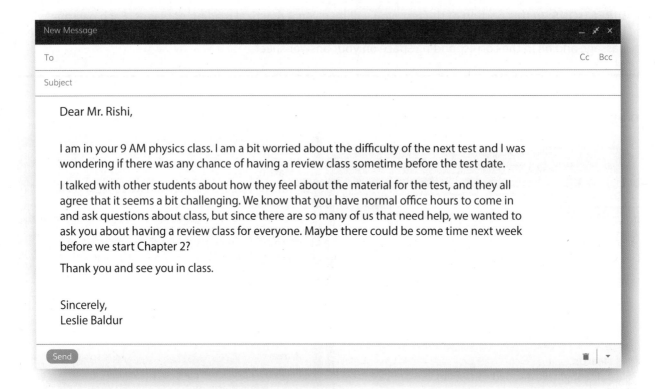

New Message

To   Cc   Bcc

Subject

Dear Mr. Rishi,

I am in your 9 AM physics class. I am a bit worried about the difficulty of the next test and I was wondering if there was any chance of having a review class sometime before the test date.

I talked with other students about how they feel about the material for the test, and they all agree that it seems a bit challenging. We know that you have normal office hours to come in and ask questions about class, but since there are so many of us that need help, we wanted to ask you about having a review class for everyone. Maybe there could be some time next week before we start Chapter 2?

Thank you and see you in class.

Sincerely,
Leslie Baldur

Send

49.   What is the main purpose of the email?

   (A) to thank a teacher
   (B) to move a test date
   (C) to sign up for a class
   (D) to ask for a review class

50.   What does Leslie Baldur claim?

   (A) A test interrupts a club meeting.
   (B) Students need to study for other classes.
   (C) Grading is going to be easier for the teacher.
   (D) Students cannot understand the material well.

51.   What is likely true about Mr. Rishi?

   (A) He is currently studying math.
   (B) He has already taught Chapter 1.
   (C) He has changed some test content.
   (D) He has moved into a different office.

Technology Takeover

Teen Statistics

96% of teens go online daily.

89% of teens use social media.

36% of teens say they are online "almost constantly".

57% of parents say they feel their teen is addicted to their mobile device.

78% of parents say their teens get distracted by their devices.

51% of teens say they feel addicted to their mobile device.

Negative Consequences

SLEEP
Sleep cycles are affected by cell phone abuse, including reduced sleep time and poor quality sleep.

NEGATIVE BODY IMAGE
Studies confirmed a connection between time on devices and increased negative feelings among teens about their appearance.

OBESITY
Research indicates that increased screen time by teens may lead to increased weight, as measured by body mass index (BMI).

DISTRACTION
Researchers found that social media and online activity were directly linked to students being distracted at school.

52. According to the information, what percentage of teens think they are addicted to mobile devices?

(A) 36%
(B) 51%
(C) 57%
(D) 78%

53. What is NOT listed as a problem associated with technology and teens?

(A) deprivation of sleep
(B) lower concentration in class
(C) decrease in physical activity
(D) bad feelings about appearance

54. In which of the following publications would this information most likely be found?

(A) a parenting magazine
(B) a healthy food magazine
(C) a company financial report
(D) an article about preschoolers

55. According to the teen statistics, what is true about teen technology use?

(A) All teens go online 7 days a week.
(B) Less than 5% of teens use no social media.
(C) 89% of teens report being online almost constantly.
(D) More than ¾ of parents report teen distraction from devices.

Actual Test

VOLUNTEER NOW! WE NEED YOU, YES YOU.

Dream Circle is a volunteer group that tries to help the environment. We are looking for people who want to help us make the planet a better place.

Volunteer Work Summary

This volunteer work involves visiting local parks, lakes, and beaches each summer to pick up trash. Responsibilities include gathering trash, throwing it away properly, and encouraging people to recycle. There are also events where volunteers plant trees and take care of local gardens.

Requirements

- Volunteers need to be friendly and social because trash pick-ups are done in groups of 10 people.
- Volunteers must be at least 8 years old.
- Volunteers must be able to work 5 hours a week or more.
- Volunteer experience is not required.

56. The word "involves" is closest in meaning to:

   (A) assists
   (B) includes
   (C) enhances
   (D) researches

57. Which of the following would a volunteer most likely NOT be expected to do?

   (A) plant a tree
   (B) remove weeds
   (C) help injured animals
   (D) gather plastic bottles

58. To do the job, which of the following do volunteers need to have?

   (A) their own trash bag
   (B) a high school diploma
   (C) at least five available hours weekly
   (D) prior eco-group volunteer experience

59. Which of the following mottos would most likely appear on Dream Circle's website?

   (A) Stop Animal Testing Today!
   (B) The Best Local Winter Hikes!
   (C) Books Are Gardens for the Mind!
   (D) Reduce, Re-use, Recycle, Repair, Refuse!

PART 8. General Reading Comprehension

DIRECTIONS: In this portion of the test, you will be provided with two longer reading passages. For the first passage complete the blanks in the passage summary using the words provided. Fill in your choices in the corresponding spaces on your answer sheet. The second passage will be followed by four questions. For each question, choose the best answer according to the passage.

Questions 60-61. Read the passage and answer the questions.

Has your face ever gotten warm or turned red when you were embarrassed? This is called blushing and is caused by an increase in heart rate and blood flow to the face. This reaction is automatic and often uncomfortable but it also has a social function.

A recent study has found that people who blush are more likely to be viewed positively and forgiven by their peers. Researchers think that the reason for this is that blushing shows that a person is truly embarrassed by their actions and knows their mistake, meaning they are more likely to not make the same mistake again. This leads to people to feel that the blushing person is more trustworthy and likeable.

Summary:

Blushing is caused by increased heart rate and blood flow to the face. Blushing can be uncomfortable but recent research has found that it also can be _____(60)_____ in social relationships. People are more likely to _____(61)_____ a person that blushes when they make a mistake than someone who does not.

60. Choose the most suitable word for the blank, connecting the summary to the passage.

   (A) harmful
   (B) unhelpful
   (C) beneficial
   (D) motivational

61. Choose the most suitable word for the blank, connecting the summary to the passage.

   (A) hate
   (B) love
   (C) trust
   (D) dislike

Questions 62-65. Read the passage and answer the questions.

[1] Artificial intelligence (AI) has developed a lot recently. There are many possible uses of AI, with self-driving cars and medical robots likely coming in the near future. The <u>utilization</u> of AI has lots of benefits but there are still many concerns that need to be considered. The development of AI poses several difficult issues that may not have clear answers.

[2] It is possible that AI could replace humans at their jobs. Not having to go to work may sound like a good result of AI at first, but a change like that would cause large societal issues like deciding how people will support themselves without a job.

[3] AI might even be developed to be self-aware at some point. If that were to happen, it would raise legal and ethical concerns about whether AI would be treated as machines or if they would be legally responsible like a human. Some people also think that AI may begin to think for themselves and decide to attack humans.

[4] These concerns may sound like science fiction but they are all very real and need our attention in order to be avoided.

62. What is the main idea of the passage?

(A) Nothing can make AI safe.
(B) AI makes many possible threats.
(C) AI will be common in the future.
(D) Learning to live without AI is important.

63. Which of the following is NOT mentioned in the passage?

(A) AI may become self-aware.
(B) AI could take jobs that humans do.
(C) AI is not a worry because it's developing slowly.
(D) There are many legal and ethical concerns with AI.

64. In paragraph [1], line 2, the word "utilization" is closest in meaning to:

(A) service
(B) objective
(C) application
(D) development

65. What would the author of this passage most likely suggest?

(A) developing AI quicker
(B) destroying all AI right now
(C) finding more ways to use AI in our lives
(D) being more careful about developing AI

This is the end of the TOSEL Actual Test. Thank you.

국제영어능력인증시험 (TOSEL)

HIGH JUNIOR

국제토셀위원회

한글이름

감독확인

수 험 번 호

SECTION I

문항	A	B	C	D
1	Ⓐ	Ⓑ	Ⓒ	
2	Ⓐ	Ⓑ	Ⓒ	
3	Ⓐ	Ⓑ	Ⓒ	
4	Ⓐ	Ⓑ	Ⓒ	
5	Ⓐ	Ⓑ	Ⓒ	
6	Ⓐ	Ⓑ	Ⓒ	Ⓓ
7	Ⓐ	Ⓑ	Ⓒ	Ⓓ
8	Ⓐ	Ⓑ	Ⓒ	Ⓓ
9	Ⓐ	Ⓑ	Ⓒ	Ⓓ
10	Ⓐ	Ⓑ	Ⓒ	Ⓓ
11	Ⓐ	Ⓑ	Ⓒ	Ⓓ
12	Ⓐ	Ⓑ	Ⓒ	Ⓓ
13	Ⓐ	Ⓑ	Ⓒ	Ⓓ
14	Ⓐ	Ⓑ	Ⓒ	Ⓓ
15	Ⓐ	Ⓑ	Ⓒ	Ⓓ

문항	A	B	C	D
16	Ⓐ	Ⓑ	Ⓒ	Ⓓ
17	Ⓐ	Ⓑ	Ⓒ	Ⓓ
18	Ⓐ	Ⓑ	Ⓒ	Ⓓ
19	Ⓐ	Ⓑ	Ⓒ	Ⓓ
20	Ⓐ	Ⓑ	Ⓒ	Ⓓ
21	Ⓐ	Ⓑ	Ⓒ	Ⓓ
22	Ⓐ	Ⓑ	Ⓒ	Ⓓ
23	Ⓐ	Ⓑ	Ⓒ	Ⓓ
24	Ⓐ	Ⓑ	Ⓒ	Ⓓ
25	Ⓐ	Ⓑ	Ⓒ	Ⓓ
26	Ⓐ	Ⓑ	Ⓒ	Ⓓ
27	Ⓐ	Ⓑ	Ⓒ	Ⓓ
28	Ⓐ	Ⓑ	Ⓒ	Ⓓ
29	Ⓐ	Ⓑ	Ⓒ	Ⓓ
30	Ⓐ	Ⓑ	Ⓒ	Ⓓ

SECTION II

문항	A	B	C	D
31	Ⓐ	Ⓑ	Ⓒ	Ⓓ
32	Ⓐ	Ⓑ	Ⓒ	Ⓓ
33	Ⓐ	Ⓑ	Ⓒ	Ⓓ
34	Ⓐ	Ⓑ	Ⓒ	Ⓓ
35	Ⓐ	Ⓑ	Ⓒ	Ⓓ
36	Ⓐ	Ⓑ	Ⓒ	Ⓓ
37	Ⓐ	Ⓑ	Ⓒ	Ⓓ
38	Ⓐ	Ⓑ	Ⓒ	Ⓓ
39	Ⓐ	Ⓑ	Ⓒ	Ⓓ
40	Ⓐ	Ⓑ	Ⓒ	Ⓓ
41	Ⓐ	Ⓑ	Ⓒ	Ⓓ
42	Ⓐ	Ⓑ	Ⓒ	Ⓓ
43	Ⓐ	Ⓑ	Ⓒ	Ⓓ
44	Ⓐ	Ⓑ	Ⓒ	Ⓓ
45	Ⓐ	Ⓑ	Ⓒ	Ⓓ

문항	A	B	C	D
46	Ⓐ	Ⓑ	Ⓒ	Ⓓ
47	Ⓐ	Ⓑ	Ⓒ	Ⓓ
48	Ⓐ	Ⓑ	Ⓒ	Ⓓ
49	Ⓐ	Ⓑ	Ⓒ	Ⓓ
50	Ⓐ	Ⓑ	Ⓒ	Ⓓ
51	Ⓐ	Ⓑ	Ⓒ	Ⓓ
52	Ⓐ	Ⓑ	Ⓒ	Ⓓ
53	Ⓐ	Ⓑ	Ⓒ	Ⓓ
54	Ⓐ	Ⓑ	Ⓒ	Ⓓ
55	Ⓐ	Ⓑ	Ⓒ	Ⓓ
56	Ⓐ	Ⓑ	Ⓒ	Ⓓ
57	Ⓐ	Ⓑ	Ⓒ	Ⓓ
58	Ⓐ	Ⓑ	Ⓒ	Ⓓ
59	Ⓐ	Ⓑ	Ⓒ	Ⓓ
60	Ⓐ	Ⓑ	Ⓒ	Ⓓ

문항	A	B	C	D
61	Ⓐ	Ⓑ	Ⓒ	Ⓓ
62	Ⓐ	Ⓑ	Ⓒ	Ⓓ
63	Ⓐ	Ⓑ	Ⓒ	Ⓓ
64	Ⓐ	Ⓑ	Ⓒ	Ⓓ
65	Ⓐ	Ⓑ	Ⓒ	Ⓓ

주의사항

1. 수험번호 및 답안은 검은색 사인펜을 사용해서 <보기>와 같이 표기합니다.
   <보기> 바른표기 : ● 틀린표기 : ⊗ ⊙ ◐ ◕
2. 수험번호(1)에는 아라비아 숫자로 쓰고, (2)에는 해당란에 ● 표기합니다.
3. 답안 수정은 수정 테이프로 흔적을 깨끗이 지웁니다.
4. 수험번호 및 답안 작성란 이외의 여백에 낙서를 하지 마시기 바랍니다. 이로 인한 불이익은 본인 책임입니다.
5. 마킹오류로 채점 불가능한 답안은 0점 처리되오니, 이점 유의하시기 바랍니다.

TOSEL
유형분석집

HIGH JUNIOR

Section II.
Reading & Writing

APPENDIX &
ANSWERS

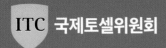

TOSEL
유형분석집

APPENDIX

HIGH JUNIOR

Section II.
Reading & Writing

account	n. 설명, 기술, 해석; 계좌
big mouth	입이 가벼운 사람, 떠들기 좋아하는 사람
break the ice	어색한[서먹서먹한] 분위기를 깨다
bumper	n. (자동차의) 범퍼
bumper to bumper	차가 꽉 들어찬, 자동차가 꼬리에 꼬리를 문
call it a day	(일과를) 끝내다, 마치다
Can I get a rain check (on ~)?	(~을) 다음으로 미루면 안 될까?, 다음에 (~을) 할 수 있을까요?
cash cow	(사업체의) 꾸준한 수익 상품
chat	v. 담소[이야기]를 나누다, 수다를 떨다
comfortable	adj. 편안한, 쾌적한
complicated	adj. 어려워진, 복잡해진, (병이) 악화된
crash	v. 충돌하다; 폭락하다; 고장 나다
crowded	adj. 붐비는, 복잡한
dump	n. (쓰레기) 폐기장, 쓰레기장 같은 곳
early bird	아침형 인간, 일찍 일어나는 사람
factor	n. 요인, 인자
get rid of	~을 없애다[처리하다]
give an account of	설명을 하다, ~의 이야기를 하다
have ~ in common	~한 공통점이 있다
head to head	정면으로 승부를 겨루어, 얼굴을 마주 대하고
junk	n. 폐물, 쓰레기, 쓸모없는 물건
lay	v. (바닥 등에) 놓다, 두다, 깔다
make a reservation	예약하다
make the bed	잠자리를 정돈하다, 이불을 개다
melt	v. 녹다, 녹이다
night owl	야행성 인간, 올빼미 같은 사람
one's cup of tea	취향, 기호에 맞는 것, 좋아하는 것
peak	n. 꼭대기, 절정, 정점
pull someone's leg	~를 놀리다
rain check	우천 교환권(경기·공연 등이 비가 와서 취소될 경우 나중에 쓸 수 있도록 주는 티켓)
rear	n. 뒤쪽
remove	v. 없애다; 치우다, 내보내다
rid	v. 없애다, 제거하다
smooth	v. 매끈하게 하다, 반듯하게 펴다
sooner or later	조만간, 머잖아

teddy bear	테디베어, (봉제) 곰 인형
throw a party	파티를 열다
urgent	adj. 긴급한, 시급한
warm	v. 따뜻하게 하다, 데우다
wax	n. 밀랍, 왁스
Why the long face?	왜 그런 우울한 얼굴을 하고 있어?
witness	n. 목격자

Part 6 | Sentence Completion

6-1. 복수명사 변형 p.36

-f, -fe로 끝나는 명사 → -f, -fe를 v로 고친 후 –es를 붙인다.	wolf - wolves, wife – wives leaf – leaves, knife – knives
-s, -sh, -ch, -o, x로 끝나는 명사 → -es를 붙인다	watch – watches, tomato – tomatoes bus – buses, box – boxes
자음+y로 끝나는 명사 → y를 i로 고친 후 -es를 붙인다.	lady – ladies, baby - babies cf. boy – boies → boys

6-2. 불가산 명사 p.36

Liquids (액체/기체)	blood, milk, water, coffee, oil, oxygen, air, gasoline
Abstract Nouns (추상명사)	advice, chaos, motivation, beauty, information, patience, peace, luck, knowledge, music, pride, health, help, significance, truth, wealth
Powder and Grain (분말&곡류)	rice, wheat, sand, salt, flour, sugar, dirt, dust, grass, pepper
Mass Nouns (집합적 물질명사)	furniture, hair, transportation, money, baggage, luggage, news, clothing, equipment, machinery, food, fruit
Natural Phenomena (자연현상)	sunshine, snow, rain, weather, fog, humidity, lightning, thunder, wind
States of being (상태)	sleep, stress, childhood
Feelings (감정)	anger, happiness, enthusiasm, courage, fun, confidence

6-3. 접미사 변형 규칙 (명사, 형용사, 동사, 부사) p.36, 38

Noun Suffixes	Examples of Nouns	Adjective Suffixes	Examples of Adjectives
-ance / -ence	dominance, defence	-able / -ible	portable, flexible
-ee	employee, trainee	-al	brutal, formal
-er / or	driver, writer, inventor	-en	broken, wooden
-ety / -ity / -ty	variety, equality, cruelty	-ese	Chinese, Japanese
-ment	disappointment, argument	-ful	helpful, useful
-ness	usefulness, kindness	-ic	classic, poetic
-ry	entry, ministry	-ive	active, productive
-ship	friendship, membership	-less	hopeless, useless
-sion / -tion / -xion	expression, population, flexion	-ly (Noun+ly)	daily, monthly, timely, lively, orderly, costly
		-ous	cautious, famous
		-y	cloudy, rainy

Verb Suffixes	Examples of Verbs	Adverb Suffixes	Examples of Adverbs
-ate	dominate, irritate	-ly (Adj+ly)	calmly, easily, happily, sadly
-en	harden, soften	-ward(s)	downwards, upwards
-ify	clarify, identify	-wise	clockwise, anti-clockwise
-ize	realize, industrialize		

대명사란 사람이나 사물의 이름을 대신 나타내는 말로, 명사를 통하지 않고 대상을 직접 가리키는 역할을 한다.

인칭대명사

		주격 (~은/는/이/가)	소유격 (~의)	목적격 (~을/를, ~에게)	소유대명사 (~의 것)	재귀대명사 (~자신)
1인칭	단수(나)	I	my	me	mine	myself
	복수(우리)	we	our	us	ours	ourselves
2인칭	단수(너)	you	your	you	yours	yourself
	복수(너희들)	you	your	you	yours	yourselves
3인칭	단수 여성(그녀)	she	her	her	hers	herself
	단수 남성(그)	he	his	him	his	himself
	단수 사물(그것)	it	its	it	-	itself
	복수 그들	they	their	them	theirs	themselves

주격 인칭대명사	주어 자리에서 쓰인다. **Jenny** is a great gamer. **She** knows a lot about adventure games. Jenny는 훌륭한 게이머이다. 그녀는 어드벤처 게임에 관해 많이 안다.
소유격 인칭대명사	'~의' 라고 해석, 명사 앞에 사용하여 소유 관계를 나타낸다. Minho left his math book in **his** locker. 민호는 사물함에 그의 수학책을 두었다.
목적격 인칭대명사	목적어 자리에 쓰인다.
소유대명사	소유격+명사를 나타내며, '~의 것'이라고 해석한다. 주어, 목적어, 보어 자리에서 모두 사용된다. Their cat is so much bigger than **ours**. I wonder what they feed **him**? 그들의 고양이는 우리 고양이보다 훨씬 크다. 그들이 그에게 무엇을 먹이는지 궁금하다.

지시대명사

명사이기 때문에 주어, 목적어, 보어 자리에 사용된다. 사람 또는 사물을 지시하여 언급할 때 지시대명사 this(이것/이 사람), that(저것/저 사람), these(이것들/이 사람들), those(저것들/저 사람들)를 사용한다. 또한 '이~' 또는 '저~' 라는 의미의 지시형용사로 사용되기도 한다.
cf. 앞에서 언급된 명사를 대신할 때 that of~(단수명사 지칭), those of~(복수명사 지칭)의 표현이 자주 쓰인다.

This chair is broken. Have a seat in **that** chair instead.
이 의자는 고장 났어. 대신에 저 의자에 앉아.
The heart of a mouse is much, much smaller than **that of** a blue whale.
쥐의 심장은 파란 고래의 것(심장)보다 훨씬, 훨씬 더 작다.

부정대명사

정해지지 않은 불특정한 명사를 대신하는 말

one 하나 | ones 둘 이상 | another 또 다른 하나 | others 다른 것들 | the others (정해진) 나머지들
some 몇몇 | most 대부분 | all 모두 | each 각각 | both 둘 다 | none 아무도

We talked a lot at the meeting, but we didn't decide on **anything**.
우리는 회의에서 많은 이야기를 나누었지만, 아무것도 결정하지 못했다.
Everybody has to grow up sometime.
누구나 언젠가는 어른이 되어야 한다.

6-5. 부사의 종류 p.38

일반부사	very 매우 | much 많이 | soon 곧 | now 지금 | then 그때 | ago 전에

A long, long time ago, dinosaurs roamed the earth.
오래, 오래전에, 공룡들이 지구를 돌아다녔다.

빈도부사	always 항상 | often 종종 | sometimes 때때로 | rarely 드물게 | hardly 좀처럼~않는 | never 결코~않다

While she was studying abroad, she called her parents often.
유학하는 동안, 그녀는 부모님에게 자주 전화드렸다.

강조부사	even 심지어 ~조차도 | only/just 오로지 | well 훨씬

This sweater is on sale for just 1,000 KRW! I'm getting it.
이 스웨터는 단돈 1000원에 세일하고 있어. 구입하겠어.

접속부사	however 그러나 | instead 대신에 | moreover 게다가 | thus 그러므로 | likewise 마찬가지로 | meantime 그 동안에 otherwise 그렇지 않으면 | therefore 그러므로 | nonetheless / nevertheless 그럼에도 불구하고

Junyoung spoke very quietly. Nonetheless, his speech impressed the judges and won him the first prize.
준영은 아주 작은 소리로 말했다, 그런데도, 그의 연설은 심사위원에 깊은 인상을 주었고 1등을 하게 했다.

의문부사	when 언제 | where 어디에 | how 어떻게 | why 왜

I don't know where my running shoes are. Did you put them somewhere?
내 런닝화가 어디 있는지 모르겠어. 네가 어디에다 놔두었니?

6-6. 헷갈리는 부사 p.38

high	(형)높은, (부)높게	highly	(부)매우	hard	(형)어려운, (부)열심히	hardly	(부)거의 ~않다
late	(형)늦은, (부)늦게	lately	(부)최근에	most	(형)대부분의	mostly	(부)대체로
short	(형)짧은, (부)갑자기	shortly	(부)곧	near	(형)가까운, (부)가까이	nearly	(부)거의
close	(형)가까운, (부)가까이	closely	(부)면밀하게				

I can see you worked hard on this essay. Well done!
이 에세이에 열심히 썼구나. 잘했다!
I can see you hardly worked on this essay. Next time, give yourself more time to do it.
이 에세이에 거의 공을 들이지 않았구나. 다음번엔, 시간을 들여서 하렴.

6-7. 원급 / 비교급 / 최상급 형태 변형 p.40

단모음+단자음 단어			자음+y로 끝나는 단어		
big 큰	bigger 더 큰	the biggest 가장 큰	easy 쉬운	easier 더 쉬운	the easiest 가장 쉬운

-ic, -able, -ive, ous, -al, -ful, -less, 명사+ly 로 끝나는 단어			불규칙 변화			
durable 내구성 있는	more durable 더 내구성 있는	the most durable 가장 내구성 있는	good/well 좋은/잘	better 더 나은	the best 가장 좋은	
			bad 나쁜	worse 더 나쁜	the worst 가장 나쁜	
friendly 친근한	more friendly 더 친근한	the most friendly 가장 친근한	many/much 많은	more 더 많은	the most 가장 많은	
			little 적은	less 더 적은	the least 가장 적은	

시간 전치사

at + 시각, on + 날짜/요일, in + 달/년도	at 9 o'clock, on September 3rd/Thursday, in September, in 2017
for + 시간 길이, during + 기간 (~동안)	for 5 years 5년 동안, during the summer 여름 동안
by + 시간 (~까지 동작의 완료, 시한) until + 시간 (~까지=till 동작의 계속성)	We need to hand this report in by Friday. Let's work faster, everyone! 우리 이 보고서를 금요일까지 제출해야 해요. 다들, 더 빨리 일합시다! We don't need to hand this report in until Friday, everyone. There's no rush! 우리 금요일까지는 이 리포트를 제출하지 않아도 돼요, 여러분. 서두를 필요 없어요! We will be working on this report until Friday. On Saturday, we can relax. 우리 금요일까지 이 리포트 작업할 거예요. 토요일 날, 쉴 수 있겠네요.
since + 과거를 나타내는 어구/절 (~이래로) from + 시작하는 시점 (~부터)	I love it here in Madrid! I've been living here since 2016. 여기 마드리드 너무 좋아! 2016년부터 여기서 살았어. I loved it in Madrid! I lived there from 2010 to 2016. I've been back in Busan for two years. 마드리드에서 너무 좋았어! 나는 거기서 2010년부터 2016년까지 살았어. 부산에 돌아와서 2년 동안 살고 있어.
within (~이내에) in (~후에/~만에 시간의 경과를 나타냄)	In a month, we're going to Tokyo. Our flight is booked for May 6th. I can't wait! 한 달 후에, 우리는 도쿄에 갈 거야. 항공편은 5월 6일로 예약됐어. 너무 기대돼! Within a month, we're going to Tokyo. We just don't know which date yet. 한 달 안에, 우리는 도쿄에 갈 거야. 아직 어떤 날짜일지는 몰라.

장소 / 방향 전치사

in ([큰 장소 안] 에) at ([특정 지점] 에) on ([표면 위] 에)	There's a cat sitting on the roof! How did it get up there? 지붕 위에 고양이가 앉아 있어. 저기에 어떻게 간 거지? Is the cat somewhere in the house? I can't find her anywhere! 고양이가 집 안 어딘가에 있어? 아무 데서도 찾을 수 없어!
by/next/beside (~옆에)	Don't put your computer by (= beside = next to) the sink. It could get wet. 싱크대 옆에 컴퓨터 놓지 마라. 젖을 수도 있어.
in front of (~앞에) in back of/behind (뒤에)	There's a big tree in front of/(in back of = behind) our school. The front yard is really shady. 우리 학교 앞/뒤에는 큰 나무 한 그루가 있다. 앞뜰은 아주 많이 그늘졌다.
between (개별적 개체들 사이에) among (집합적 무리들 중에)	Mina ran back and forth between two big trees. Mina는 큰 나무 두 그루 사이를 왔다 갔다 뛰어다녔다. Mina ran among the trees in the forest. Mina는 숲속의 나무들 사이로 뛰어다녔다.
along (~를 따라서) across (~를 가로질러) through (~를 통과하여) around (~를 돌아/주위에)	The city placed flower baskets along Main Street. 도시는 Main 가를 따라 꽃바구니를 설치했다. The city placed flower baskets around the downtown area. 도시는 시내 곳곳에 꽃바구니를 설치했다.
over ([표면에서 떨어져서] 위에) under ([표면에서 떨어져서] 아래에) below (~보다 아래에/밑에)	To get to the library, take the bridge that goes over the river. 도서관에 가려면, 강 위를 지나는 다리를 건너세요. The area under that bridge is cool and shady. People go there on hot days. 저 다리 밑의 구역은 시원하고 그늘이 진다. 사람들은 더운 날 거기에 간다.
past (~을 지나쳐서)	To get to the library, walk past the post office and the museum. It will be on your right. 도서관에 가려면, 우체국과 박물관을 지나 걸어가세요. 오른쪽에 있을 거예요.

기타 전치사	
about/regarding/concerning/as to (~에 관하여)	There's no decision **as to** where the meeting will take place. 어디서 회의가 열릴지 결정되지 않았다.
with (~와 함께) ≠ without (~ 없이)	He sang **with** feeling. It was a touching performance. 그는 감정을 가지고 노래했다. 매우 감동적인 공연이었다.
	He sang **without** feeling. It was a boring performance. 그는 감정 없이 노래했다. 지루한 공연이었다.
like (~처럼/같은) ≠ unlike (~와 같지 않게)	He sang **like** an angel. It was an amazing performance. 그는 천사처럼 노래했다. 놀라운 공연이었다.
	He sang **unlike** anyone else. It was a unique performance. 그는 다른 누구와도 다르게 노래했다. 독특한 공연이었다.
beyond (~이상으로, [능력,한계 등을]넘어서는)	Lots of people are living **beyond** the age of 100 these days. 오늘날에는 많은 사람들이 100살 넘게 산다.
by (~에 의해/~함으로써)	I won't live **by** their rules. 그들의 규칙대로 살지 않을 거야.
as (~로[서], ~처럼)	He's working **as** a waiter. 그는 웨이터로 일한다.
against (~에 반하여)	The students voted **against** changing the date of Sports Day. 학생들은 스포츠데이의 날짜를 바꾸는 것에 반대하여 투표했다.
following (~ 후에/잇따라)	**Following** the ceremony, there will be a party. 식이 끝나면, 파티가 있을 것입니다.
throughout (~전역에/[시간]내내)	Gita's parents smiled **throughout** her performance. Gita의 부모님은 그녀의 공연 내내 웃음을 지으셨다.
including (~을 포함하여)	**Including** me, there are seven people on the team. 나를 포함해서, 팀에는 7명의 사람이 있다.
except (~을 제외하고)	The library is open every day **except** Sunday. 도서관은 일요일을 제외하고 매일 열린다.
because of/due to/owing to/ thanks to/on account of (~때문에)	The show was cancelled **owing to** low ratings. 그 프로그램은 낮은 시청률 때문에 취소됐다.
	The show was a success **thanks to** the popularity of the lead actor. 주연 배우의 인기도 덕분에 그 프로그램은 성공이었다.
despite/in spite of (~에도 불구하고)	They still enjoyed their date **despite** the rain. 비가 왔어도 그들은 여전히 즐겁게 데이트했다.
	형태주의: They still enjoyed their date despite of the rain. (X) They still enjoyed their date **in spite of** the rain. (O)

6-9. 수동태의 종류, 시제, 형식 p.44

수동태 종류	수동태 시제	수동태 형식
단순형 수동태	현재/과거/미래	(현재) am/is/are + p.p (과거) was/were + p.p (미래) will be + p.p
진행형 수동태	현재/과거 진행형	(현재) am/is/are + being + p.p (과거) was/were + being + p.p
완료형 수동태	현재/과거/미래 완료형	(현재) have/has + been + p.p (과거) had + been + p.p (미래) will + have/has + been + p.p

interest	흥미롭게 하다	frustrate	좌절시키다
shock	충격을 주다	irritate	화나게 하다
excite	흥미진진하게 하다	disappoint	실망하게 하다
tire	피곤하게 하다	astonish/surprise	깜짝 놀라게 하다
embarrass	당황하게 하다		

6-11. 1형식과 2형식의 태, 4형식과 5형식의 수동태 p.44

1형식과 2형식 자동사 종류

1형식 자동사		be	~이다, ~가 있다
		grow/become	~해지다(하게 되다)/~되다
		go/come	오다/가다
		work	일하다
		live	살다
		rise/fall	오르다/내리다
		happen/occur	발생하다
		depart	떠나다
		arrive/get (to)	도착하다
		remain	남아있다
		exist	존재하다
2형식 자동사	상태 변화 동사 (~인 상태가 되다)	be	~이다
		become	~되다
		turn	~되다
		go	~되다
		run	~되다
	상태 유지 동사 (~한 상태를 유지하다)	remain	남다
		stay	머물다
		keep	유지하다
		last	지속되다
	지각동사	look/seem	~로 보이다, ~인 것 같다
		smell	~(특정한) 냄새가 나다
		sound	~처럼 들리다
		taste	맛이 ~하다
		feel	기분이 ~하다
	판명&입증 동사	turn out	모습을 드러내다
		prove	~임이 드러나다/판명되다

4형식 문장의 수동태

수동태 문장에서 직접목적어가 주어일 때 간접목적어 앞에 전치사 **to** 또는 **for** 사용

to를 갖는 동사	give, tell, send, write, show, teach, offer 등
for을 갖는 동사	make, build, buy, find, cook 등

능동태 My aunt <u>sent me the fastest racing drone</u>.
동사 간접목적어 직접목적어
고모가 나에게 가장 빠른 레이싱 드론을 보내주셨어.

수동태 <u>The fastest racing drone</u> was sent <u>to</u> me by my aunt.
직접목적어 주어 전치사 to
고모가 나에게 가장 빠른 레이싱 드론을 보내주셨어.

수동태 I was sent the fastest racing drone.
간접목적어 주어
가장 빠른 레이싱 드론을 나에게 보내주셨다.

수동태로 자주 사용되는 5형식 동사

be asked/requested/required/inquired/invited to V	요청 받다
be expected to V	기대된다
be encouraged to V	고무되다
be allowed/permitted to V	허용/허락되다
be supposed to V	~하기로 되어있다
be advised to V	권고되다
be scheduled to V	할 예정이다
be urged to V	촉구되다
be reminded to V	상기되다

6-12. 동사의 시제
p.46

시제 구분	세부 시제	동사 형태 (예문)
단순시제	단순 현재	We usually **eat** dinner at around 6:30 PM. 우리는 보통 오후 6시 반쯤에 저녁을 먹는다.
	단순 과거	We got home late yesterday, so we **ate** dinner at 8:00 PM. 우리는 어제 늦게 귀가했다, 그래서 오후 8시에 저녁을 먹었다.
	단순 미래	We have no special plans tomorrow, so we **will** probably **eat** dinner at our regular time. 우리는 내일 특별한 계획이 없다, 그래서 아마 평소 먹는 시간에 저녁을 먹을 것이다.
진행시제	현재 진행	I can't hang out tonight. I'm **preparing** for a dance competition and have to practice all night. 오늘 밤 못 놀아. 춤 대회 준비하고 있는 중이고 밤새 연습해야 해.
	과거 진행	I'm sorry I didn't call you back last night. I was **preparing** for a dance competition and had to practice all night. 어젯밤에 다시 전화 안 해서 미안해. 춤 대회 준비하는 중이었고 밤새 연습해야 했어.
	미래 진행	All next week I'll **be preparing** for a dance competition and won't be able to hang out. 다음 주 내내 나는 춤 대회를 준비하고 있을 것이고 놀지 못할 거야.
완료시제	현재 완료	Kelly **has** already **caught** three fish, and it's only 8:00 in the morning! Kelly는 벌써 생선 세 마리를 잡았는데, 이제 겨우 아침 8시다!
	과거 완료	Kelly **had** already **caught** three fish by the time we arrived. Kelly는 우리가 도착했을 때 이미 생선 세 마리를 잡은 상태였다.
	미래 완료	By the end of this fishing trip, Kelly **will** likely **have caught** more fish than anyone else on the boat. 이 낚시 여행이 끝날 무렵이면, Kelly는 배에 있는 다른 누구보다도 더 많은 생선을 잡아놨을 것이다.

6-13. 목적격보어 자리에 to부정사를 갖는 동사 (S+V+O+OC[to부정사])

p.48

want	원하다	expect	기대하다
tell	말하다	enable	할 수 있게 하다
advise	조언하다	encourage	고무시키다
allow	허락하다	permit	허락하다
ask	요청하다	persuade	설득하다
order	명령하다	force	강제로 ~하다
lead	이끌다	teach	가르치다
remind	상기시키다	cause	야기시키다

6-14. 원형부정사와 현재분사

p.48

사역동사	(make, have, let) 목적격 보어 자리에 원형부정사를 갖는다.
	Now that Heidi's in high school, her parents let her stay out until 10:00 PM. 이제 Heidi가 고등학교에 다니기 때문에, 그녀의 부모님은 오후 10시까지 그녀가 외출할 수 있도록 했다.
준 사역동사	(help) 목적격 보어 자리에 원형부정사와 to부정사 모두 가능하다.
	Thanks for the recipe! I'm sure it will help me bake a perfect cake. 레시피 고마워! 나는 그것이 완벽한 케이크를 굽는 걸 도와줄 거라고 확신해.
지각동사	(see, hear, feel, watch, etc.) 목적격 보어 자리에 원형부정사 또는 현재분사를 갖는다.
	Mohammed watched the sun slowly set over the sea. Mohammed는 바다 위로 해가 천천히 지는 것 보았다.

6-15. 목적어 자리에 동명사를 갖는 동사 (S+V+O[동명사])

p.50

mind	꺼리다, 상관하다	dislike	싫어하다
give up	포기하다	quit/discontinue	끊다
avoid	회피하다	escape	탈출하다
finish	끝내다	enjoy	즐기다
suggest	제안하다	recommend	추천하다
delay = postpone = put off	연기하다	cancel = call off	취소하다
deny	부정하다	practice	연습하다
imagine	상상하다	consider	고려하다

6-16. 목적어 자리에 to부정사와 동명사 모두 가능한 동사 (S+V+O[to부정사/동명사])

p.50

prefer/like/love	좋아하다	start/begin	시작하다
hate	싫어하다	continue	계속하다
bother	신경쓰다		

6-17. 목적어 자리에 to부정사와 -ing를 모두 갖지만 뜻이 달라지는 동사 p.50

forget[remember] + to V	~해야 할 것을 잊다[기억하다] (미래 내포)
forget[remember] + ~ing	~한 것을 잊다[기억하다] (과거 내포)
regret + to V	~해야 할 것이 유감이다 (미래 내포)
regret + ~ing	~한 것을 후회하다 (과거 내포)
try + ~ing	시험 삼아 해보다
try + to V	하려고 노력하다
stop + ~ing	~하던 것을 멈추다
stop + to V	~하기 위해 멈추다 (부사적 용법: 목적)
need + ~ing	~이 될 필요가 있다 (수동해석)
need + to V	~을 필요로 하다 (능동해석)
can't help + ~ing	~하지 않을 수가 없다
help + to V	~을 돕다

6-18. 동명사(-ing)와 현재분사(-ing)의 차이 p.52

동명사: 명사처럼 주어, 목적어, 보어 역할을 하며 '~하는 것' 이라고 해석

Skateboarding by the river is a great way to pass the time.
강을 따라 스케이트보드를 타는 것은 시간을 보내는 좋은 방법이다.

You should avoid **texting** on your phone during a movie.
영화를 볼 동안 휴대폰으로 문자 하는 것을 삼가야 한다.

현재분사: 형용사처럼 명사를 꾸며주며 '~한/~하는' 이라고 해석

Skateboarding by the river, Jen noticed there were fewer people than normal.
강을 따라 스케이트보드를 타면서, Jen은 평소보다 사람이 적다는 것을 깨달았다.

They spent the entire movie **texting** on their phones.
그들은 영화 상영 내내 휴대폰으로 문자를 하면서 시간을 보냈다.

6-19. 특수 분사구문 p.52

동시에 일어나는 상황을 나타내고자 할 때 사용하는 구문

with + 목적어 + -ing (능동)   with + 목적어 + p.p (수동)

He ran out of the house **with his bag** still **sitting** on the kitchen counter.
부엌 조리대 위에 그의 가방이 여전히 놓여있는 채로, 그는 집 밖으로 달려나갔다.

The magician did a card trick **with his eyes closed**.
마술사는 눈을 감은 채로 카드 마술을 했다.

분사의 강조

분사 + as + 주어 + 동사: ~하기는 했지만

Annoyed as we were by the mosquitoes, we still had a great vacation.
모기 때문에 짜증이 났었어도, 우리는 여전히 훌륭한 휴가를 보냈다.

the + 분사

the+분사 다음에 people이나 person이 생략되면서 '~하는 사람(들)'을 의미한다.

the young	젊은이들	the employed	취업자들
the wounded	부상당한 사람들	the accused	피고
the wicked	사악한 자들	the deceased	고인
the unemployed	실직자들		

These new policies are great for **the employed**, but do they help **the unemployed**?
이 새 정책들은 취업자들에게는 좋지만, 실업자들에게 도움이 될까요?

등위접속사

and	그리고	but	그러나	for	왜냐하면
or	또는	so	그래서	yet	그래도

단어+단어	The noodles here are somehow <u>salty</u> yet <u>sweet</u>. 여기 국수는 왜 그런지 짜지만 달다.
구+구	Do you prefer <u>crispy noodles</u> or <u>boiled ones</u>? 바삭바삭한 국수와 삶은 국수 중에 어느 것을 선호하세요?
절+절	<u>I ordered the crispy noodles</u>, but <u>they weren't as good as I had expected</u>. 바삭바삭한 국수를 주문했다, 하지만 내가 기대한 것보다 그렇게 좋지는 않았다.

cf. A and B'로 연결될 때는 동사를 주어가 복수인 경우에 맞춰 쓰고, 'A or B'로 연결 될 때는 B에 일치시켜 쓴다.

명사절 접속사

that (+완전한 절) / what (+불완전한 절) : '~것'으로 해석	The issue is that <u>he doesn't know how to dance</u>. 문제는 그가 춤을 추는 법을 모른다는 것이다. I understand her making the decision, but what <u>I don't understand</u> is why she didn't even listen to me. 나는 그녀가 결정을 내리는 걸 이해하지만, 내가 이해할 수 없는 것은 왜 그녀가 내 말을 들으려고도 하지 않는다는 것이다.
whether / if (+완전한 절) : '~인지 아닌지'로 해석	They haven't told us if <u>they are coming to the party</u>. 그들은 우리에게 그들이 파티에 올 것인지 말해주지 않았다. *if는 주어자리와 전치사의 목적어자리에서는 사용할 수 없다.
의문대명사 (+불완전한 절) : who[whom], what, which 의문형용사+명사 (+불완전한 절) : whose, what, which 의문부사 (+완전한 절) : where, when, how, why	Whom <u>did you dance with</u>? 누구랑 춤을 춘 거니? I don't know whose <u>earphones these are</u>. Are they yours? 이게 누구 이어폰인지 모르겠어. 네 거니? It's not clear why <u>they cancelled the show</u>. I'm so disappointed! 왜 그들이 그 프로그램을 취소했는지 분명하지가 않다. 정말 실망스럽다!
복합관계대명사 (+불완전한 절) : who[m]ever, whatever, whichever 복합관계형용사+명사 (+불완전한 절) : whosever, whatever, whichever cf. 복합관계대명사/형용사 모두 '~이든지'라고 해석될 때, 'no matter 의문사'로 바꾸어 쓸 수 있다.	The bus and train both cost the same. I'll take whichever <u>gets me to town faster</u>. 버스와 기차는 가격이 같다. 어느 것이든 시내에 더 빨리 갈 수 있는 것을 탈 것이다. The bus and train both cost the same. I'll take whichever <u>mode of transport</u> gets me to town faster. 버스와 기차는 가격이 같다. 어느 교통수단이든 시내에 더 빨리 갈 수 있는 걸 탈 것이다. No matter how <u>you travel</u>, there will be some delays today due to the weather. 어떻게 여행을 하든 간에, 오늘은 날씨 때문에 약간의 지연이 있을 것이다.

부사절 접속사

시간	after	~ 후에	before	~ 전에
	when	~할 때	while	~ 동안에
	as	~할 때	until	~까지
	as soon as	~하자마자	since	~이래로

Before you leave the house, check that all the lights are off.
집에서 나가기 전에, 불이 모두 꺼졌는지 확인하렴.

조건	if = assuming (that) = supposing (that)	~라면
	in case (that) = in the event (that)	~을 대비하여
	as long as = provided/providing (that)	~하는 한

As long as you don't tell any embarrassing stories about me, Dad, you can meet my boyfriend.
저에 관해 창피한 이야기만 하시지 않는다면, 아빠, 제 남자친구 소개해드릴 수 있어요.

이유	because, since, as	~ 때문에
	now that	~이니까
	in that	~라는 점에서

Since we've got band practice after school today, we'll eat at school.
오늘 방과 후에 밴드 연습이 있어서, 우리는 학교에서 밥을 먹을 것이다.

양보	though, although, even though, even if	비록 ~일지라도
	while, whereas	반면에

I still want to be your friend, **even if** you did say my jokes were dumb.
난 여전히 너의 친구가 되고 싶어, 네가 내 농담이 바보 같다고 해도 말이야.

목적	so that = in order that	~하도록
	lest	~하지 않도록

She would always close the door while practicing the drums **lest** she disturb anyone.
그녀는 드럼 연습을 하는 동안 다른 사람을 방해하지 않도록 항상 문을 닫고는 했다.

결과	so/such ~ that	매우 ~해서 ~이다

The teacher's story was **so** boring **that** half the class fell asleep.
선생님의 이야기는 너무 지루해서 수업의 반이 잠이 들었다.

기타	as if = as though	마치 ~처럼
	as = like	~처럼
	except that = but that	~을 제외하고
	given that = considering that	~을 고려했을 때

Given that you've had one month to read this book, it's surprising that you're still on page 2.
네가 이 책을 읽는 데 한 달의 시간이 있었다는 걸 고려하면, 아직도 2쪽에 있다는 게 놀랍다.

복합관계 부사	whenever 주어+동사	1) ~할 때면 언제든지 2) 언제~이든 상관없이
	wherever 주어+동사	1) ~곳이면 어디든지 2) 어디서~이든 상관없이
	however+형용사/부사+주어+동사	아무리 ~일지라도

cf. 복합관계대명사와 마찬가지로 복합관계부사도 'no matter 의문사'로 바꾸어 쓸 수 있다.

상관접속사		
both A and B	A와 B 양쪽 다	복수 취급
either A or B	A 또는 B	
neither A nor B	A와 B 둘 다 아닌	
not only A but (also) B (=B as well as A)	A 뿐만 아니라 B도	B에 동사의 수 일치
not A but B (=B but not A, =(only) B, not A)	A가 아니라 B	

Neither the Lions **nor** the Tigers <u>made</u> it to the play-offs.
Lions도 Tigers도 플레이오프에 진출하지 못했다.

She is **not only** a talented artist, **but also** a skillful computer programmer.
그녀는 재능있는 예술가일 뿐만 아니라 능숙한 컴퓨터 프로그래머이다.

6-21. 관계대명사의 종류 p.56

선행사	주격	소유격	목적격(생략가능)
사람	who	whose	whom
사물/동물	which	whose/of which	which
사람/사물/동물	that	-	that

6-22. 관계부사의 종류

시간	선행사	time, the day, last year 등 시간을 나타내는 어구
	관계부사	when (전치사+관계대명사: in/at/on + which)
장소	선행사	the place, the town 등 장소를 나타내는 어구
	관계부사	where (전치사+관계대명사: in/at/on + which)
이유	선행사	the reason
	관계부사	why (전치사+관계대명사: for which)
방법	선행사	the way cf. the way와 how는 함께 쓸 수 없다.
	관계부사	how (전치사+관계대명사: in which)

6-23. be동사의 인칭별 활용 형태 p.60

	단수	복수	
1인칭	I am/was	We are/were	<u>I am</u> fourteen years old. 나는 열네 살이다.
2인칭	You are/were	You are/were	<u>My pet iguanas</u> **are** too fast to catch. 내 애완 이구아나들은 너무 빨라 잡기 힘들다.
3인칭	(s)he/it is/was	They are/were	<u>Akna</u> **is** my youngest sister. Akna는 내 가장 어린 여동생이다.

6-24. 수 일치의 기타 규칙
p.60

① 제목이나 이름 등은 단수 취급한다.

The Dogs is a must-watch play.
*The Dogs*는 꼭 봐야 하는 연극이다.

② 하나의 절(that절, what 관계절, to부정사, 동명사 등)은 단수 취급한다.

That I can't go to the concert still upsets me.
콘서트에 갈 수 없다는 것이 아직도 나를 화나게 한다.

Eating breakfast has never been a part of my daily routine.
아침을 먹는 것은 내 일상생활의 일부였던 적이 전혀 없다.

③ 복수 형태 명사(scissors, glasses, jeans, pants, shoes, shorts, ...)는 주어에 따라 단수/복수 취급한다.

The glasses are on the table. (주어가 the glasses)
안경이 탁자 위에 있다.

The pair of glasses is on the table. (주어가 the pair)
안경 한 짝이 탁자 위에 있다.

④ 집합 명사(family, team, group, crowd, ...)는 의미에 따라 단수/복수 취급한다.

하나의 구성(unit)으로 취급할 때	단수 취급	The team poses a great threat to the former world champion. 그 팀은 이전 우승팀에게 큰 위협으로 다가왔다.
개별 구성원들(members)의 집합을 의미할 때	복수 취급	The team (members) were supporting each other during the game. 그 팀은 경기하는 동안 서로를 지지해줬다.

⑤ there is / there are

주어가 단수일 때	there is/was/has been ~	There is Mr. Goodman's special collection of space toys. Goodman 씨의 특별한 우주 장난감 컬렉션이 있다.
주어가 복수일 때	there are/were/have been ~	There were a few tall trees in the backyard a long time ago. 오래전 뒷마당에는 큰 나무가 몇 그루 있었다.

⑥ 한정사 (every, each, both, some of)

every ~	단수 취급	Every line of these poems begins with "s". 이 시들의 모든 행은 "s"로 시작한다.
each ~	단수 취급	Each quiz is worth 5 points. 각 퀴즈는 5점입니다.
both ~	복수 취급	Both his grandparents love to play tennis. 그의 조부모님 두 분 모두 테니스 치는 것을 좋아하신다.
some of ~	가산 명사 - 복수 취급	Some of her paintings illustrate the ancient Chinese armors. 그녀의 그림들 중 몇은 고대 중국의 갑옷을 보여준다.
	불가산 명사 - 단수 취급	Some of her advice comes from her personal experience working at a museum. 그녀의 몇몇 조언은 박물관에서 일하면서 얻은 개인적인 경험으로부터 나온다.

6-25. 목적어의 형태
p.62

명사/대명사	We'll run a half marathon this Saturday. 우리는 이번 주 토요일에 하프 마라톤을 뛸 것이다.
동명사	Oskar enjoyed singing in a school choir. Oskar는 학교 합창단에서 노래 부르는 것을 즐겼다.
to부정사	Petra decided to own an animal cafe. Petra는 동물 카페를 소유하기로 결정했다.
that절	The company said that their top secret ice cream recipe was stolen. 그 회사는 자신들의 일급비밀 아이스크림 제조법이 도난당했다고 말했다.
의문절	Mr. Platt asked why I was late for school. Platt 선생님이 내가 왜 학교에 지각했는지 물으셨다.
what 관계절	Did you hear what happened to Finny the Dolphin at the aquarium? 수족관에서 돌고래 Finny한테 무슨 일이 있었는지 들었니?

Part 7 | Practical Reading Comprehension

Advertisements / Product Labels

ranking	n. 순위, 랭킹
range	n. 범위, 폭, -대(臺)
advantage	n. 이점, 장점
drawback	n. 결점, 문제점
long-lasting	adj. 오래 지속되는
charge	v. 충전하다; 청구하다; n. 충전; 요금
impractical	adj. 실용적이지 않은, 터무니없는, 비현실적인
struggle	n. 힘든 것, 몸부림, 분투; v. 몸부림치다, 투쟁하다
relatively	adv. 비교적
one-of-a-kind	adj. 특별한, 독특한
run out of	~을 다 써버리다
mind	v. 언짢아하다, 상관하다
limited	adj. 한정된, 제한된
breathtaking	adj. (너무 아름답거나 놀라워서) 숨이 막히는
range from A to B	(양 · 크기 등의 범위가) A에서 B 사이이다
local	adj. 지역의, 현지의
influence	v. 영향을 주다; n. 영향
budget	n. 예산
flight	n. 항공편; 비행
charm	n. 매력
feature	v. 특징으로 삼다, 특별히 포함하다; n. 특징
non-stop	adj. 도중에 쉬지 않는, 직행의; adv. 직행으로
resident	n. 거주자, 주민
ground-breaking	adj. 획기적인
borderless	adj. 경계 없는, 국경 없는
available	adj. 이용할 수 있는, 구할 수 있는
fit	v. ~에 맞다
upgrade	v. 업그레이드하다, 개선하다, 승급시키다; n. 개선
previous	adj. 이전의
impressive	adj. 인상적인
built-in	adj. 내장된, 붙박이의

recognition	n. 인식, 알아봄
affordable	adj. (가격이) 적당한
warranty	n. (품질) 보증[서]

Test Messages

sound	v. ~로 들리다; n. 소리
restaurant	n. 식당
out of the way	(더 이상 방해가 안 되도록) 비키어
send-off	n. 배웅, 전송
permission	n. 허가, 허락, 인가
arrange	v. 마련하다, (일을) 처리[주선]하다
drop off	v. ~을 놓고 가다
make it	도착하다; 해내다
exhibition	n. 전시[회]
upset	v. 속상하게 만들다[하다]; adj. 괴로운
expensive	adj. 비싼
maybe	adv. 아마, 어쩌면
text	v. 문자메시지를 보내다; n. 문자메시지; 본문
over to	~로

Emails / Letters

frequently	adv. 자주, 흔히
lately	adv. 최근에, 얼마 전에
front desk	n. 안내 데스크
contact	n. 연락, v. 연락하다
deal with	다루다; 처리하다
focus	v. (관심·노력 등을) 집중하다[시키다]; n. 주안점
appreciate	v. 고마워하다
increase	v. 늘리다, 증가하다; n. 증가
order	v. 주문하다, n. 주문
explain	v. 설명하다
concern	n. 걱정, 근심
marketing team	n. 마케팅 팀
decide	v. 결정하다
would like	v. ~하고 싶다
design	n. 디자인; 설계; v. 창조하다
advertisement	n. 광고
come in	v. 밀려[들어]오다
discuss	v. 논의하다
final	adj. 마지막의, 최종의

wonder	v. 궁금하다, 궁금해하다
full-time	adj. 풀타임의, 상근의; adv. 풀타임으로
best regards	n. 안부
community	n. 주민, 지역 사회, 공동체
honor	n. 명예; v. 공경하다
premiere	n. (영화의) 첫 개봉, 시사회
admission	n. 입장
talented	adj. 재능이 있는
maximum	adj. 최대의; n. 최대[치]
capacity	n. 수용력, 용량
refreshment	n. 다과, 가벼운 식사
purchase	n. 구입, 구매
fund	n. 기금, 자금, 돈
raise	v. (자금·사람 등을) 모으다, 얻어 내다; n. 인상
difficulty	n. 어려움
chance	n. 기회
review	n. 복습, 검토, 검토하다
agree	v. 동의하다
challenging	adj. 어려운, 도전적인
office hours	n. 학생면담시간, 근무시간, 진료시간
sincerely	adv. 진심으로

Notices / Announcements

notice	v. 주목하다, 알아채다; n. 신경씀, 주목, 알아챔
rely on	v. ~에 의지하다, ~을 필요로 하다
crucial	adj. 중대한, 결정적인
guideline	n. 지침
interaction	n. 상호 작용
distraction	n. 집중을 방해하는 것
correct	adj. 맞는, 정확한
recommend	v. 추천하다, 권고하다
simply	adv. 그냥, 그저
cash register	n. 계산대, 금전 등록기
instruction	n. 지시, 설명
booklet	n. 소책자
valued	adj. 소중한
customer	n. 고객
business	n. 비즈니스, 사업
pleasure	n. 기쁨
provide	v. 제공하다

community	n. 공동체
unfortunately	adv. 불행하게도
retire	v. 은퇴하다
search for	v. ~를 검색하다, ~을 찾다
continue	v. (쉬지 않고) 계속되다; n. 지속
until	prep. ~까지
mention	v. 언급하다
reopen	v. 다시 문을 열다[시작되다]
sale	n. 판매
dedicate	v. (시간·노력을) 바치다, 전념[헌신]하다
free	adj. 무료의, 자유로운
gather	v. 모으다
membership	n. 회원 (자격·신분)
fee	n. 요금
host	v. (행사를) 주최하다
encourage	v. 권장[장려]하다
in detail	상세하게
advertise	v. 광고하다, 알리다
recruit	v. 모집하다
make up	v. ~을 만들어 내다
involve	v. 포함하다, 수반하다
responsibility	n. 책임(맡은 일), 책무
take care of	~을 돌보다
enhance	v. 높이다, 향상하다
diploma	n. 졸업장, 수료증; (대학의 학습) 과정

Websites

vast	adj. 어마어마한, 방대한
strive	v. 분투하다
accomplish	v. 완수하다, 성취하다
further	adj. 더 이상의, 추가의; adv. 더 멀리에[로]; 더; 더욱이
certified	adj. 보증[증명]된
permanent	adj. 영구적인
weekday	n. 평일
determine	v. 알아내다, 밝히다
annually	adv. 일 년에 한 번
performance	n. 공연, 연주회
scholarship	n. 장학금
regular	adj. 정기적인, 규칙적인
date	n. 날짜

harmful	adj. 해로운[유해한]
selection	n. 선택, 선정
broad	adj. 폭넓은, 광대한
coverage	n. (적용, 보장) 범위
resistant	adj. ~에 잘 견디는[강한]
expiry date	n. 유통기한
comparison	n. 비교, 비교함
advisory	adj. 자문[고문]의
give a presentation	발표하다, 보고하다
celebrate	v. 기념하다, 축하하다
package	n. 패키지, (일괄적으로 묶거나 포장한) 상품, 포장물
mailing list	n. 우편물 수신자 명단
monthly	adj. 매월의, 한 달에 한 번의
discount	n. 할인
sign up	v. 등록하다
give away	v. ~을 선물로 주다, 기부하다

Schedules	
intensive	adj. 집중적인, 집약적인
placement	n. 배치, 설치
orientation	n. 오리엔테이션, 예비 교육; 방향, 지향
post	v. 게시하다
break	n. 휴식 (시간)
place	v. 배치하다
during	prep. ~동안
attend	v. 참석하다
if necessary	필요하면
event	n. 행사
preparation	n. 준비
prepare	v. 준비하다[시키다]
beverage	n. (물 외의) 음료
set up	v. 을 세우다[놓다]
ticket handlers	n. 표, 입장권 등을 취급[처리]하는 사람
guest	n. 손님, 하객, 내빈
dining room	n. 식당(방)
server	n. 서브하는 사람
clean-up	n. 정화 (작업)
crew	n. 분대, 팀
full	adj. 가득한, 빈 공간이 없는
list	n. 리스트, 목록, 명단

volunteer	n. 자원봉사자
one-day	adj. 하루 동안의
prior	adj. 사전의
experience	n. 경험
receive	v. 받다, 받아들이다

Part 8 | General Reading Comprehension

Science · 과학

cause	v. ~을 일으키다[초래하다]; n. 원인
harm	n. 해, 피해, 손해; v. 해치다
chemical	adj. 화학 물질; 화학의
poison	n. 독
protein	n. 단백질
health	n. 건강
display	n. 디스플레이(컴퓨터 화면에 나타나는 정보); v. 전시[진열]하다
power	n. 전기, 동력, 에너지
accurate	adj. 정확한; 정밀한
measure	v. 측정하다; n. 대책, 방안
equation	n. 방정식, 등식
estimate	n.추정(치), 추산; v. 추정하다
artificially	adv. 인위적으로; 부자연스럽게
steam	n. 증기, 수증기
explode	v. 터지다[터뜨리다]
thickness	n. 두께
burst	v. 터지다; n. 폭발, 파열
vapor	n. 증기
texture	n. 감촉, 질감
make-up	n. 구성(요소·방식); 기질
melt	v. 녹다[녹이다]
high-powered	adj. 고성능의; 중책의; 영향력이 큰
microscope	n. 현미경
spin	v. 돌다, 회전하다
device	n. 장치, 기구
function	n. 기능
robotic	adj. 로봇식의, 자동 기계 장치로 된; 로봇 같은
imitate	v. 흉내내다, 모방하다
instinctive	adj. 본능에 따른, 본능적인
predator	n. 포식자; 약탈자
threat	n. 위협, 위험
biological	adj. 생물학의, 생물체의
tissue	n. (세포들로 이뤄진) 조직
inflammation	n. 염증
blood flow	n. 혈류

Economics · 경제

risk	n. 위험요소
stand in line	(일렬로) 줄을 서다
low-priced	adj. 값싼, 저가의
impulse	n. 충동, 자극
add up to	(결과가) ~가 되다; ~임을 보여주다; 합계 ~가 되다
organized	adj. 정리된, 체계적인, 조직적인
take actions	행동에 옮기다, 조치를 취하다
take over	(~보다) 더 커지다[중요해지다]; (~을) 대체하다
logical	adj. 논리적인, 타당한
flashy	adj. 호화로운, 현란한
entice	v. 유도[유인]하다
protect	v. 보호하다, 지키다
effective	adj. 효과적인
prevent	v. 예방하다, 방지하다
unnecessary	adj. 불필요한
strategy	n. 전략
emotional	adj. 감정적인
survey	v. 조사하다, 살피다
convince	v. 설득하다; 납득시키다

Culture · 문화

civilization	n. 문명
origin	n. 기원, 근원
originally	adv. 원래, 본래
describe	v. 묘사하다, 서술하다
adopt	v. 취하다, 채택하다
unrefined	adj. 정제되지 않은, 교양 없는
rough	adj. 거친, 매끈하지 않은, 골치 아픈, 난폭한
uneducated	adj. 교육을 못 받은, 배운 데 없는, 무지한
low-quality	n. 저급
abuse	n. 남용, 오용; 학대, 욕설
take hold	장악하다, 사로잡다; 대단히 강력해지다
mock	v. 놀리다, 조롱하다; n. 조롱
kingdom	n. 왕국
period	n. 기간, 시기

violent	adj. 격렬한, 난폭한
neighboring	adj. 인접한, 근처의, 이웃의
rebellion	n. 반란, 반항, 저항
earthquake	n. 지진
flood	n. 홍수
natural disaster	n. 자연 재해
combination	n. 조합, 결합
maintain	v. 유지하다
emerge	v. 드러나다, 생겨나다, 부상하다
constant	adj. 끊임없는; 거듭되는
decrease	n. 감소, 하락; v. 줄이다
population	n. 인구, (모든) 주민
boundary	n. 경계(선)
infrastructure	n. 사회 기반 시설
united	adj. 연합된, 통합된
short-lived	adj. 오래가지 못하는, 단명하는
chaotic	adj. 혼란스러운
advance	n. 진전, 발전; v. 증진되다
alliance	n. 동맹, 연합

Environment 환경

sidewalk	n. (포장한) 보도, 인도
horse-drawn	adj. 말(들)이 끄는
sewer	n. 하수관, 수채통
catch	v. (병에) 걸리다; 잡다
disease	n. 질병
renovation	n. 보수, 개선; 개혁, 혁신; 수선, 수리
majority	n. 가장 많은 수[다수]
tear down	v. (건물 등을) 허물다[헐다]
replace	v. 교체하다; 대체하다
inconvenience	n. 불편, 애로
mixture	n. 혼합물
get out of the way	방해가 안 되게 하다, 비키다
dangerously	adv. 위험하게
develop	v. 개발하다
consume	v. 소모하다
balance	n. 균형, 평형

Sociology 사회

modern	adj. 현대의; 최신의
emergency	n. 비상 (사태)
public	n. 일반 사람들, 대중
clear	v. (어떤 장소에서 사람들을) 내보내다[쫓아내다], 말끔히 치우다; adj. 알아듣기[보기] 쉬운, 분명한
feature	n. 특색, 특징, 특성
effect	n. 효과, 영향, 결과
fixed	adj. 고정된, 변치 않는
efficiently	adv. 효율적으로, 능률적으로
last	v. 지속되다, 계속되다
pros and cons	장단점
trend	n. 트렌드, 경향
socialize	v. (사람들과) 사귀다, 어울리다
revolution	n. 혁명, 변혁
preference	n. 선호
coworker	n. 동료, 협력자, 함께 일하는 사람
run	v. 운영[관리]하다
smoothly	adv. 순탄하게, 순조롭게

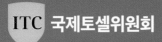

TOSEL
유형분석집

정답과 해설

HIGH JUNIOR

Section II.
Reading & Writing

TOSEL® HIGH JUNIOR

유형분석집 Section II. Reading & Writing

Part 5 | Picture Description

1. Collocations
p.26

1 (D)	2 (A)	3 (D)	4 (D)

1.

해석 Michel이 이번 주 토요일에 생일 파티를 연대. 올 거야?

(A) 만드는
(B) 초대하는
(C) 대화하는
(D) 던지는

풀이 '파티를 열다'라는 표현은 'throw a party'를 사용하므로 (D)가 정답입니다.

어휘 throw a party 파티를 열다

2.

해석 이. 옛날 TV 정말 없애고 싶어.

(A) 없애다
(B) 쓰레기
(C) 쓰레기장 (같은 곳)
(D) 제거하다

풀이 낡은 TV를 처리하고 싶다는 말을 할 수 있다. '~을 없애다, ~을 제거하다'라는 표현은 'get rid of'를 사용하므로 (A)가 정답입니다.

어휘 get rid of ~을 없애다[처리하다] | rid 없애다, 제거하다 | junk 폐물, 쓰레기, 쓸모없는 물건 | dump (쓰레기) 폐기장, 쓰레기장 같은 곳 | remove 없애다; 치우다, 내보내다

3.

해석 나는 호텔방을 예약할 때마다 스마트폰으로 예약을 한다.

(A) 하다
(B) 부르다
(C) 가져가다
(D) 만들다

풀이 'reservation'은 동사 'make'와 함께 'make a reservation' (예약하다)이라는 표현으로 사용되므로 (D)가 정답입니다.

어휘 make a reservation 예약하다

4.

해석 너도 이 책을 좋아하는구나? 우리 공통점이 많은 것 같아.

(A) 눈
(B) 취향
(C) 감각
(D) 공통의; 공유지

풀이 '~한 공통점이 있다'라는 표현은 'have ~ in common'을 사용하므로 (D)가 정답입니다.

어휘 common 공동의, 공통의; 흔한; (한 도시나 마을에서 넓게 트인) 공유지, 공원 | have ~ in common ~한 공통점이 있다

2. Idioms
p.29

1 (D)	2 (A)	3 (A)	4 (B)

1.

해석 고속도로에 차들이 꽉 들어차 있다.

(A) 꼬리에서 꼬리까지
(B) 뒤에서 뒤까지
(C) 얼굴을 마주 대하고
(D) 차가 꽉 들어찬

풀이 차들이 도로에 꽉 들어차 있을 때 'bumper to bumper'라는 관용 표현을 사용할 수 있으므로 (D)가 정답입니다.

어휘 rear 뒤쪽 | bumper (자동차의) 범퍼 | head to head 정면으로 승부를 겨루어 | bumper to bumper 차가 꽉 들어찬, 자동차가 꼬리에 꼬리를 문

2.

해석 왜 그렇게 시무룩해 있어? 기말고사에서 나쁜 성적을 받았어?

(A) 시무룩한 얼굴
(B) 잘못된 얼굴
(C) 긴 입
(D) 잘못된 입

풀이 시험 성적이 잘 나오지 않으면 얼굴이 시무룩 할 수 있습니다. '시무룩한 얼굴'은 'the long face'라는 관용 표현을 사용하므로 (A)가 정답입니다.

어휘 Why the long face? 왜 그런 우울한 얼굴을 하고 있어?

3.

해석 이 색은 제 취향이 아니에요. 다른 드레스를 입어보죠.

(A) 취향
(B) 우유 한 컵
(C) 차 한 잔
(D) 우유 한 잔

풀이 여자가 색깔을 마음에 들어 하지 않고 있습니다. 색이 자신의 취향이 아니라는 말을 할 수 있으므로 '취향'이라는 뜻의 관용 표현 'one's cup of tea'를 사용한 (A)가 정답입니다.

어휘 one's cup of tea 취향, 기호에 맞는 것, 좋아하는 것

4.

해석 이 노트북 컴퓨터 조만간 수리받아야겠다. 오래 가지 못할 거야.

    (A) 더 이르거나 더 늦게

    (B) 조만간

    (C) 더 빠르거나 더 느리게

    (D) 더 빠르거나 더 느리게

풀이 곧 노트북 컴퓨터 수리를 해야 한다고 말할 수 있으므로 '조만간' 이라는 뜻을 가진 관용 표현 'sooner or later'를 사용한 (B)가 정답입니다.

어휘 sooner or later 조만간, 머잖아

Part 6 | Sentence Completion

1. Nouns / Pronouns   p.37

1 (B)	2 (A)	3 (D)	4 (C)

1.

해석 우리랑 같이 Yogurtspoon에 갈래? 거기 요거트가 정말 부드러워.

    (A) 우리

    (B) 우리를

    (C) 우리의

    (D) 우리 것

풀이 전치사 'with'의 목적어 자리이므로 목적격 인칭대명사인 (B)가 정답입니다.

어휘 creamy 크림이 많이 든, 크림 같은

2.

해석 수하물에 들어 있는 모든 기기에서 배터리를 제거해야만 합니다.

    (A) 수하물

    (B) 어색한 표현

    (C) 어색한 표현

    (D) 어색한 표현

풀이 'baggage'(수하물)은 불가산 명사로 부정관사 'a'가 붙거나 복수 형태로 사용될 수 없습니다. 따라서 (A)가 정답입니다.

어휘 remove 제거하다, 치우다, 내보내다 | pack (짐을) 싸다, 꾸리다 | baggage (여행용) 짐[수하물]

3.

해석 어제 Redlands 몰에서 너를 봤어. 너랑 너희 어머니 즐거운 시간을 보내고 있는 것 같더라.

    (A) 당신(들)

    (B) 당신(들)의

    (C) 당신 자신

    (D) 당신 자신들

풀이 'enjoy oneself'는 '즐거운 시간을 보내다'라는 뜻을 나타내는 표현입니다. 주어가 'You and your mother'이므로 2인칭 복수 재귀대명사인 (D)가 정답입니다. 여기서 재귀대명사는 주어와 같은 대상을 지칭하는 동시에 강조의 효과도 있다는 점에 유의하기 바랍니다.

4.

해석 파자마 파티에 컵케이크를 좀 사는 건 어때? 분홍색 것들이 좋아 보이는데.

    (A) 그것

    (B) 그것

    (C) 그것들

    (D) 몇몇

풀이 대명사 'one'을 통해 앞서 언급된 'cupcakes'를 지칭할 수 있습니다. 빈칸 뒤에 나온 동사가 'look'인 점으로 보아 복수 형태를 써야 하므로 (C)가 정답입니다. 'one/ones'는 반복을 피하기 위해 앞서 이미 언급했거나 상대방이 이미 알고 있는 사람 및 사물을 가리킬 때 쓰는 대명사라는 점에 유의하기 바랍니다.

2. Adjectives / Adverbs   p.39

1 (A)	2 (A)	3 (A)	4 (C)

1.

해석 여름철에 집에서 적정 온도를 유지하는 것은 집 안에 있는 갓난아이들한테는 더욱 어렵고 더욱 중요하다.

    (A) 어려운

    (B) 어려움

    (C) 어렵게

    (D) 어려움들

풀이 be동사 뒤의 주격 보어 자리 및 비교급 'more' 뒤에서 쓰일 수 있는 품사는 형용사이므로 (A)가 정답입니다.

어휘 keep 유지하다 | newborn 신생아; 갓 난

2.

해석 Amy는 공항에 늦게 도착했지만, 결국 자신의 런던행 비행기를 탔다.

    (A) 늦게

    (B) 나중에

    (C) 최근에

    (D) 최근의

풀이 동사 'arrive'를 꾸며줄 수 있는 부사 (A)가 정답입니다. (B)와 (D) 의 경우, 비교하는 대상이 없어 오답입니다. (C)의 경우, 'lately' 는 부사이기는 하나 '최근에'라는 뜻을 나타내어 문맥상 어울리지 않으므로 오답입니다.

어휘 late 늦은; 늦게 | lately 최근에

3.

해석 첫 연설에서 그는 차분해 보였지만, 나는 그가 매우 긴장했을 것이라 확신한다.

(A) 차분한
(B) 차분하게
(C) 진정시키다
(D) 차분함

풀이 'look'은 '주어+look+주격 보어' 형태로 쓰이며, 주격 보어로 형용사를 취하는 연결 동사입니다. 따라서 (A)가 정답입니다.

어휘 calm 침착한, 차분한; 진정시키다; 평온

4.

해석 나는 이번 여름 세일을 놓쳐서는 안 된다; 그렇지 않으면, 이 PC 게임을 못 살 테니까.

(A) 대신에
(B) 마찬가지로
(C) 그렇지 않으면
(D) 더욱이

풀이 두 개의 완전한 문장을 이어주는 부사를 접속부사라고 하며, 문맥의 흐름상 '그렇지 않으면'이 가장 적합하므로 (C)가 정답입니다.

3. Comparatives / Superlatives   p.41

1 (C)	2 (C)	3 (D)	4 (B)

1.

해석 내 코는 커, 하지만 내 남동생의 코만큼 크진 않아.

(A) 어색한 표현
(B) 어색한 표현
(C) ~만큼 큰
(D) 어색한 표현

풀이 원급비교 표현은 'as+원급+as'의 형태를 취하므로 (C)가 정답입니다.

2.

해석 이 책은 내가 기대한 것 보다 훨씬 더 재밌어! 정말 좋아.

(A) 훨씬
(B) 어색한 표현
(C) ~보다 훨씬
(D) ~보다 더

풀이 'than I expected it would be'라는 표현을 통해 비교급을 사용했다는 것을 알 수 있습니다. 비교급 강조 부사 'far'을 통해 비교급을 강조한 것이므로 (C)가 정답입니다.

3.

해석 그가 개선한 모든 것들로 인해, Muhammed의 방은 그 어느 때보다 더 좋아 보인다.

(A) 어색한 표현
(B) 어색한 표현
(C) 최고인 적이 없는
(D) 그 어느 때보다 더 좋은

풀이 '비교급+than+ever'의 형태를 통해 최상급의 뜻을 갖는 구문을 만들 수 있습니다. 문맥상 '가장 좋은'이란 최상급의 표현이 나올 수 있으므로 (D)가 정답입니다.

4.

해석 내가 봐왔던 모든 자전거 중에서, 이것이 가장 저렴한 것이다.

(A) ~하지 않도록
(B) 가장 적게
(C) 더 적은
(D) 줄다

풀이 최상급 표현에 사용되는 관사 'the'가 나왔으므로 (B)가 정답입니다. (D)의 경우, 'lessen'은 동사로 형용사 'expensive'를 수식할 수 없기 때문에 오답입니다.

어휘 lessen (크기·강도·중요도 등이[을]) 줄다[줄이다]

4. Prepositions   p.43

1 (B)	2 (D)	3 (B)	4 (C)

1.

해석 이 스튜의 주재료는 뭐니?

(A) ~에서
(B) ~ 안의
(C) ~ (위)에
(D) ~ 아래로

풀이 문맥상 '~(안)의 재료'라는 의미가 자연스러우므로 '~안의'를 뜻하는 전치사 (B)가 정답입니다.

어휘 ingredient 재료, 구성 요소

2.

해석 Chandra는 지난 주 아무데도 가지 않았다. 그녀는 그냥 집에 머물렀다.

(A) ~위에
(B) ~로
(C) ~안에
(D) ~에

풀이 '집에' 머물렀다는 표현을 'stay home' 또는 'stay at home'으로 쓸 수 있습니다. 따라서 (D)가 정답입니다. 'home'이 누군가가 사는 장소로의 이동을 말할 때는 그 자체가 부사로 쓰이므로 전치사가 필요하지 않다는 것도 함께 유념하세요.

3.

해석 감자, 꿀, 빵을 포함하는 몇몇 음식은, 품질을 유지하려면,
　　 냉장고에 보관해서는 안 된다.

　　 (A) ~후에
　　 (B) ~를 포함하여
　　 (C) ~와 관련해서
　　 (D) ~와 관련해서

풀이 'potatoes, honey, and bread'는 모두 'some foods'의 하위
　　 개념으로, '~을 포함하여'라는 뜻을 가지는 전치사 'including'을
　　 쓸 수 있습니다. 따라서 (B)가 정답입니다.

4.

해석 다른 이유가 없어도 자기 자신을 위해서, 최선을 다해라.

　　 (A) ~에서
　　 (B) ~로
　　 (C) ~을 위해
　　 (D) ~와 함께

풀이 문맥상 목적을 의미할 수 있는 전치사는 'for'이므로 (C)가
　　 정답입니다.

5. Passives / Active　　　　　p.45

　　 1 **(C)**　　 2 **(D)**　　 3 **(B)**　　 4 **(A)**

1.

해석 지하철 통근자들은 새로운 플랫폼이 지어지고 있던 동안 대체
　　 경로를 이용했다.

　　 (A) 지었다
　　 (B) 지어왔었다
　　 (C) 지어지고 있었다
　　 (D) 어색한 표현

풀이 동사 'build'에 대한 목적어가 없으므로 수동태가 사용되어야
　　 하고, 주어가 'the new platform'으로 단수이기 때문에 (C)가
　　 정답입니다. 진행형 수동태는 'be being p.p.' 형태라는 것을
　　 유념하기 바랍니다.

2.

해석 이 부츠를 반품할 수 있을 거라고 확신해. 신은 적도 없고,
　　 가격표도 아직 붙어있어.

　　 (A) 그것들은 신을 것이 아니다
　　 (B) 어색한 표현
　　 (C) 그것들은 절대 신고 있지 않다
　　 (D) 그것들은 절대 신어지지 않았다/신어진 적이 없다

풀이 접속사 'and' 뒤에 완전한 문장이 나온 것으로 보아 문장과
　　 문장을 이어주고 있다는 것을 알 수 있습니다. 주어 'they'가 받는
　　 것은 'boots'로서 사물이므로 동사 'wear'의 형태는 수동태여야
　　 하기 때문에 (D)가 정답입니다.

3.

해석 나는 학교 웹 포털을 통해 학기 말 리포트를 제출했다.

　　 (A) 제출하다
　　 (B) 제출했다
　　 (C) 어색한 표현
　　 (D) 제출됐다

풀이 목적어 'the end-of-semester report'가 존재하므로 동사
　　 'submit'은 능동형으로 쓰여야 합니다. 따라서 (B)가 정답입니다.
　　 (A)의 경우, 주어가 1인칭 단수이므로 뒤에 '-s'를 붙인 'submits'
　　 를 쓸 수 없기에 오답입니다.

4.

해석 등산가들이 두껍게 옷을 입었지만, 그렇게 많이 껴입은 것이
　　 그들을 추위로부터 보호하지는 못했다.

　　 (A) 거의 보호하지 못했다
　　 (B) 거의 보호받지 못했다
　　 (C) 거의 보호받지 못해왔다
　　 (D) 거의 보호받을 수 없었다

풀이 'protect+목적어+from+목적어' 구문을 사용한 경우입니다.
　　 부사 'barely'는 그 자체가 부정의 의미를 지니기 때문에 다른
　　 부정어구와 사용되지 않으므로 (A)가 정답입니다. (B)와 (D)
　　 는 수동형이므로, (C)는 부정어구와 함께 사용되었으므로
　　 오답입니다.

6. Verb Tenses　　　　　p.47

　　 1 **(C)**　　 2 **(D)**　　 3 **(D)**　　 4 **(C)**

1.

해석 엄마께서 우리가 이따 오늘 저녁 새로 생긴 인도 식당에서 먹기로
　　 결정하셨어.

　　 (A) 먹었다
　　 (B) 먹는다
　　 (C) 먹고 있다, 먹을 것이다
　　 (D) 먹었다

풀이 that절을 보면 'later tonight'를 통해 인도 식당에서 밥을 먹는
　　 것이 가까운 미래 시점임을 알 수 있습니다. 현재진행시제를
　　 통해 가까운 미래 사건을 나타낼 수 있으므로 (C)가 정답입니다.
　　 주절과 that절의 시제가 반드시 일치할 필요는 없다는 점에
　　 유의하기 바랍니다.

2.

해석 사무실에 오실 때쯤 제가 보고서를 갖고 도착해 있을 거예요.

　　 (A) 도착했다
　　 (B) 도착했다
　　 (C) 어색한 표현
　　 (D) 도착해 있을 것이다

풀이 'by the time+주어+동사' 표현을 통해 미래 사건을 나타내고
　　 있습니다. 'you'가 도착하는 미래 시점보다 'I'가 보고서를 갖고
　　 도착하는 시점이 먼저이므로 미래완료시제를 사용한 (D)가
　　 정답입니다.

3.

해석 물이 끓기 시작하자마자 우리는 냄비에 해산물을 넣었고 맛있는 식사를 했다.

(A) 끓었다
(B) 어색한 표현
(C) 끓고 있을 수도 있(었)다
(D) 끓기 시작했다

풀이 해산물을 넣고 식사를 하기 이전에 물이 끓기 시작한 것이므로 과거시제보다 앞서는 과거완료시제를 사용해야 합니다. 따라서 (D)가 정답입니다.

4.

해석 나는 아직도 아빠에게 깨진 유리에 대해 말할지 말지를 결정하고 있다. 기다릴까 말까.

(A) 여전히 결정한다
(B) 결정될 것이다
(C) 여전히 결정하고 있다
(D) 결정되었다

풀이 아빠에게 말할지 말지 지금 고민하고 있는 중이므로 현재진행시제를 사용한 (C)가 정답입니다.

7. Infinitives
p.49

| 1 (B) | 2 (A) | 3 (C) | 4 (C) |

1.

해석 내 평생의 꿈은 바르셀로나로 여행 가서 멋진 건축물을 보는 것이다.

(A) 여행하다
(B) 여행하는 것
(C) 어색한 표현
(D) 여행했던 것

풀이 be동사 'is'가 나와 있으므로 빈칸에는 주격 보어가 들어가야 합니다. to부정사는 '~하는 것'이라 해석되어 명사의 역할을 할 수 있으므로 주격 보어 자리에 들어갈 수 있습니다. 따라서 (B)가 정답입니다. (D)의 경우, 바르셀로나로 여행을 가는 것은 아직 일어나지 않은 사건이므로 완료형을 사용할 수 없어 오답입니다.

어휘 life-long 평생 동안의, 일생의 | architecture 건축 양식, 건축학

2.

해석 더 이상 그 지루한 역사책을 공부하게 하지 마.

(A) 공부하다
(B) 공부했다
(C) 공부하는 것
(D) 공부하는 것

풀이 '~을 ~하게 하다'라는 뜻의 'make+목적어+동사원형'의 표현을 사용한 것으로 (A)가 정답입니다.

3.

해석 지난밤에 무슨 일이 있었는지 그가 이해하기에 충분히 설명했다고 생각한다.

(A) 어색한 표현
(B) 어색한 표현
(C) 그가 이해하기에
(D) 어색한 표현

풀이 'for+목적어'를 사용하여 to부정사의 의미상의 주어를 나타낼 수 있습니다. 따라서 'for+목적어+to부정사'는 보통 '~가 ~하기에'로 해석됩니다. 이러한 표현 구조를 갖는 (C)가 정답입니다.

4.

해석 저희가 여유가 된다면 여행에 모셔 드릴게요. 아마도 내년에 갈 수 있겠네요.

(A) 그렇게 하다
(B) 그렇게 됐다
(C) 그렇게 하는 것
(D) 그렇게 했던 것

풀이 'afford'는 to부정사를 목적어로 취하는 동사이기 때문에 (C)가 정답입니다. (D)의 경우, 여행을 보내 준다는 것은 미래의 일이므로 완료형을 쓸 수 없어 오답입니다.

어휘 afford (~을 살·할) 여유가 되다

8. Gerunds
p.51

| 1 (D) | 2 (C) | 3 (B) | 4 (B) |

1.

해석 Jenny가 학생증을 놓고 오는 바람에 학교 도서관에서 책을 대출할 수 없게 됐다.

(A) 잊다
(B) 잊었다
(C) 잊는 것
(D) 잊는 것

풀이 'Jenny's'는 소유격으로 동명사의 의미상의 주어가 될 수 있으며 'Jenny가 ~하는 것'으로 해석될 수 있습니다. 따라서 (D)가 정답입니다. (A)와 (B)의 경우, 'prevented'라는 문장의 동사가 있는 상태에서 접속사 없이 다른 동사를 쓸 수 없으므로 오답입니다.

2.

해석 캠프 첫날에 여러분을 직접 뵙기를 고대하고 있습니다.

(A) 만났다
(B) 만나다
(C) 만나기
(D) 만났다

풀이 '~을 고대하다'라는 뜻의 'look forward to+목적어'라는 표현을 사용한 것으로 (C)가 정답입니다. (B)의 경우, 'look forward to'에서의 'to'는 전치사이지 to부정사의 'to'가 아니므로 오답입니다.

3.

해석 그에게 조언해주는 것 말고도, 나는 그를 위해 추천서를 써주었다.

(A) 조언하다

(B) 조언하는 것

(C) 어색한 표현

(D) ~하도록 조언받다

풀이 '~에 덧붙여'라는 뜻의 'in addition to' 전치사구는 전치사 'to'가 동명사를 목적어로 취하기 때문에 (B)가 정답입니다.

4.

해석 양치질하는 것은 여러분의 일상에 중요한 부분입니다. 시간은 2분은 지속돼야 합니다.

(A) 솔질하다

(B) 솔질하는 것

(C) 어색한 표현

(D) 솔질하고 있다

풀이 동명사는 주어 자리에 위치하여 '~하는 것'이라는 뜻을 나타낼 수 있으므로 (B)가 정답입니다.

9. Participles   p.53

1 (B)   2 (D)   3 (B)   4 (B)

1.

해석 그 조사는 성인과 비교해서, 아이들이 매일 밤 잠은 훨씬 덜 자고 있다는 것을 발견했다.

(A) 비교하다

(B) 비교되는

(C) 비교하는

(D) 비교하기위해

풀이 'when children are compared to adults' 문장을 분사구문으로 만든 것으로 (B)가 정답입니다.

2.

해석 긴 여행에서 돌아온 후 그의 부모님을 안을 때, Cole의 눈에 눈물이 고여있었다.

(A) 안다

(B) 안다

(C) 안기며

(D) 안으며

풀이 'Cole had tears in his eyes'라는 완전한 문장이 나왔으므로 'comma(,)' 이전의 문장은 분사구문이 되어야 합니다. 동사 'hug'에 대한 목적어가 있으므로 능동형 분사구문이 쓰여야 하기 때문에 (D)가 정답입니다.

3.

해석 자신의 친구의 게으름에 좌절해서, Lucia는 혼자 일하기로 결심했다.

(A) 좌절하다

(B) 좌절한

(C) 좌절하는

(D) 좌절하며

풀이 'frustrate'는 '좌절시키다'라는 뜻을 갖는 동사로, Lucia는 좌절당했기 때문에 수동의 의미를 지니는 과거분사를 사용한 (B)가 정답입니다.

4.

해석 덤불 사이를 유심히 본 아이들은 잃어버린 야구공을 발견할 수 있었다.

(A) 유심히 보기 위해

(B) 유심히 본

(C) 유심히 보아진

(D) 어색한 표현

풀이 'as the kids peer cautiously through the bushes'를 분사구문으로 만든 것으로 (B)가 정답입니다.

10. Conjunctions   p.55

1 (A)   2 (B)   3 (A)   4 (D)

1.

해석 너무 멀어서 못 걸어가겠어, 그래서 우리는 대신 버스를 탈 거야.

(A) 그래서

(B) 그러나

(C) 어느 것도 ~아니다

(D) ~때문에

풀이 버스를 타기로 결정한 이유가 나와 있으므로 (A)가 정답입니다.

2.

해석 Jeff와 Maria는 둘 다 농구팬이지만, 그들은 서로 다른 팀을 응원한다.

(A) ~도 아니다

(B) 그러나

(C) 심지어

(D) 어느 하나

풀이 빈칸 앞뒤의 내용이 대립하므로 (B)가 정답입니다.

3.

해석 할아버지가 말씀하시는 동안에는 그를 방해하지마, 그렇지 않으면 정말 화내실 거야.

(A) 그렇지 않으면

(B) 그래서

(C) 비록 ~일지라도

(D) 그러나

풀이 '~해라, 그렇지 않으면 ~할 것이다'라는 뜻의 '명령문+or'라는 표현을 사용한 것으로 (A)가 정답입니다. '명령문+and'는 '~해라, 그러면 ~할 것이다'로 해석된다는 점에 유의하기 바랍니다.

4.

해석 그는 독서 보고서를 제출하는 것을 잊어버렸을 뿐 아니라, 이번
달에 세 번이나 지각하였다.

(A) ~도 아니다 + 조동사 has + 인칭대명사 he
(B) 어느 하나의 + 인칭대명사 he + 조동사 has
(C) 그는 또한 ~했다
(D) 그런데 그는 또한 ~했다

풀이 독서 보고서를 제출하지 않은 것과 지각을 한 것은 서로 비슷한
행동으로, 이런 상관관계를 나타낼 수 있는 'not only A but
also B'(A뿐만 아니라 B도) 표현을 쓸 수 있습니다. 따라서 (D)가
정답입니다. 해당 문장에서 'Not only'가 앞에 나오면서 주어와
동사가 도치된 점에 유의하기 바랍니다.

어휘 turn in ~을 제출하다; ~을 반납하다

11. Relative Pronouns & Relative Adverbs
p.57

1 (A)   2 (C)   3 (B)   4 (B)

1.

해석 20세기 최고의 건축가 중 한 명이었던, Irving Capa는 매우 인기
있는 사진작가이기도 했다.

(A) 관계대명사 who
(B) 관계대명사 what
(C) 목적격 관계대명사 whom
(D) 소유격 관계대명사 whose

풀이 삽입된 절은 주어가 없는 불완전한 절로서, 사람 선행사 'Irving
Capa'를 받을 수 있는 주격 관계대명사 who를 쓸 수 있습니다.
따라서 (A)가 정답입니다.

어휘 architect 건축가

2.

해석 그 부족이 살았던 콩고 지역이 역사적 보물들로 가득하다고
보고됐다.

(A) 관계대명사 that
(B) 관계대명사 which
(C) 전치사 in + 관계대명사 which
(D) 전치사 to + 관계대명사 which

풀이 'the tribe lived'는 종속절로서 완전한 문장입니다. 따라서
빈칸에는 장소 선행사 'region'을 받을 수 있는 장소 관계부사가
들어갈 수 있습니다. 관계부사는 '전치사+관계대명사' 형태로
바꿔쓸 수도 있으므로 (C)가 정답입니다. 해당 관계절을 독립절로
치환한다면 'The tribe lived in the region of the Congo.'로
바꿀 수 있다는 점도 유념하기 바랍니다.

어휘 region 지역, 지방 | tribe 부족, 종족

3.

해석 Sandra가 Markie에게 소리를 지르고 파티를 떠났어. 그녀가 왜
그렇게 화났는지 이유를 아니?

(A) 관계부사 how
(B) 관계부사 why
(C) 전치사 of + 관계대명사 which
(D) 전치사 with + 관계대명사 which

풀이 'she is so upset'은 완전한 절로서 빈칸에는 관계부사가 올 수
있습니다. 'the reason+why'는 같이 흔하게 쓰여 '~하는 이유'를
뜻하는 표현으로 (B)가 정답입니다.

어휘 yell at ~에게 고함치다

4.

해석 스모그는 환경 규제의 부재로 인해 발생하는 현상들 중 하나이다.

(A) 관계부사 how
(B) 관계대명사 that
(C) 관계대명사 what
(D) 관계부사 where

풀이 뒤의 절 'arise from ~'을 보면 주어가 없는 불완전한 절임을 알
수 있습니다. 따라서 선행사 'phenomena'를 받을 수 있는 주격
관계대명사 (B)가 정답입니다. (C)의 경우, 관계대명사 what은
별다른 선행사를 필요로 하지 않으므로 오답입니다.

어휘 phenomenon 현상 (복수형 phenomena) | arise from ~에서
발생하다 | lack 부족, 결핍 | regulation 규정, 규제

12. Conditionals
p.59

1 (C)   2 (A)   3 (C)   4 (B)

1.

해석 네가 말하지 않았다면, 피자 조각의 크기가 달라진 걸 아무도
알아차리지 못했을 지도 몰라.

(A) 알아차렸다
(B) 알아차릴 수 없었다
(C) 알아차렸을지도 모른다
(D) 알아차리지 못하게 될 것이다

풀이 가정법 과거완료는 'if+주어+과거완료, 주어+과거형조동사
+have+과거분사p.p.'의 형식을 취하므로 (C)가 정답입니다.

2.

해석 뭐든지 도움이 필요하면 연락해. 난 항상 여기 있어.

(A) 필요하다
(B) 필요하다
(C) 필요할 것이다
(D) 필요할 것이다

풀이 '명령문+'if+주어+현재형'의 형식을 취하는 것으로 (A)가
정답입니다.

3.

해석 목록에서 계속 이름을 지우면 파티에 손님이 아무도 없겠어.

(A) ~일 것이다

(B) ~일 것이다

(C) ~이지 않을 것이다

(D) ~이지 않을 것이다

풀이 조건절의 시제는 현재입니다. 조건의 부사절에서는 현재가 미래시제를 대신하므로 주절의 시제는 미래라는 것을 알 수 있습니다. 문맥상 부정의 의미가 자연스러우므로 (C)가 정답입니다.

4.

해석 답을 안다면 너에게 말해 주겠지만, 난 정말 몰라.

(A) 나는 말한다

(B) 나는 말할 것이다

(C) 어색한 표현

(D) 나는 말하지 않을 것이다

풀이 가정법 과거는 'if+주어+과거형 동사, 주어+과거형조동사+동사원형'의 형식을 취하므로 (B)가 정답입니다.

---

13. Subjects and Verbs
p.61

1 (A) 2 (A) 3 (C) 4 (D)

1.

해석 Jason과 Sandy가 잘 읽지 못한다는 것은 그들의 최악의 문제점이 아니다.

(A) be동사 3인칭 단수형

(B) be동사 원형

(C) be동사 2인칭, 1-3인칭 복수형

(D) be동사 2인칭, 1-3인칭 복수 과거형

풀이 'That Jason and Sandy do not read well' 절이 명사절 (명사상당어구)로서 주어로 사용되었으므로 단수형 동사가 와야 합니다. 따라서 (A)가 정답입니다.

2.

해석 제작비가 많이 드는 모든 액션 장면을 포함해서, 그 영화는, 재미가 없었다. 우리는 일찍 나왔다.

(A) be동사 1, 3인칭 단수 과거형

(B) do동사 과거형

(C) have 동사 과거형

(D) be동사 2인칭, 1-3인칭 복수 과거형

풀이 빈칸에는 형용사 'boring'을 받아줄 수 있는 be동사가 나올 수 있습니다. 주어가 'the movie'로 단수이며, 문맥상 과거 시제를 사용하는 것이 자연스러우므로 (A)가 정답입니다.

3.

해석 흠모하는 여러 팬 무리를 동반한, 그 유명한 운동선수는, 마침내 경기장을 떠났다.

(A) 마침내 남다

(B) 마침내 남다

(C) 마침내 떠났다

(D) 마침내 떠났다

풀이 목적어 'the stadium'을 받아줄 수 있는 능동형 동사가 와야 하고, 주어가 'The star athlete'로 단수이므로 (C)가 정답입니다. (A)는 수동태이므로 오답입니다.

4.

해석 내 가위가 또 사라져서 나는 이 공예 과제를 끝내려고 한다.

(A) 3인칭 단수 be동사

(B) 2인칭 be동사

(C) 조동사 have 과거형

(D) 조동사 have 원형

풀이 빈칸의 동사는 현재 분사 'missing'을 받아줄 수 있어야 하고 주어가 복수형이므로 (D)가 정답입니다. (B)의 경우, 수동태는 현재 분사 'missing'을 받아줄 수 없기 때문에 오답입니다.

어휘 go missing 행방 불명이 되다

---

14. Objects, Complements, Modifiers
p.63

1 (B) 2 (A) 3 (A) 4 (B)

1.

해석 그 볼링팀은 진심으로 Kelly가 합류하기를 바랐지만, 그녀는 너무 바쁘다고 말했다.

(A) 어색한 표현

(B) Kelly가 합류하기를

(C) 어색한 표현

(D) 어색한 표현

풀이 'want+목적어+to 부정사' 구문을 사용한 것으로 (B)가 정답입니다.

2.

해석 Minsu는 작년에 치른 모든 시험에서 거의 떨어질 뻔했지만, 그는 매번 간신히 통과했다.

(A) 거의 떨어질뻔 했다

(B) 거의 떨어졌다

(C) 어색한 표현

(D) 어색한 표현

풀이 (A)와 (B) 모두 문법적으로는 올 수 있지만, 그가 간신히 통과했다는 내용과 자연스럽게 이어지기 위해서는 시험에 거의 떨어질 뻔했다는 표현이 나와야 하므로 (A)가 정답입니다. (B)의 경우, 'almost'가 'every'를 수식하게 돼 거의 모든 시험에 떨어졌다는 의미가 되므로 문맥과 맞지 않아 오답입니다. 이렇게 부사의 위치에 따라 의미가 달라질 수 있음에 유의하기 바랍니다.

3.

해석 내가 읽은 많은 만화책 중에서, Wiro가 최고다.

  (A) 관계대명사 that
  (B) 그들
  (C) 그것들
  (D) 이것들

풀이 목적어가 없는 'I have read' 절을 이끌어 주면서 'comics'를 수식할 수 있는 관계대명사가 와야 하므로 (A)가 정답입니다.

4.

해석 Yukiko는 나에게 이번 주에 도시를 떠난다고 했지만, 어딘지는 말하지 않았다.

  (A) 어색한 표현
  (B) 떠나고 있었다
  (C) 떠나고 있었다
  (D) 어색한 표현

풀이 'tell+간접목적어+직접목적어' 구조의 문장으로, that절이 직접목적어로 사용된 간접화법문입니다. Yukiko가 이번 주말에 도시를 떠나는 것은 미래의 일이지만 간접적으로 전하는 말이므로 주절의 시제인 과거에 일치시켜야 합니다. 주절의 시제가 과거이므로 과거시제를 사용하고, that절의 주어 'she'에 맞게 3인칭 단수형을 사용한 (B)가 정답입니다.

Part 7 | Practical Reading Comprehension

1. Advertisements

1 (C)	2 (A)	3 (D)	4 (D)

[1-4]

해석

Tokia Take X7은 소프트웨어와 기술에서 최첨단을 달리고 있습니다.

디스플레이
Take X7의 새로운 화면은 이제 완전히 테두리가 없으며 좌우로 매끄럽게 뻗어있어 스마트폰에서 사용할 수 있는 최대 크기의 화면을 제공합니다. 슬림한 디자인으로 Take X7은 손바닥 안에 편안하게 안착됩니다.

카메라
Take X7의 카메라는 출시된 가장 우수한 핸드폰 카메라 중 하나입니다. 이전 버전에서 업그레이드되어, Take X7은 이제 어두운 조명 환경에서조차도 선명한 사진을 찍을 수 있습니다. 전방 카메라도 또한 선명한 셀카가 가능한 인상적인 1,000만 화소를 구현했습니다.

보안
처음으로 내장형 안구 스캔과 얼굴 인식을 도입한 Take 모델입니다. 여기에 지문 스캔과 클라우드 보안 기능이 결합되며, 이 기능들은 데이터를 안전하게 지켜줍니다.

---

1. 어떤 제품이 광고되고 있는가?
  (A) 태블릿 PC
  (B) 텔레비전
  (C) 스마트폰
  (D) 노트북 컴퓨터

풀이 'Display'의 'The take X7's new screen ~, giving you the largest smartphone screen available', 'Camera'의 'The Take X7's camera is one of the best phone cameras available' 등에서 광고문에서 광고하는 제품 Tokia Take X7이 스마트폰이라는 사실을 알아낼 수 있으므로 (C)가 정답입니다.

2. 다음 중 광고에 나온 기능은 무엇인가?
  (A) 내장형 안구 스캐너
  (B) 1,500만 화소 카메라
  (C) 홀로그램 투영 스크린
  (D) 음성 인식 보안 시스템

풀이 'This is the first Take model to introduce a built-in eye scanner'에서 내장형 안구 스캐너가 장착됐다고 광고했음을 알 수 있으므로 (A)가 정답입니다. (B)의 경우 '10 megapixels'라고 하였고, (D)의 경우 'face recognition'이라고 했으므로 오답입니다.

3. 밑줄 친 단어 "slim"과 가장 의미가 가까운 것은 무엇인가?
  (A) 두꺼운
  (B) 굴곡이 많은
  (C) 울퉁불퉁한
  (D) 바짝 마른

풀이 'With its slim design, the Take X7 fits comfortably in the palm of your hand.'에서 'slim design' 덕분에 Take X7이 손바닥 크기에 딱 맞는다는 것으로 보아 'slim'이 '(굵기가) 얇은'이라는 뜻을 나타낸다고 유추할 수 있습니다. 그러므로 이와 비슷한 뜻을 가진 (D)가 정답입니다.

4. 광고문에 따르면, 제품은 이전 버전에서 어떻게 업그레이드됐는가?
  (A) 값이 더 적당하다.
  (B) 2년 보증기간이 제공된다.
  (C) 메모리 카드가 훨씬 더 크다.
  (D) 어두운 조명에서 사진을 더 잘 찍는다.

풀이 'Upgraded from the previous version, the Take X7 can now take clear photos even in low light settings'에서 어두운 조명 환경에서 이전 버전보다 Take X7의 사진 촬영 기능이 더 좋다는 것을 알 수 있으므로 (D)가 정답입니다. 나머지 선택지의 경우 언급되지 않았으므로 오답입니다.

어휘 edgeless 가장자리[모서리]가 없는; 날이 없는, 무딘 | stretch 뻗어 있다, 펼쳐지다 | available 이용할 수 있는, 구할 수 있는 | slim 날씬한, 호리호리한 | fit ~에 맞다 | palm 손바닥 | upgrade 업그레이드하다, 개선하다, 승급시키다 | previous 이전의 | impressive 인상적인 | megapixel 100만 화소[픽셀] | selfie 셀카, 셀피 | built-in 내장된, 붙박이의 | recognition 인식, 알아봄 | couple 연결하다, 결합하다 | fingerprint 지문 | laptop 노트북 컴퓨터 | hologram 홀로그램(3차원 입체상) | projection 투사, 투영, (투사된) 영상 | curvy 굴곡 있는 | bumpy 울퉁불퉁한 | affordable (가격이) 적당한 | warranty (품질) 보증[서]

2. Text Messages

p.80

1 (D) 2 (A) 3 (D) 4 (A)

[1-4]

해석

Ryan: 미안한데, 나 오늘 밤에 네 미술 전시회 못 갈 거 같아. 수업이 길어지고 있어.

Claire: 알았어.

Ryan: ...화난 것처럼 들리는데. 나도 내가 최악의 친구인 거 알아.

Claire: 괜찮아.

Ryan: 아냐, 진짜 미안해.

Claire: 하하 괜찮아. 정말 네 수업 때문이라면 어쩔 수 없지.

Ryan: 이해해줘서 고마워. 다음에 우리 만날 때 사진들 보여줘! 저녁도 살게! ;)

Claire: ...비싼 거여야 할 텐데... 하하

Ryan: 하하, 햄버거랑 감자튀김은 어때?

Claire: 난 스테이크랑 구운 감자 같은 걸 생각했는데...

Ryan: 내 학생 예산으로? 말도 안 돼! 하하

1. Ryan이 Claire에게 연락한 주된 이유는 무엇인가?

(A) 저녁 식사 데이트를 신청하려고
(B) 그의 수업이 얼마나 지루한지 말하려고
(C) 그녀의 미술 프로젝트에 행운을 빌어주려고
(D) 그녀의 전시회에 참석할 수 없다는 것을 설명하려고

풀이 Ryan이 'I'm sorry, but I can't make it to your art exhibition tonight.'라며 오늘 밤 Claire의 미술 전시회에 가지 못한다고 사과하고 있으므로 (D)가 정답입니다. (A)의 경우, 저녁 약속을 잡으려고 문자를 낸 게 아니라 전시회 불참석에 대한 보상으로 저녁 식사 내용이 언급된 것이므로 오답입니다.

2. Ryan이 "나도 내가 최악의 친구인 거 알아."라고 말하는 이유는 무엇인가?

(A) 사과하려고
(B) 싸움을 걸려고
(C) Claire를 탓하려고
(D) Claire를 놀리려고

풀이 전시회에 참석하지 못하는 자신을 최악의 친구라고 탓하고 있습니다. 이는 미안한 마음을 표현한 것으로 (A)가 정답입니다.

3. Ryan에 의해 언급되지 않은 것은 무엇인가?

(A) 수업에 늦게까지 있기
(B) Claire에게 밥 사주기
(C) Claire의 미술 전시회 불참석하기
(D) 다른 친구에게 전시회 관람 부탁하기

풀이 'My class is running long.'에서 수업이 길어진다고 전했고, 'I'll buy you dinner, too! ;)'에서 다음번에 Claire에게 밥을 사준다고 말했으며, 'but I can't make it to your art exhibition tonight.'에서 전시회에 참석하지 못한다는 사실을 밝히고 있습니다. 메시지에서 언급되지 않은 (D)가 정답입니다.

4. Claire는 Ryan으로부터 무엇을 원한다고 말하는가?

(A) 비싼 식사
(B) 미술품 거래
(C) 전시회 관람 돕기
(D) 그의 위치를 증명하는 사진

풀이 Ryan이 다음번에 저녁 식사를 대접하겠다고 제안하는 메시지를 보내자 Claire가 '... It'd better be expensive... lol'라며 비싼 저녁이어야 좋을 거라고 친근하게 대답하고 있습니다. 그러므로 (A)가 정답입니다. 나머지 선택지의 경우 언급되지 않았으므로 오답입니다.

어휘 make it 참석하다; 시간 맞춰 가다 | exhibition 전시회, 전시 | budget 예산 | ask out ~에게 데이트를 신청하다 | attend 참석하다 | apologize 사과하다 | blame ~을 탓하다, ~ 책임으로 보다 | make fun of ~을 놀리다[비웃다] | miss 놓치다, 지나치다 | pricey 값비싼 | deal 거래; 대우, 취급, 처리 | supply 보급품; 공급 | proof 증거(물), 증명 | location 장소, 위치

3. Emails / Letters   p.86

1 (D)	2 (B)	3 (C)	4 (A)

[1-4]

해석

보낸 사람: liulingsm@internet.com

받는 사람: 메일 수신자 명단

날짜: 2018년 10월 15일

제목: McKittrick 중학교 영화 동아리

McKittrick 중학교 지역 주민들께,

귀하와 귀하의 손님을 McKittrick 중학교 영화 동아리원들이 제작한 훌륭한 단편 영화 10개 작의 공식 시사회에 초대하게 되어 영광입니다.

시간: 2018년 11월 7일 오후 7시 반에서 오후 9시까지

입장료는 6달러 (10살 이하 어린이는 2달러)입니다.

각 영화 상영 후에는 영화감독과 짧은 질의응답 시간이 이어집니다.

좌석은 선착순으로 배정됩니다. 이 행사가 인기 있는 만큼, 최대 수용인원을 예상하니, 일찍 도착해 주시기 바랍니다.

로비에서 먹거리는 구매하실 수 있습니다. 수익금은 저희 동아리의 차기 영화감독을 지원하는 데 쓰일 것입니다.

영화 동아리장 Liuling Smith 드림

1. 편지의 주목적은 무엇인가?

(A) 할인 영화 티켓을 팔려고

(B) 영화 평론가들을 상영회에 초대하려고

(C) 학생들에게 영화를 제출하라고 상기하려고

(D) 지역 주민들에게 영화 행사에 관해 말하기 위해

풀이 'Dear McKittrick Middle School Community Member' 에서 학교 지역 주민들을 대상으로 쓰인 글임을 알 수 있고, 학교의 영화 동아리에서 주최하는 영화 상영 행사에 관한 정보를 제공하고 있으므로 (D)가 정답입니다. (B)의 경우, 해당 이메일은 영화 평론가가 아니라 지역 주민을 초대하기 위한 것이므로 오답입니다.

2. 다음 중 지문에서 언급된 것은 무엇인가?

(A) 각 영화의 상영시간은 90분이다.

(B) 모든 좌석이 채워질 거라 예상한다.

(C) 학교 구성원이 아닌 사람은 행사에 들어갈 수 없다.

(D) 행사에서 모인 돈은 스포츠에 쓰일 것이다.

풀이 'As this event is popular, we do expect maximum capacity, so please arrive early.'에서 배정 좌석의 최대 수용 인원을 채울 것으로 예상한다고 언급했으므로 (B)가 정답입니다. (A)의 경우, 각 영화의 상영시간이 90분이 아니라 행사의 총 진행 시간이 오후 7시 반에서 오후 9시까지 90분인 것이므로 오답입니다. (D)의 경우, 'Funds raised will go to supporting up-and-coming filmmakers in our club.'에서 행사 수익금은 추후 동아리의 신진 영화 제작자들을 후원하는 데 쓰일 것이라 했으므로 오답입니다.

3. 성인 두 명과 어린이 세 명 (6살, 8살, 11살)의 입장료는 얼마인가?

(A) $12

(B) $20

(C) $22

(D) $30

풀이 'Admission is just $6 ($2 for children 10 and under)'이라고 했으므로 다섯 명 중 6살과 8살의 어린이만 입장료가 2달러이고, 나머지 세 명이 입장료가 6달러입니다. 이를 모두 합하면 다섯 명의 입장료는 총 22달러(2×2+6×3)가 되므로 (C)가 정답입니다.

4. 다음 중 편지의 어조를 가장 잘 나타낸 것은 무엇인가?

(A) 예의 바른

(B) 재밌는

(C) 비판적인

(D) 걱정하는

풀이 'It is our honor to invite you and your guests to the official premiere ~', 'Sincerely yours,' 등에서 볼 수 있듯이 독자에게 격식을 갖춰 정보를 전달하고 있습니다. 따라서 (A)가 정답입니다.

어휘 community 주민, 지역 사회, 공동체 | honor 명예 | premiere (영화의) 첫 개봉, 시사회 | admission 입장 | talented 재능이 있는 | filmmaker 영화 제작자 | seating 좌석, 자리 | seat 앉히다 | maximum 최대의 | capacity 수용력, 용량 | refreshment 다과, 가벼운 식사 | available 구할[이용할] 수 있는 | purchase 구입, 구매 | fund 기금, 자금, 돈 | raise (자금·사람 등을) 모으다, 얻어 내다 | up-and-coming 전도가 유망한, 떠오르는 | discounted 할인된 | critic 평론가, 비평가 | screening 상영, 방영 | remind 상기시키다 | submit 제출하다 | critical 비판적인

4. Notices / Announcements　　p.92

| 1 (C) | 2 (D) | 3 (C) | 4 (B) |

[1-4]

해석

과감히 꿈꾸기!

정신, 정서 그리고 관계 건강을 향상시키세요. 급우들, 오래된 친구들, 그리고 가족들과 더 좋은 관계를 발전시키세요. 매달 우리 자기계발서 클럽에서 다른 사람들과 모여 같은 책을 읽고 그에 대해 이야기하세요!

모임은 매월 두 번째 금요일에 있습니다. 일년에 12권의 책을 읽고 토론하세요!

시작일: 1월 12일 오후 7시

회비는 없지만, 매월 회원들이 차례대로 본인의 집에서 독서 클럽을 주최합니다. 다른 회원들은 클럽을 위해 간식을 가져올 것을 권장합니다. 회원들은 각 모임에 앞서 책을 자세히 읽고 그룹 토론을 위한 질문거리를 가져와야 합니다.

더 자세한 정보와 올해 도서 목록 가능성을 찾으시려면: mollylasher@email.com를 통해 Molly에게 연락바랍니다.

1. 이 공고문의 주목적은 무엇인가?

(A) 독자들에게 신간 도서를 알리려고

(B) 서점의 개점을 광고하려고

(C) 독서 클럽에 새 회원을 모집하려고

(D) 클럽 회원들에게 회의 날짜 변경에 관해 말하려고

풀이 자기계발서 클럽의 이점과 모임 일정, 회원들이 하는 일과 연락 정보 등을 담고 있는 공고문입니다. 'Gather each month with others who will read and talk about the same book in our self-help book club!'에서 볼 수 있듯이 이 공고문을 통해 독서 클럽을 알려서 새 회원을 모집하려고 하고 있으므로 (C) 가 정답입니다. 나머지 선택지의 경우, 언급되지 않았으므로 오답입니다.

2. 올해 마지막 모임은 언제 열리겠는가?

(A) 1월의 첫 번째 금요일

(B) 1월의 두 번째 금요일

(C) 12월의 첫 번째 금요일

(D) 12월의 두 번째 금요일

풀이 'Meetings are the second Friday of every month'에서 매월 두 번째 금요일에 모임을 한다는 사실을 알 수 있습니다. 따라서 올해 마지막 모임은 한 해의 마지막 달인 12월의 두 번째 금요일에 한다는 것을 추론할 수 있으므로 (D)가 정답입니다. (A) 는 올해 첫 모임이 열리는 날이므로 오답입니다.

3. 다음 중 회원들이 해야 할 일은 무엇인가?

(A) 독후감 쓰기

(B) 12번의 그룹 모임 주최하기

(C) 토론할 질문거리 만들어 내기

(D) 간식 먹으러 동료 데리고 나가기

풀이 'Members must read the books in detail before each meeting and bring questions for group discussion.'에서 회원들에게 그룹 토론에서 논의할 질문거리를 준비해오라고 했으므로 (C)가 정답입니다. (B)의 경우, 매달 회원들이 차례대로 모임을 본인의 집에서 주최한다고 했으므로 오답입니다.

4. 회원 자격의 이점으로 나열된 것은 무엇인가?

(A) 속독 강습

(B) 다른 사람들의 정신적 지지

(C) 우편으로 부친 더 저렴한 책들

(D) 무료 전자책

풀이 'Improve your mental, emotional, and relationship health. Develop better relationships with classmates, old friends, and family members.'에서 독서 클럽 활동을 통해 정신적, 정서적 건강을 증진하고 다른 사람들과 더 좋은 인연을 발전시키라고 말하고 있으므로 (B)가 정답입니다. 나머지 선택지의 경우, 언급되지 않았으므로 오답입니다.

어휘 dare ~할 용기가 있다, ~할 엄두를 내다, 감히 ~ 하다 | classmate 급우, 반 친구 | gather 모으다 | self-help 자기계발, 자립 | membership 회원 (자격·신분) | fee 요금 | take turns 돌아가며[차례대로] 하다 | host (행사를) 주최하다 | encourage 권장[장려]하다 | treat (기쁨을 주는) 특별한 음식 | in detail 상세하게 | advertise 광고하다, 알리다 | recruit 모집하다 | book report 독후감 | make up ~을 만들어 내다

5. Websites
p.98

1 (D)	2 (A)	3 (C)	4 (A)

[1-4]

해석

Lansing County 개구리 박물관

"우림의 밤" 소리 전시회를 경험해 보세요. 온전한 어둠 속으로 걸어 들어가 어둠이 찾아온 후의 숲은 얼마나 생생한지 들어보세요. 이번 달만!	영업시간: 월 - 금 오전 10시 - 오후 7시 토, 일, 공휴일 오전 10시 - 오후 8시
어떤 개구리가 위험하고 어떤 개구리가 안전한지 구별할 수 있나요? 여기서 퀴즈 풀어보기!	
특별 연설: 생물학자 Lynn Berenberg 박사가 개구리의 도약 능력에 관한 재밌는 새 연구를 발표합니다. 간식과 음료가 제공됩니다.	위치: 543 Great Lakes 거리, Tintown, MI 28473 (지도 보기 여기 클릭)
생일 축하하신다고요? 개구리 느낌 물씬 파티 패키지 가격과 세부 정보를 확인하세요!	
메일 수신 등록해서 최신 이벤트 정보와 월간 할인을 받으세요. 지금 바로 등록하세요!	

---

1. 생물학자는 무엇에 관해 이야기할 것인가?

(A) 개구리의 피부
(B) 개구리의 간식
(C) 개구리의 부모
(D) 개구리의 도약

풀이 'Biologist Dr. Lynn Berenberg will give a presentation on exciting new research on frogs' jumping abilities.'에서 한 생물학자가 개구리의 도약 능력에 관한 연구를 발표한다고 했으므로 (D)가 정답입니다.

2. 밑줄 친 단어 "give"와 가장 의미가 가까운 것은 무엇인가?

(A) 제안하다
(B) 창조하다
(C) 말하다
(D) 옮기다

풀이 생물학자가 'give a presentation on exciting new research' 한다는 것으로 보아 'give a presentation'이란 표현은 '발표하다'라는 뜻을 나타낸다고 유추할 수 있습니다. 여기서 'give'가 (발표라는 행위를 청자에게) '내어 주다'라는 원리로 쓰여 'give a presentation'이라는 표현을 완성하고 있습니다. 따라서 '내어 주다'와 유사한 뜻을 가진 (A)가 정답입니다.

3. 다음 중 추가 비용이 발생할 가능성이 가장 큰 것은 무엇인가?

(A) 메일 수신 명단
(B) 생물학자의 발표
(C) 박물관에서의 생일파티
(D) "우림의 밤" 전시회

풀이 'Celebrating a birthday? Check out our Frog-tastic Party Packages for prices and details!'에서 파티 패키지 가격 정보를 확인하라고 언급한 점으로 보아 박물관에서 생일파티를 열려면 추가 비용을 지불해야 한다는 사실을 유추할 수 있으므로 (C)가 정답입니다. (B)의 경우, 'Snack and drinks provided.'를 통해 간식과 음료가 제공되는 것으로 추가 비용을 내는 것이 아니기에 오답입니다.

4. 다음 중 박물관에 관해 언급된 것은 무엇인가?

(A) Tintown에 위치해 있다.
(B) 무료 개구리를 나누어 준다.
(C) 방문객이 개구리에게 먹이를 주도록 해준다.
(D) 평일에는 오후 8시까지 영업한다.

풀이 박물관의 주소가 '543 Great Lakes Drive, Tintown, MI 28473' 라고 했으므로 (A)가 정답입니다. (D)의 경우, 평일에는 오후 7시까지 영업한다고 쓰여있으므로 오답입니다.

어휘 rainforest (열대) 우림 | exhibit 전시회 | biologist 생물학자 | give a presentation 발표하다, 보고하다 | celebrate 기념하다, 축하하다 | package 패키지, (일괄적으로 묶거나 포장한) 상품, 포장물 | mailing list 우편물 수신자 명단 | monthly 매월의, 한 달에 한 번의 | discount 할인 | sign up 등록하다 | locate 위치시키다 | give away ~을 선물로 주다, 기부하다 | feed 먹이를 주다 | weekday 평일

6. Schedules
p.104

1 (B)   2 (A)   3 (D)   4 (D)

[1-4]
해석

자원봉사 일정

2018년 12월 22일 금요일 행사를 위한 6개 업무

업무	총 필요한 인원	현재 충원된 인원
음식 및 음료 준비 수프 및 음료 준비하기. (오후 4시-5시)	1	0
세팅팀 식당 테이블 및 의자 세팅하기. (오후 4시-5시)	3	0
티켓 담당 손님 응대 및 티켓 수령하기. 식당으로 손님 안내하기. (오후 5시-6시 반)	2	1
음식 서빙 식사 서빙 및 음식 교체하기. (오후 5시 반-7시)	2	1
음료 서빙 음료 리필하기. (오후 5시 반-7시)	2	2
정리팀 접시 치우기. 식기 세척기에 그릇 넣기. 테이블 및 의자 치우기. (오후 7시 반-9시)	4	0

1. 어떤 자리가 봉사자 명단이 다 채워졌는가?

(A) 세팅팀
(B) 음료 서빙
(C) 티켓 담당
(D) 정리팀

풀이 음료 서빙 업무의 총 필요 인원이 2명인데 현재 2명이 모두 충원된 상태이므로 음료 서빙 봉사자 명단이 다 채워졌음을 알 수 있습니다. 따라서 (B)가 정답입니다.

2. 자원봉사에 관해 추론할 수 있는 것은 무엇인가?

(A) 하루 동안의 저녁 식사 행사를 위한 것이다.
(B) 봉사자는 사전 경험이 필요하다.
(C) 근무자는 행사의 무료 티켓 두 장을 받는다.
(D) 봉사자는 2시간 근무할 수 있어야 한다.

풀이 '6 jobs for an event on Friday, December 22, 2018.''에서 특정한 날짜에 하루 동안 열리는 행사임을 알 수 있고, 업무 목록에서 오후 시간에 음식 준비부터 세팅, 서빙 및 정리를 담당할 자원 봉사자를 각각 모집하는 점으로 보아 저녁 식사 행사임을 알 수 있습니다. 그러므로 (A)가 정답입니다. (B)와 (C)는 지문에서 언급되지 않았으므로 오답입니다. (D)의 경우, 각 업무 담당 봉사자의 근무 시간은 모두 1시간 또는 1시간 반이므로 오답입니다.

3. 다음 중 일정에 관해 추론할 수 있는 것은 무엇인가?

(A) 음료 서빙 담당은 음식 서빙 담당보다 먼저 일을 시작한다.
(B) 테이블 세팅은 음료가 서빙되기 한 시간 전에 시작한다.
(C) 정리팀은 식사가 끝나고 손으로 설거지한다.
(D) 테이블이 세팅되는 동안 음식과 음료가 만들어지고 있다.

풀이 테이블이 세팅되는 시간은 세팅팀이 일하는 오후 4시부터 오후 5시까지이며, 이 시간 동안 'Food and drink preparation' 담당팀에서 음식과 음료를 동시에 준비하므로 (D)가 정답입니다. (C)의 경우, 'load dishwasher'를 통해 식기 세척기를 사용하는 것을 알 수 있으므로 오답입니다.

4. 다음 중 오후 6시에 진행될 일이 아닌 것은 무엇인가?

(A) 음료 리필
(B) 티켓 검수
(C) 음식 교체
(D) 식기세척기에 그릇 싣기

풀이 식기세척기에 그릇을 싣는 일은 'Clean-up crew'에서 담당합니다. 그런데 'Clean-up crew'의 봉사 시간은 오후 7시 반부터 오후 9시까지이므로 (D)가 정답입니다. (A)는 'Drink servers' 업무에서, (B)는 'Ticket handlers' 업무에서, (C)는 'Food servers' 업무에서 하는 일로 해당 업무 모두 봉사 시간에 오후 6시가 포함되므로 오답입니다.

어휘 volunteer 자원봉사자 | task 일, 과업 | beverage 음료 | crew 팀, 반, 조, 무리 | handler 처리[취급]하는 사람 | replace 대체하다 | refill 다시 채우다, 리필하다 | load 싣다, 적재하다 | dishwasher 식기 세척기; (식당 등의) 설거지 담당자 | prior 사전의 | by hand 손으로

1. Summaries   p.114

1 (B)	2 (A)

[1-2]

해석

> 모든 옥수수가 가열한다고 해서 팡 터지는 것은 아니지만, 팝콘은 터진다. 왜 그럴까? 단순하게 대답하자면 팝콘은 독특한 종류의 옥수수이기 때문이다. 옥수수에는 네가지 주요 종이 있는데—스위트, 덴트, 플린트, 팝콘이 있다—오직 팝콘만 팡 터진다. 팝콘 알맹이는 각각 종피라고 불리는 껍데기 안이 소량의 물로 채워져 있다. 가열된 팝콘에서는, 물이 증기가 되어 알맹이 내부에 압력을 형성한다. 어느 시점이 되면, 압력이 종피가 견디기에 너무 커져서, 종피가 폭발하는데, 이로 인해 하얗고 몽실한 팝콘이 나오게 된다. 다른 옥수수 종에도 종피가 있지만, 팝콘 종피의 두께만이 정확히 팡 터지는 현상이 일어나도록 한다.
>
> 요약:
> 팝콘의 알맹이는 종피라고 불리는 껍데기 속에 있는 소량의 물을 담고 있다. 팝콘을 가열하면 종피 내부에 (1)증기가 형성된다. 압력이 너무 커졌을 때, 종피가 터진다. 다른 종류의 옥수수는 이렇게 터지지 않는데, 그 이유는 (2)크기가 다르기 때문이다.

1. 지문과 요약문을 연결하는, 빈칸에 가장 적절한 단어를 고르시오.
   (A) 물
   (B) 증기
   (C) 씨앗
   (D) 곡물

풀이 'In heated popcorn, the water becomes steam, which builds pressure within the kernel'을 통해 팝콘을 가열하면 증기가 생긴다는 사실을 알 수 있으므로 (B)가 정답입니다.

2. 지문과 요약문을 연결하는, 빈칸에 가장 적절한 단어를 고르시오.
   (A) 크기
   (B) 색깔
   (C) 질감
   (D) 구성(요소·방식)

풀이 마지막 문장인 'it is the exact thickness of the popcorn hull that allows the popping action to occur.'에서 팝콘의 두께 때문에 터지는 현상이 일어난다고 말하고 있습니다. 이를 통해 다른 옥수수종은 팝콘과는 다른 두께를 가지고 있어서 터지지 않는다고 지문의 첫 문장과 연결 지어 요약할 수 있습니다. 'thickness'는 일종의 'size'이므로 (A)가 정답입니다.

어휘 pop 팡 하고 터지다[터뜨리다] | sweet corn 스위트콘, 감미종옥수수(감미가 강한 옥수수) | dent corn 덴트콘, 마치종옥수수(과피가 두꺼운 옥수수) | flint corn 프린트콘, 경립종옥수수(곡립이 단단한 옥수수) | popcorn 팝콘, 폭립종옥수수 | kernel (견과류·씨앗의) 알맹이; 핵심 | drop 소량, 조금; 방울 | hull 종피(종자의 껍질) | steam 증기, 수증기 | explode 터지다[터뜨리다] | fluffy 솜털 같은, 푹신해 보이는 | thickness 두께 | burst 터지다 | vapor 증기 | grain 곡물; (곡식의) 낟알 | texture 감촉, 질감 | make-up 구성(요소·방식); 화장품; (사람의) 기질

2. Main Ideas   p.120

1 (B)	2 (B)

[1-2]

해석

> [1] 놀랍게도, 도시에 보도가 없던 시절이 있었다. 1800년대 이전, 도시에서 밖을 다니는 것은 위험했다. 그 당시에, 동물, 마차, 왜건, 전차, 사람들을 포함해 모두가 거리를 이용했다. 이는 부상의 가능성을 매우 높였다. 하수 시설도 없었기 때문에, 도로가 동물과 사람들의 배설물로 가득 찼고, 이는 사람들이 질병에 걸릴 가능성을 높였다.
>
> [2] 1850년대 파리 도시의 대규모 보수공사 후에 보도가 마침내 사용되기 시작했다. 막강한 정부 관료 한 사람 덕분에, 옛 파리 지역의 대부분이 허물어지고 보도가 있는 새로운 거리와 아파트 건물이 들어섰다. 사람들은 새로 들어선 보도를 마음에 들어 했는데, 벤치와 나무가 많이 있어 사람들과 어울리기 좋은 장소였기 때문이다. 이는 보도에 대한 생각을 더 인기 있게 만들었다.
>
> [3] 보도는 도시에서의 일상을 더 건강하고 즐겁게도 했다. 사람들은 이제 거리에서 다치고 질병에 걸리는 것을 피할 수 있었다. 그와 비슷한 시기에, 하수 시설이 사용되기 시작했고, 이는 보도로 인해 가지게 된 깨끗한 인상에 보탬이 됐다. 그 후에, 보도는 전 세계 도시에서 사용되기 시작했다.

1. 이 지문의 주제는 무엇인가?
   (A) 보도의 미래
   (B) 보도의 기원
   (C) 보도의 구조
   (D) 보도의 불편함

풀이 1850년대 파리에서 보도가 처음 이용되었고 보도가 도시 사람들의 생활에 어떤 영향을 미쳤는지를 이야기하고 있으므로 (B)가 정답입니다. (D)의 경우, 도시 사람들은 보도를 좋아했고, 보도의 등장으로 인해 더 건강하고 즐거운 일상생활을 하게 됐다고 언급했으므로 오답입니다.

2. 다음 중 이 지문에 가장 적절한 제목은 무엇인가?

(A) 도시 거리를 위한 시멘트 혼합물

(B) 거리 디자인에서의 프랑스 혁명

(C) 학교에 머물고 거리에서 떨어지기

(D) 개발 과정에서 비켜 있기

풀이 지문은 파리 대규모 보수공사 때 처음 만들어진 보도와 보도의 등장이 도시 사람들의 삶에 어떤 중대한 영향을 미쳤는지 이야기하고 있습니다. 'sidewalk'는 'street design'의 일종이며, 파리는 프랑스의 도시이므로 (B)가 정답입니다.

어휘 sidewalk (포장한) 보도, 인도 | horse-drawn 말(들)이 끄는 | wagon 왜건, 4륜 우마차 | streetcar 시내 전차 | sewer 하수관, 수채통 | catch (병에) 걸리다; 잡다 | disease 질병 | renovation 보수, 개선; 개혁, 혁신; 수선, 수리 | majority 가장 많은 수[다수] | tear down (건물 등을) 허물다[헐다] | replace 교체하다; 대체하다 | socialize (사람들과) 사귀다, 어울리다 | daily 매일 일어나는, 나날의 | injure 부상을 입다[입히다] | origin 기원, 근원 | inconvenience 불편, 애로 | mixture 혼합물 | revolution 혁명, 변혁 | get out of the way 방해가 안 되게 하다, 비키다

3. Details   p.126

1 (A)   2 (B)

[1-2]

해석

[1] 삼국시대는 중국 역사에서 가장 잘 알려지고 격렬했던 시기의 하나이다. 중국 역사와 문화뿐만 아니라, 주변 국가의 역사와 문화에도 커다란 영향을 미쳤다.

[2] 이 시대는 한나라가 힘을 잃게 되면서 시작됐다. 중국은 나쁜 경제 상황과, 수차례의 반란, 그리고 지진이나 홍수 같은 많은 악천후를 겪어왔다. 이 거듭된 어려움은 한나라가 세력을 유지하기에 너무 벅찼고, 중국은 전쟁에 휩쓸렸다. 결국 주요 3국이 출현했고 중국 전역을 지배하기 위해 싸웠다.

[3] 이 3국은 북쪽의 위, 남서쪽의 촉, 남동쪽의 오였다. 이들의 거의 끊임없던 전쟁은 중국 인구 감소로 이어졌으며, 통치 기구, 기반 시설, 그리고 수 세기 동안 남을 문화에 인위적 경계를 만들었다. 이 짧지만 격렬했던 시대에, 군사 기술과 농업 기술이 모두 발달했고, 많은 유명 중국 시인들이 후대에 영향을 미칠 작품을 썼다.

[4] 위촉오 간의 싸움은 60년 넘게 지속했으며, 중국의 새로운 통일 왕국의 탄생으로 막을 내렸다: 바로 진나라이다. 이 왕국도 오래가지 못하고 혼란스러웠으며, 몰락하기 이전까지 겨우 100년 남짓 넘게 지속됐다.

1. 지문에 따르면, 삼국 시대가 등장한 이유가 아닌 것은 무엇인가?

(A) 왕이 아주 젊은 나이에 죽었다.

(B) 사람들이 수차례 반란을 일으켰다.

(C) 경기가 좋지 않았다.

(D) 많은 자연재해가 있었다.

풀이 [2]문단의 'The [Three Kingdoms] period began when the Han Kingdom lost power. China had experienced a bad economy, several rebellions, and many bad weather events ~'에서 삼국시대의 등장 배경이 당시 중국의 나쁜 경제 상황, 수차례 반란, 거듭된 악천후임을 알 수 있습니다. 여기서 왕의 요절에 관한 내용은 언급되지 않았으므로 (A)가 정답입니다.

2. 다음 중 삼국시대에 일어난 것으로 지문에서 언급된 것은 무엇인가?

(A) 중국 인구 증가

(B) 농업 기술 발달

(C) 오와 진의 전쟁

(D) 위와 촉의 비밀 동맹

풀이 [3]문단의 'During this brief but violent time, both military and farming technology improved'에서 삼국시대에 농업 기술이 발달했음을 알 수 있으므로 (B)가 정답입니다. (A)의 경우, [3]문단에서 '~ led to a decrease in China's population'이라고 했으므로 오답입니다. (C)의 경우, 오와 진의 전쟁이 아니라 위촉오 삼국 간의 전쟁이 일어난 것이므로 오답입니다.

어휘 kingdom 왕국 | period 기간, 시기 | violent 격렬한, 난폭한 | influence 영향, 영향력; 영향을 미치다 | neighboring 인접한, 근처의, 이웃의 | rebellion 반란, 반항, 저항 | earthquake 지진 | flood 홍수 | combination 조합, 결합 | maintain 유지하다 | major 주요한, 중대한 | emerge 드러나다, 생겨나다, 부상하다 | constant 끊임없는; 거듭되는 | lead to ~로 이어지다 | decrease 감소, 하락; 줄이다 | population 인구, (모든) 주민 | artificial 인공[인조]의 | boundary 경계(선) | infrastructure 사회 기반 시설 | improve 개선하다, 향상하다 | poet 시인 | united 연합된, 통합된 | short-lived 오래가지 못하는, 단명하는 | chaotic 혼란스러운 | last 지속하다 | advance 진전, 발전; 증진되다 | alliance 동맹, 연합

General Reading Comprehension

4. Synonyms
p.132

1 (A)   2 (C)

[1-2]

해석

[1] 때때로, 새로운 환경에서 밤에 편안한 잠을 자는 것은 어렵다. 과학자들은 최근 이 문제에 대한 가능성 있는 원인을 발견했다.

[2] 잠은 과학자들에게 여전히 수수께끼이다. 대다수 동물은 잠을 자지만, 많은 시간 동안 잠들어 있는 것이 야생에서 동물들에게 위험할 수도 있다는 점을 보았을 때, 왜 잠이 필요한지는 여전히 알려지지 않았다. 하지만, 몇몇 동물은 따로따로 뇌의 절반만 수면에 들 수 있는 능력을 갖추고 있다. 이러한 것은 <u>이롭다</u>. 왜냐하면 뇌의 나머지 절반이 쉬고 있는 동안 눈의 한쪽을 계속 사용할 수 있게 해서 경계심을 풀지 않고 포식자로부터 스스로 보호하도록 해주기 때문이다.

[3] 뇌의 절반을 멈출 수 없음에도, 인간은 그래도 비슷한 능력을 갖추고 있다. 인간의 뇌는 살금살금 다가올 수 있는 알려지지 않은 위험에 관해 계획을 세울 수 있다. 이것이 새로운 환경에서의 수면을 어렵게 하는 것이다. 이러한 <u>예상</u>이 뇌가 깨어 있도록 해서 새로운 위협에 반응할 수 있도록 하는 것이다. 다행히도, 인간은 새로운 장소에서 종종 잠을 자는 습관을 들이는 방식으로 뇌를 훈련하여 이를 피할 수 있다.

1. [2]문단, 3번째 줄의 "beneficial"과 가장 의미가 가까운 것은 무엇인가?

(A) 유용한
(B) 고통스러운
(C) 마법 같은
(D) 생물체의

풀이 'beneficial'한 이유가 포식자로부터 자기 자신을 보호할 수 있게 해준다는 것으로 보아 'beneficial'의 의미는 '도움이 되는, 이익이 되는'임을 유추할 수 있습니다. 이와 비슷한 '유용한, 쓸모있는'이라는 뜻을 가진 (A)가 정답입니다.

2. [3]문단, 3번째 줄의 "anticipation"과 가장 의미가 가까운 것은 무엇인가?

(A) 받아쓰기
(B) 영감
(C) 기대
(D) 취소

풀이 앞 문장의 'Human brains can plan for any unknown dangers ~'와 뒷부분의 '~ what causes the brain to stay awake so it can react to the new threats'로 보아 'this anticipation'은 새 환경에서 알려지지 않은 새로운 위험에 대해 미리 짐작하고 생각해 두는 행위임을 알 수 있습니다. 여기서 'anticipation'이 '(어떤 일에 대한) 예상, 예측'을 뜻함을 유추할 수 있으므로 이와 유사한 뜻을 가진 (C)가 정답입니다.

어휘 restful 편안한, 평화로운 | cause 원인, 이유; ~을 초래하다 | mystery 수수께끼, 미스터리 | majority 가장 많은 수[다수] | beneficial 유익한, 이로운 | protect 보호하다, 지키다 | predator 포식자; 약탈자 | despite ~에도 불구하고 | sneak up (~에게) 살금살금 다가가다 | anticipation 예상, 예측 | react 반응하다, 반응을 보이다 | threat 위협, 위험 | fortunately 다행스럽게도, 운 좋게도 | biological 생물학의, 생물체의 | dictation 받아쓰기 | inspiration (예술적 창조 등을 가능하게 하는) 영감 | expectation 예상, 기대 | cancellation 취소, 무효화

5. Inferences
p.138

1 (B)   2 (C)

[1-2]

해석

[1] 어떤 이들은 손가락 관절을 꺾는 것이 건강에 좋지 않고 손 부상이나 관절 통증으로 이어질 수도 있다고 생각한다. 하지만 이것이 정말 사실일까?

[2] 많은 사람은 매일 손가락 관절을 꺾는다. 이는 그저 습관일 수도 있고, 아니면 실질적인 육체적 안정을 가져올 수 있다. 그렇지만, 손가락 관절을 꺾는 것이 손에 해를 끼칠 수 있다는 흔한 미신이 있다. 이른바, 손상된 조직과, 관절의 염증이 생긴, 관절염이 발생할 수 있다는 것이다. 대다수 사람은 이 미신을 관절 꺾는소리를 싫어하는 사람에게서 듣게 되는데, 이를 뒷받침해주는 증거는 없다.

[3] 이 미신은 과학자들이 손가락 관절 꺾기에 관해 연구하도록 이끌었다. 그들은 관절을 꺾을 때 관절이 내는 소리가 관절 안쪽에서 나오는 작은 기포에 의해 생긴다는 사실을 발견했다. 이 기포는 손가락 관절을 구부리거나 움직이면서 관절 안의 압력이 방출될 때 밖으로 나오게 된다. 이는 또한 편안한 느낌을 줄 수 있는데 당기고 꺾는 것이 손가락 신경을 자극할 수 있기 때문이다.

[4] 과학자들은 손가락 관절을 꺾는 사람과 꺾지 않는 사람들에 관해서도 연구를 진행했다. 그들은 50~80세 집단에서 손가락 관절을 꺾었던 사람들이 그렇지 않았던 사람들보다 관절염을 덜 겪었다는 사실을 알아냈다.

1. 다음 중 손가락 꺾기에 관해 지문으로부터 추론할 수 있는 것은 무엇인가?

(A) 위험하다.
(B) 건강에 나쁜 것이 아니다.
(C) 과학자들은 그것이 무엇인지 모른다.
(D) 전문가들만이 하도록 해야 한다.

풀이 손가락 관절 꺾기가 건강에 안 좋다는 인식에는 어떠한 근거 ('supporting evidence')도 없다고 밝히며, 실제로 손가락 관절 꺾기가 건강에 긍정적인 영향을 미쳤다는 연구 결과를 소개하고 있습니다. 따라서 (B)가 정답입니다. (C)의 경우, 많은 과학자가 손가락 관절 꺾기에 관한 연구를 시작하였고, 의미 있는 연구 결과도 나왔으므로 오답입니다.

2. 손가락 관절을 꺾는 사람들에 관해 지문으로부터 추론할 수 있는 것은 무엇인가?

  (A) 많은 고통을 겪고 있다.
  (B) 이전에 관절 꺾기에 관해 연구했다.
  (C) 관절을 꺾을 때 해소감을 느낀다.
  (D) 관절 꺾는 소리 때문에 짜증스러워 한다.

풀이 'This can also feel relaxing because the stretching and cracking can stimulate finger nerves.'에서 손가락 관절을 꺾으면 편안함을 느낄 수 있다고 했으므로 (C)가 정답입니다. (A)의 경우, 관절을 꺾는 사람들이 그렇지 않은 사람들보다 오히려 관절염을 덜 겪었다고 했으므로 오답입니다.

어휘 pop 펑 하는 소리가 나다[소리를 내다] | knuckle 손가락 관절[마디] | lead to ~로 이어지다 | injury 부상, 상처 | relief (고통·불안 등의) 경감, 완화; 안도, 안심 | myth 신화, 근거 없는 믿음 | harm 해, 피해, 손해 | supposedly 소위, 이른바; 추정상, 아마 | damaged 손해를 입은; 하자가 생긴 | tissue (세포로 이뤄진) 조직 | arthritis 관절염 | inflammation 염증 | stand 참다, 견디다 | evidence 증거 | release 발산하다, 놓아 주다, 풀어 주다 | bend 구부리다, 굽히다, 틀다 | crack 날카로운 소리를 내다; 갈라지다 | conduct 하다, 행동하다 | annoyed 성가신, 짜증이 난

Actual Test

Section II. Reading & Writing

Part 5   p.142

  31 (B)   32 (C)   33 (B)   34 (C)   35 (C)
  36 (A)

Part 6   p.144

  37 (A)   38 (D)   39 (C)   40 (B)   41 (C)
  42 (A)   43 (C)   44 (D)   45 (B)   46 (A)

Part 7   p.145

  47 (B)   48 (B)   49 (D)   50 (D)   51 (B)
  52 (B)   53 (C)   54 (A)   55 (D)   56 (B)
  57 (C)   58 (C)   59 (D)

Part 8   p.149

  60 (C)   61 (C)   62 (B)   63 (C)   64 (C)
  65 (D)

Part 5 | Picture Description   p.142

31.

해석 나는 많은 사람들과 잘 지내서 기쁘다.

  (A) 가다
  (B) (어떤 상태가) 되다
  (C) 만들다
  (D) 소비하다

풀이 사람들과 잘 지내는 사진이므로 '잘 지내다'라는 표현인 'get along well'을 사용해야 합니다. 따라서 (B)가 정답입니다.

어휘 get along well 잘 지내다, 마음이 맞다

32.

해석 나는 이번 주말에 조부모님을 만나는 것이 기대돼. 우리는 함께 자전거를 탈거야.

  (A) 보기
  (B) 눈짓
  (C) 보기
  (D) 쳐다보기

풀이 '~을 고대하다'는 표현은 'look forward to -ing'로 쓰므로 (C)가 정답입니다.

어휘 eyeing 눈짓

33.

해석 세계 수영 선수권 대회는 올림픽처럼 4년마다 개최된다.

  (A) 자부심
  (B) 장소
  (C) 언론의 주목
  (D) 인기

풀이 올림픽은 4년에 한 번 개최되며, '개최되다'는 표현은 'take place'이므로 (B)가 정답입니다.

어휘 publicity 언론의 주목 | popularity 인기

34.

해석 내 모형 비행기는 고장났어. 이걸 초강력 접착제로 고칠 수 있을까?

  (A) 글루텐
  (B) 붕대
  (C) 초강력 접착제
  (D) 어색한 표현

풀이 그림에 접착제를 사용하여 모형 비행기를 고치고 있으므로 '초강력 접착제'라는 표현인 'super glue'가 적절하므로 (C)가 정답입니다.

어휘 gluten 글루텐 | bandage 붕대 | super glue 초강력 접착제

35.

해석 왜 이렇게 우울해? 기운 내!

    (A) 다리를 올리다
    (B) 머리를 넣다
    (C) 턱을 들다
    (D) 손을 넣다

풀이 남자가 우울해하는 사람을 위로하고 있으므로 기운내라는 표현이 적절합니다. 기운내라는 표현은 'keep your chin up'이므로 (C) 가 정답입니다.

어휘 depressed 우울한 | keep your chin up 기운 내

36.

해석 Kevin은 선생님께 들켜 곤경에 처해있다. 그녀는 그가 친구를 괴롭히는 것을 보았다.

    (A) 곤경에 처하다
    (B) 찬 물에 있다
    (C) 따뜻한 물에 있다
    (D) 시원한 물에 있다

풀이 아이가 선생님에게 혼나고 있으므로 '곤경에 처하다'를 나타내는 표현 'in hot water'이 적절합니다. 따라서 (A)가 정답입니다.

어휘 bully 괴롭히다 | in hot water 곤경에 처하다

Part 6 | Sentence Completion   p.144

37.

해석 내가 아이였을 때, 학교에서 가장 친한 친구는 여동생이었다.

    (A) 아이
    (B) 어색한 표현
    (C) 어색한 표현
    (D) 어색한 표현

풀이 부정관사는 단수일 때만 쓰고 뒤에 모음으로 발음되는 단어가 오면 'an'을, 자음으로 발음되는 단어가 오면 'a'를 쓰므로 (A)가 정답입니다.

38.

해석 선생님의 실수는 학생들로부터 눈에 띄지 않았다.

    (A) 눈에 띄지 않는
    (B) 눈에 띄지 않다
    (C) 어색한 표현
    (D) 눈에 띄지 않았다

풀이 문장에 동사가 없으므로 빈칸에는 동사를 써야 하고, 주어가 'mistakes'이므로 복수형 수동태를 써야 합니다. 따라서 (D)가 정답입니다.

어휘 unnotice 알아차리지 못하다

39.

해석 나는 남동생에게 내 오래된 자전거를 주었으나 바로 다음 날 망가졌다.

    (A) 줄 것이다
    (B) 어색한 표현
    (C) 주었다
    (D) 받았다

풀이 'A에게 B를 주다'는 표현은 'give A B'이므로 빈칸에는 'give'의 능동형이 필요함을 알 수 있습니다. 'but' 뒤의 시제가 'broke'로 과거형이고, 망가지기 전에 준 것이므로 대과거인 'had given'이 적절합니다. 따라서 (C)가 정답입니다.

40.

해석 코치는 모두에게 점심 식사 후 농구 코트에 도착할 것을 알리라고 부탁했다.

    (A) 알리다 (3인칭 단수형과 쓰일 때)
    (B) 알리기
    (C) 알리기
    (D) 알릴 것이다

풀이 빈칸 앞에 동사 'ask'는 목적격보어로 'to부정사'를 가지므로 (B) 가 정답입니다.

어휘 report (도착을) 알리다

41.

해석 건강 검진을 받고 활발한 라이프 스타일을 사는 것은 건강을 유지하는 것을 돕는 좋은 방법이다.

    (A) 이끌다
    (B) 이끌다 (3인칭 단수형과 쓰일 때)
    (C) 이끌기
    (D) 이끄는 중이다

풀이 'and'가 동명사 'getting'과 'leading'을 묶는 병렬 구조이므로 'getting'과 같은 형태인 'leading'이 적절합니다. 따라서 (C)가 정답입니다.

어휘 check-up 건강 검진 | maintain 유지하다 | lead (특정한 유형의) 생활을 하다[살다]

42.

해석 당신은 컴퓨터에 얼만큼의 시간을 쓸 것인지 조절하는 것을 확실히 해야 한다.

    (A) 확신하다
    (B) 어색한 표현
    (C) 확신했다
    (D) 확신하기

풀이 'must'는 조동사로 뒤에 동사원형이 와야 합니다. 따라서 (A)가 정답입니다.

어휘 sure 확신하는, 확실히 아는 | moderate 조절하다 | be sure to 반드시 ~하다

43.

해석 우리는 놀이공원에 있었지만 롤러코스터를 타기에는 모두 키가 너무 작았다.

(A) 탔다
(B) 탄다
(C) 타기
(D) 어색한 표현

풀이 빈칸은 'too~to' 용법을 사용하여 '~하기에는 ~하다'를 써야 합니다. 이때 'to'는 'to부정사'로, 뒤에 동사원형을 써야 합니다. 따라서 (C)가 정답입니다.

어휘 amusement park 놀이공원

44.

해석 아버지는 쇼핑몰에 가는 것보다 차라리 집에 있는 것을 선호하신다.

(A) 차라리
(B) ~한 편이다
(C) ~한 편이었다
(D) 차라리 ~하고 싶다

풀이 'at the mall shopping' 앞에 'than'이 있기 때문에 쇼핑몰에 가느니 차라리 집에 있겠다는 뜻이 됩니다. 따라서 '차라리 ~하고 싶다'는 뜻의 'would rather'이 적절하므로 (D)가 정답입니다.

어휘 rather 오히려, 차라리 | would rather (~하기 보다는 차라리) …하겠다[하고 싶다]

45.

해석 그들의 어머니가 허락을 하지 않았지만, 아이들은 어쨌든 자지 않고 깨어있었고 그들이 찾을 수 있는 가장 무서운 공포 영화를 보았다.

(A) 어색한 표현
(B) 주지 않았다
(C) 어색한 표현
(D) 어색한 표현

풀이 일반동사의 부정형은 조동사 'do'의 과거형인 'did'와 'not'을 쓰고 그 뒤에 동사원형이 와야 하므로 (B)가 정답입니다.

어휘 permission 허락 | stay up 깨어있다

46.

해석 도시의 인도는 교외의 그것보다 상당히 나쁘다.

(A) ~의 그것보다
(B) 어색한 표현
(C) 어색한 표현
(D) 어색한 표현

풀이 비교급을 쓸 때 비교의 조건을 동일하게 해야 하므로 교외의 인도임을 나타내야 한다. 따라서 전치사 'of'를 써야 하고, 'sidewalks'가 복수이므로 'those of'로 써야 합니다. 비교급을 쓸 때는 'than'을 비교급 뒤에 쓰므로 'than those of'인 (A)가 정답입니다.

어휘 sidewalk 보도, 인도 | considerably 많이, 상당히

Part 7 | Practical Reading Comprehension

p.145

[47-48]

해석

Martin: 우리 생일 파티에 못 간다고 Prisha한테 말했어?

Nawa: 아니, 난 네가 그녀한테 말할 줄 알았는데.

Martin: 네가 말하기로 결정한 줄 알았는데….

Nawa: 아, 네 말이 맞는 것 같아. 미안. 근데 지금 밤에 문자 보내기에는 너무 늦은 것 같아. 내일 아침 되자마자 바로 할게.

Martin: 알았어, 내가 할게. 그럼 우리가 선물은 어떻게 갖다 주지?

Nawa: 월요일 학교에서 줄 수는 없어?

Martin: 그건 생일 지나고 나서잖아…

Nawa: 알았어, 토요일 오후에 자전거 타고 걔네 아파트 들릴 수 있어.

47. Nawa가 "내일 아침이 되자마자 바로 할게."라고 말한 의도는 무엇인가?

(A) Prisha를 볼 것이다.
(B) Prisha에게 문자를 보낼 것이다.
(C) Prisha의 선물을 살 것이다.
(D) Prisha의 선물을 부칠 것이다.

풀이 Nawa가 'And I think it's too late at night to text her now. I'll do it first thing in the morning.'이라고 말한 부분에서 지금 Prisha에게 문자를 보내기에는 시간이 너무 늦었으니 다음날 아침이 되면 바로 문자를 보내겠다는 의도임을 알 수 있으므로 (B)가 정답입니다.

48. Nawa가 Prisha의 생일 전에 무엇을 하겠다고 말하는가?

(A) Martin의 학교 방문하기
(B) Prisha의 아파트에 가기
(C) Martin에게 방향 물어보기
(D) 전화로 Prisha 부르기

풀이 대화 후반부에서는 Prisha에게 생일 선물을 어떻게 전해줄지 의논하고 있습니다. 마지막 문장 'Okay, I can ride my bike over to her apartment Saturday afternoon.'에서 Nawa가 Prisha의 아파트에 자전거를 타고 간다고 말했으므로 (B)가 정답입니다.

해석
_____

Rishi 선생님께,

저는 선생님의 아침 9시 물리 수업을 듣고 있습니다. 저는 다음 시험 난이도에 관해 조금 걱정이 돼서 언제 한번 시험 날짜 이전에 저희가 리뷰 수업을 가질 수 있는지 알고 싶습니다.

시험 자료에 관해 다른 학생들이랑 대화를 해봤는데, 모두가 약간 어려워 보인다는 데에 동의했습니다. 저희는 선생님께서 (학생들이) 찾아뵙고 수업에 관해 질문하는 정규 근무 시간이 있다는 걸 알고 있습니다. 하지만 도움이 필요한 학생이 이렇게 많다 보니 모두를 위해 리뷰 수업을 해주실 수 있는지 여쭤보고 싶었습니다. 2단원 나가기 전에 다음 주에 시간이 좀 있지 않을까 합니다.

감사합니다 수업 때 뵙겠습니다.

Leslie Baldur 드림
_____

49. 이메일의 주된 목적은 무엇인가?

(A) 선생님께 감사드리기 위해
(B) 시험 날짜를 옮기기 위해
(C) 수업에 등록하기 위해
(D) 리뷰 수업을 요청하기 위해

풀이 'I was wondering if there was any chance of having a review class sometime before the test date.'와 'we wanted to ask you about having a review class for everyone.'에서 배운 내용을 검토하는 리뷰 수업을 선생님께 요청하기 위해 이메일을 보냈음을 알 수 있습니다. 따라서 (D)가 정답입니다.

50. Leslie Baldur는 무엇을 주장했는가?

(A) 시험이 동아리 모임과 겹친다.
(B) 학생들이 다른 수업 공부를 해야 한다.
(C) 선생님이 채점하는 게 더 쉬워질 것이다.
(D) 학생들이 내용을 잘 이해할 수 없다.

풀이 'I talked with other students ~ they all agree that it seems a bit challenging.'에서 학생들이 모두 수업 내용이 어렵다고 동의한 사실을 피력하고 있습니다. 따라서 (D)가 정답입니다. 나머지는 언급되지 않았으므로 오답입니다.

51. Rishi 선생님에 관한 설명으로 적절한 것은 무엇인가?

(A) 현재 수학을 공부하고 있다.
(B) 1단원을 이미 가르쳤다.
(C) 시험 내용을 조금 변경했다.
(D) 다른 사무실로 옮겼다.

풀이 'Maybe there could be some time next week before we start Chapter 2?'에서 다음 주 수업에서 2단원을 공부할 것임을 유추할 수 있습니다. 여기서 더 나아가 Rishi 선생님이 수업에서 1단원을 이미 다뤘음을 추측할 수 있으므로 (B)가 정답입니다. 나머지 선지의 경우 언급되지 않았으므로 오답입니다.

어휘 material (특정 활동에 필요한) 자료; (물건의) 재료; (책 등의) 소재 | challenging 도전적인, 다루기 힘든 | office hour (사무실에서의) 집무 시간, 근무 시간 | sign up for ~에 신청하다, 가입하다

해석
_____

Technology Takeover

10대 청소년 통계			부정적 결과
96%의 10대가 매일 온라인에 접속한다.			수면 수면 시간 감소와 낮은 수면 질을 포함해, 수면 주기가 휴대 전화 남용에 의해 영향을 받는다.
89%의 10대가 소셜 미디어를 사용한다.	36%의 10대는 "거의 끊임없이" 온라인에 접속해 있다고 말한다.		부정적 신체 이미지 연구들은 기기를 사용하는 시간이 10대 청소년들 사이에서 외모에 대한 부정적인 감정의 증가와 연관성이 있음을 확인했다.
57%의 부모들은 10대 자녀가 모바일 기기에 중독된 것 같다고 말한다.	78%의 부모들은 10대 자녀가 (모바일) 기기 때문에 주의력을 잃는다고 말한다.	51%의 10대가 모바일 기기에 중독된 것 같다고 말한다.	비만 연구는 10대의 기기 사용 시간 증가는 체질량지수(BMI)로 측정했을 때 몸무게 증가로 이어질 수 있음을 보여준다. 주의 분산 연구원들은 소셜 미디어와 온라인 활동이 학생들이 학교에서 주의가 분산되는 것과 직접적인 관련이 있다고 밝혀냈다.

52. 정보에 따르면 몇 퍼센트의 10대 청소년이 모바일 기기에 중독돼있다고 생각하는가?

(A) 36%
(B) 51%
(C) 57%
(D) 78%

풀이 '51% of teens say they feel addicted to their mobile device.'라고 했으므로 (B)가 정답입니다. (C)의 경우, 57%는 부모가 생각했을 때의 퍼센트이므로 오답입니다.

53. 기술과 10대 청소년들에 관련된 문제로 나열되지 않은 것은 무엇인가?

(A) 수면 부족
(B) 수업에서 더 낮은 집중력
(C) 신체 활동 감소
(D) 외모에 대한 부정적 감정

풀이 (A)는 'SLEEP' 항목의 'reduced sleep time'에서, (B)는 'DISTRACTION' 항목의 'social media ~ linked to students being distracted at school'에서, (D)는 'NEGATIVE BODY IMAGE' 항목의 'a connection between ~ about their appearance'에서 찾을 수 있는 내용입니다. 따라서 지문에서 언급되지 않은 (C)가 정답입니다.

54. 다음 출판물 중 해당 정보를 찾을 수 있는 곳으로 가장 적절한 것은 무엇인가?

(A) 양육 잡지
(B) 건강식품 잡지
(C) 회사 재무 보고서
(D) 취학 전 아동에 관한 기사

풀이 해당 실용문은 10대 청소년의 온라인 생활과 모바일 기기 사용에 관한 통계 및 부정적 영향을 다루고 있습니다. 통계를 보면 10대 청소년 본인은 물론 부모를 대상으로도 자녀에 관해 조사한 것을 알 수 있습니다. 이는 자녀 양육법 관련 자료를 다루는 잡지에서 볼 법한 내용이므로 (A)가 정답입니다.

55. 10대 청소년 통계에 따르면, 10대 청소년의 기술 사용에 관해 사실인 것은 무엇인가?

(A) 모든 10대 청소년은 일주일에 7일 온라인에 접속한다.
(B) 5% 미만의 10대들이 소셜 미디어를 사용하지 않는다.
(C) 89%의 10대들이 거의 끊임없이 온라인에 접속해 있다고 보고한다.
(D) 3/4 이상의 부모들이 10대들이 기기로부터 주의를 빼앗긴다고 보고한다.

풀이 '78% of parents say their teens get distracted by their devices.'라고 했으므로 (D)가 정답입니다. 3/4는 75%라는 점에 유의합니다. (A)의 경우, '96% of teens go online daily.'에서 나머지 4%는 매일 온라인에 접속하지 않는다는 사실을 알 수 있으므로 오답입니다. (B)의 경우, '89% of teens use social media.'에서 나머지 11%의 10대 청소년이 소셜 미디어를 사용하지 않는다는 것을 알 수 있으므로 오답입니다. (C)의 경우, 36%의 10대가 거의 끊임없이 온라인에 접속해있다고 답했으므로 오답입니다.

어휘 takeover 장악, 탈취; 기업 인수 | teen(=teenager) 10대(나이가 13~19세인 사람) | social media 소셜 미디어 | constantly 끊임없이, 거듭 | addicted (to) ~에 중독된 | distracted 주의가 분산된, 집중을 잃은 | reduce 줄이다, 축소하다 | confirm 확정하다, 사실임을 보여주다 | indicate 나타내다, 보여 주다 | lead to ~로 이어지다, ~를 초래하다 | measure 측정하다, 재다 | mass 질량; 덩어리 | index 지수, 지표 | BMI(=body mass index) 체질량 지수 | distraction 집중을 방해하는 것, 주의를 산만하게 하는 것 | link 관련되다; 연결하다

[56-59]

해석

VOLUNTEER NOW! WE NEED YOU, YES YOU.

Dream Circle 환경을 도우려는 자원봉사 단체입니다. 이 행성을 더 나은 곳으로 만드는 데 도와주실 분들을 찾고 있습니다.

자원봉사 활동 요약

이 자원봉사 활동은 지역 공원, 호수, 그리고 해변에 매년 방문하여 쓰레기를 줍는 것을 포함합니다. 해야 할 일에는 쓰레기 수거, 쓰레기 알맞게 버리기, 재활용 장려 등이 포함됩니다. 자원봉사자들이 나무를 심고 지역 공원을 돌보는 행사들도 있습니다.

요구 사항

• 자원봉사자들은 10명의 그룹으로 쓰레기 수거가 이루어지기 때문에 친화적이고 사회적일 필요가 있습니다.

• 자원봉사자들은 적어도 8살이어야 합니다.

• 자원봉사자들은 일주일에 5시간 혹은 더 활동할 수 있어야 합니다.

• 자원봉사 경험은 필요하지 않습니다.

56. "involve"와 가장 의미가 가까운 것은 무엇인가?

(A) 돕다
(B) 포함하다
(C) 향상하다
(D) 연구하다

풀이 'visiting local parks, lakes, and beaches ~'는 'This volunteer work'에 포함되는 활동입니다. 따라서 '~을 포함하다'라는 뜻을 유추할 수 있으므로 이와 비슷한 뜻을 가진 (B)가 정답입니다.

57. 다음 중 자원봉사자가 할 일로 예상되지 않는 것은 무엇인가?

(A) 나무 심기
(B) 잡초 제거하기
(C) 다친 동물 돕기
(D) 플라스틱병 줍기

풀이 (A)와 (B)는 'There are also events where volunteers plant trees and take care of local gardens.'에서, (D)는 'visiting local parks ~ to pick up trash'에서 예상할 수 있는 활동입니다. 따라서 여기에 포함되지 않은 (C)가 정답입니다.

58. 활동하기 위해서, 다음 중 자원봉사자들이 갖춰야 할 것은 무엇인가?

(A) 본인의 쓰레기봉투
(B) 고등학교 졸업장
(C) 주 최소 5시간 활동 가능 시간
(D) 사전 환경단체 봉사활동 경험

풀이 'Volunteers must be able to work 5 hours a week or more.'에서 일주일에 적어도 5시간은 활동할 수 있어야 한다고 말하고 있으므로 (C)가 정답입니다. (D)의 경우, 사전 봉사 활동 경험은 필요하지 않다고 했으므로 오답입니다.

59. 다음 좌우명 중 Dream Circle 웹사이트에서 볼 수 있는 것으로 가장 적절한 것은 무엇인가?

(A) 동물 실험 오늘 멈춰라!

(B) 최고의 지역 겨울 하이킹!

(C) 책은 생각의 정원이다!

(D) 줄이기, 재사용하기, 재활용하기, 고치기, 거부하기!

풀이 'Dream Circle is a volunteer group that tries to help the environment.'에서 Dream Circle은 환경 봉사 단체라고 소개하고 있으며, 활동 내용으로 쓰레기 줍기, 나무 심기, 정원 돌보기 등을 언급하고 있습니다. 따라서 쓰레기 수거, 재활용, 분리수거 등 환경 보전 활동에 관한 단어를 나열한 (D)가 정답입니다.

어휘 the planet 지구 | volunteer 자원봉사자 | involve 포함하다, 수반하다 | local 지역의, 현지의 | responsibility 책임(맡은 일), 책무 | encouraging 장려하는 | recycle 재활용하다 | take care of ~을 돌보다 | enhance 높이다, 향상하다 | weed 잡초 | diploma 졸업장, 수료증; (대학의 학습) 과정 | eco- (단어 앞에 쓰여 환경, 생태와 관련됨을 나타냄) | motto 좌우명, 모토 | hike 하이킹, 도보 여행

Part 8 | General Reading Comprehension

p.149

[60-61]

해석

당황했을 때 얼굴이 뜨거워지거나 빨개졌던 적이 있나요? 이를 홍조라고 하며 이는 심장 박동수와 얼굴로 흐르는 혈류의 증가로 유발됩니다. 이 반응은 자동적으로 일어나고 종종 불편할 수 있지만 또한 사회적 기능도 가지고 있습니다. 최근의 연구는 홍조를 띠는 사람들이 긍정적으로 여겨지고 또래들에게 용서받는 경향이 있다는 것을 밝혀냈습니다. 연구원들은 이것의 이유가 홍조가 그들의 행동으로 인해 진정으로 당황했고 그들의 실수를 알고 있다는 것을 보여주기 때문이라고 생각합니다. 이는 그들이 같은 실수를 하지 않을 가능성이 더 높다는 것을 의미합니다. 이것은 사람들로 하여금 홍조를 띠는 사람을 더 신뢰할 수 있고 호감이 간다고 느끼게 합니다.

요약:

홍조는 증가된 심장 박동수와 얼굴로 흐르는 혈류에 의해 발생한다. 홍조는 불편할 수 있지만 최근의 연구는 그것이 사회적 관계에서도 <u>유익하다는</u> 것을 발견했다. 사람들은 실수를 할 때 얼굴이 빨개지는 사람을 그렇지 않은 사람보다 <u>신뢰할</u> 가능성이 더 높다.

60. 지문과 요약문을 연결하는, 빈칸에 가장 적절한 단어를 고르시오.

(A) 해가 되는

(B) 도움이 되지 않는

(C) 유익한

(D) 동기를 부여하는

풀이 본문에서 'people who blush are more likely to be viewed positively by their peers'라고 했으므로 홍조가 사회적 관계에서 유익함을 알 수 있다. 따라서 (C)가 정답입니다.

61. 지문과 요약문을 연결하는, 빈칸에 가장 적절한 단어를 고르시오.

(A) 질색하다

(B) 사랑하다

(C) 신뢰하다

(D) 싫어하다

풀이 본문 마지막에서 'blushing person is more trustworthy and likeable'이라며 당황했을 때 얼굴이 붉어지는 사람에게 더 신뢰가 간다고 했으므로 '신뢰하다'는 뜻의 (C)가 정답입니다.

어휘 embarrassed 당황한 | blush 얼굴을 붉히다, 얼굴이 빨개지다; 홍조, 얼굴이 붉어짐 | blood flow 혈류 | uncomfortable 불편한 | peer 또래 | trustworthy 믿음이 가는 | likeable 호감이 가는 | harmful 해가 되는 | beneficial 유익한 | motivational 동기가 되는

[62-65]

해석

[1] 인공 지능(AI)은 최근 많이 발전되었다. 가까운 미래에 사용할 가능성이 있는 자율 주행 자동차와 의료 로봇과 같이, AI는 매우 다양한 사용 가능성이 있다. AI의 활용은 다양한 이점이 있지만, 여전히 고려해야할 많은 우려가 있다. AI의 발전은 명확한 답이 없을 수 있는 몇 가지 어려운 사안을 제기한다.

[2] AI가 사람의 직업을 대체할 가능성이 있다. 처음에는 일하러 가지 않아도 되는 것이 AI의 좋은 성과라고 생각할 수 있겠지만, 그런 변화가 인간이 일을 하지 않고 어떻게 스스로 부양을 할 것인가와 같은 큰 사회적 문제를 일으킬 수 있다.

[3] AI는 어떤 시점에서는 자가 인식을 할 수 있을 정도로 발전할 수도 있다. 만약 그런 일이 일어난다면, AI가 기계로 간주되어야 할지, 인간처럼 법적 책임을 져야할지와 같은 법적, 도덕적 우려를 낳을 수 있다. AI가 스스로 생각하게 되어 인간을 공격할 수도 있다고 생각하는 사람들도 있다.

[4] 이런 우려들은 공상 과학처럼 들리지만, 그들은 매우 현실적이며 피하기 위해서는 우리의 관심이 필요하다.

62. 이 지문의 요지는 무엇인가?

(A) AI를 안전하게 할 것은 없다.

(B) AI는 다양한 가능성 있는 위협을 제기한다.

(C) AI는 미래에 흔해질 것이다.

(D) AI가 없이 사는 것을 익히는 것은 중요하다.

풀이 지문은 AI의 발전에 따라 생길 수 있는 문제점에 대해 설명하고 있고, 이 문제를 피하기 위해서는 인간의 관심이 필요하다고 촉구하며 글을 마치고 있습니다. 따라서 이 지문의 주제는 AI로 인해 생길 수 있는 다양한 위협을 다루고 있는 글이라 할 수 있으므로 (B)가 정답입니다.

63. 다음 중 지문에서 언급되지 않은 것은 무엇인가?

   (A) AI가 자가 인식을 하게 될 수도 있다.
   (B) AI는 인간의 직업을 가져갈 수 있다.
   (C) AI는 천천히 발전하기 때문에 걱정할 필요가 없다.
   (D) AI에 관련된 다양한 법적 및 도적적 우려가 있다.

풀이 [4]문단에 AI로 인한 우려들이 공상 과학이 아닌 현실적인
일이라고 했으므로 천천히 발전하고 있기 때문에 걱정할 필요가
없다는 말은 지문에서 언급됐다고 할 수 없습니다. 따라서 (C)가
정답입니다.

64. [1]문단, 2번째 줄, "utilization"과 가장 의미가 가까운 것은
   무엇인가?

   (A) 서비스
   (B) 목적
   (C) 적용
   (D) 발전

풀이 'utilization'은 활용이라는 뜻으로, '적용'이라는 뜻의
'application'과 가장 유사합니다. 따라서 (C)가 정답입니다.
'utilization'이 앞 문장 'There are many possible uses of AI ~'
의 'uses'와 대응하는 단어라는 점에 유의합니다.

65. 이 지문의 저자가 제안할 것으로 가장 적절한 것은 무엇인가?

   (A) AI 개발을 더 빠르게 하기
   (B) 모든 AI 즉시 파괴하기
   (C) 생활 속에서 AI를 사용할 더 많은 방법 찾기
   (D) AI의 발전에 대해 더 조심하기

풀이 저자는 [4]문단 마지막에서 AI가 제기하는 문제들을 피하려면
관심이 필요하다고 말하고 있습니다. 따라서 AI의 발전과
관련하여 더 조심해야 한다는 (D)가 정답입니다.

어휘 development 발전 | self-driving 자동운전 | utilization 활용 |
benefit 혜택, 이득 | concern (특히 많은 사람들이 공유하는)
우려[걱정]; ~를 걱정스럽게[우려하게] 만들다 | replace 대체하다
| societal 사회의 | support 지지[옹호/재청]하다 | self-aware
자기 인식; 자기를 인식하는, 자각하는 | legal 법적인 |
ethical 도덕적인 | attack 폭행, 공격 | science fiction SF 공상
과학 소설[영화] | in order to 위하여 | avoid 방지하다, 막다,
모면하다 | threat 위협 | application 적용 | careful 조심하는

Memo

Memo

Memo

국제토셀위원회

TOSEL
유형분석집

HIGH JUNIOR

Section II.
Reading & Writing